# LA CAÍDA DE LA NUEVA BABILONIA

## Frederick Guttmann R.

LA CAÍDA DE LA NUEVA BABILONIA, Y EL FIN DE LA LIBERTAD

**First edition. April 19, 2024.**



ISBN: 979-8230792802

Written by Frederick Guttmann.

Cuando la mañana del 11 de septiembre de 2001 los medios de comunicación a nivel mundial hacían eco del ataque a las torres gemelas de Nueva York, muchos supimos inmediatamente que el mundo que conocíamos no volvería a ser el mismo.

El inicio de la supresión de libertades civiles había comenzado.

La era de un nuevo nazismo emergía...

"No podemos resolver problemas pensando de la misma manera que cuando los creamos."
(Albert Einstein)

*La Caída de la Nueva Babilonia*
*Frederick Guttmann R.*
2017-2021
264 páginas
www.frederickguttmann.com[1]
frederickguttmann@gmail.com

## Contenido

**INTRODUCCIÓN – 9**



---

1. http://www.frederickguttmann.com

# INTRODUCCIÓN

La llegada de la era industrial fue el inicio de la era estadounidense. La joven nación empezaba a dejar atrás a los grandes imperios que hasta ese entonces habían sustentado grandes hegemonías. Los jesuitas veían en este continente americano una oportunidad única de reestablecer el poder católico, pero también las oligarquías europeas deseaban usar estas tierras para expandir su poder e influencia. EE.UU. era la tierra fértil y próspera ideal para desde ahí dirigir un nuevo gobierno mundial.

Con el levantamiento del poderoso imperio norteamericano, tanto en la Biblia como en visiones recientes - y no tan recientes – se vieron claras referencias a una etapa decisiva de nuestra historia de la mano de esta nación. Dicho país, empezando por promover valores bíblicos pasaría a ser la madre de las más putrefactas fuerzas que operan en nuestro planeta. Una cueva de ladrones, guarida de espíritus aborrecibles, hombres codiciosos, avaros y sin escrúpulos, almas vendidas al poder y la riqueza, prostitución y degradación en sus más altos niveles, aberraciones innombrables, y lo más siniestro de todo esto, oculto de los ojos del pueblo, ignorante de todo lo que tiene lugar tras bambalinas.

Como en una astuta partida de ajedrez, a veces la reina es sacrificada por un fin mayor; a veces la caída de una importante cabeza en el juego de poder puede significar el surgimiento de un imperio, uno mayor que el que jamás haya existido sobre la faz de nuestro globo. En esta tesis expondré lo que muchos tenemos claro que es la destrucción de los Estados Unidos de América - tal como lo conocemos - como una estrategia maestra de los Amos del Mundo, para hacer subir al último gran imperio de nuestro tiempo.

Hablamos del alzamiento de un gobierno mundial dictatorial basado en la tecnología de vigilancia, la fuerza policial y el control mental de masas. Un sistema que la propia Biblia llamó el Thirion, o 'La Bestia'. En esta investigación te expondré porqué el libro de Apocalipsis profetiza sobre el poder detrás de los EE.UU., ese tal 'Deep State' del que ha hecho propaganda el movimiento 'Q Anon'; ese poder en la sombra que se conoce en el cristianismo bajo el nombre de 'la Gran Ramera' o 'La Gran Babilonia'. No hablamos del suicidio del Deep State, sino de una suma de sucesos que empujan al cataclismo de los EE.UU. como sede de la misma para dejar lugar a un gobierno mundial.

# I.

# LA METAMORFOSIS DE ROMA

«Después alcé mis ojos y miré, y he aquí cuatro cuernos. Y dije al ángel que hablaba conmigo: ¿Qué son éstos? Y me respondió: Éstos son los cuernos que dispersaron a Judá, a Israel y a Jerusalén. Me mostró luego Jehová cuatro carpinteros. Y yo dije: ¿Qué vienen éstos a hacer? Y me respondió, diciendo: Aquéllos son los cuernos que dispersaron a Judá, tanto que ninguno alzó su cabeza; mas éstos han venido para hacerlos temblar, para derribar los cuernos de las naciones que alzaron el cuerno sobre la tierra de Judá para dispersarla.» (Zacarías 1:18-21, La Biblia – Traducción RVA 60)

Importantes imperios se alzaron en la antigüedad, varios de ellos causaron graves daños a la entonces nación de Israel. Uno de esos reinos aún prevalece, pero no de la manera en que existió en ese entonces. Como número 4 está Roma, que absorbió a Grecia, y que es el último gran imperio que aún hoy existe, solo que escondido bajo otros nombres, otros líderes y otras ubicaciones geográficas. El profeta Daniel también nos habla de 4 bestias, descripción que algunos han visto en nuestras estructuras 'política, militar, económica y religiosa', mientras otros solo como aquellos 4 imperios de la antigüedad, llegando hasta Roma - o la perspectiva de David Brennan, de la ONU, EE.UU., La Unión Europea y Rusia. Pero también hay otras interpretaciones, como ver aquí a EE.UU., Rusia, China y Europa – cosa que también yo pensaba hasta hace poco - o directamente el postrer Gobierno Global. Es lógico que la simbología que observa Daniel sea codificada, pero la primera descripción que se ve, parece evocar a un león alado, es decir, a un grifo o shirdal, que es un tipo de esfinge. Según los griegos, el grifo estaba consagrado al dios Apolo, y no creo que sea una mera curiosidad que el propio nombre de Febo, originalmente fuese tan similar al del 'pozo del abismo'.

El otro monstruo es como un oso - tan característico de la heráldica soviética - pero el tercero parece extraño (un leopardo con 4 cabezas), salvo si se aprecia que en hebreo dice Narmer (tigre). El tigre, así como el dragón y el panda, son animales característicos de China. No obstante, este 3er ser o criatura posee el '4' en su representación, lo cual no guarda relación con dicho país, a menos de que pretenda evocar a la economía china. Las 4 cabezas serían 4 reyes o gobiernos, y esto no concuerda mucho con la China, aun cuando, efectivamente, EE.UU., Rusia, China y Europa son el eje del mundo actual. La visión de Daniel, relativa a las 4 bestias encaja más precisa con las referencias de la sibila y demás visiones proféticas de esta índole, que describen 4 reinos, uno tras otro, siendo Roma el 4º y último. En el 'Primer Apocalipsis de Baruc', o 2ª Baruc, el escriba narra varios sueños que tiene sobre el final del Siglo, y en los capítulos 39 y 40, cuenta cómo ve caer '4 reinos' hasta que aparece el Mesías y juzga al líder que quedará al final de ese 4º reino. Baruc refiere que «será destruido este reino que en nuestro tiempo a destruido a Sión, y será sometido por el que viene tras él. De nuevo ese será destruido tras un tiempo y se levantará un tercero que dominará también en su época y será destruido. Tras este se alzará un cuarto reino cuya tiranía será más dura y peor que la de los anteriores. Gobernará durante mucho tiempo.»

El Vaticano existe desde 1929. En 1534 el papa encargó a Ignacio de Loyola la fundación de los jesuitas para destruir el protestantismo y tomar el control de todos los estamentos del mundo. Cuando EE.UU. se fundó en 1776 ya los jesuitas estaban infiltrados en la política y la economía. Los jesuitas fueron los impulsores, precursores y hasta hoy, dueños, de Hollywood y la industria cinematográfica, artística, de la industria musical y de los medios de comunicación. El poder papal estaba en Roma (concretamente en Vaticano desde el espacio que Mussolini les dio), pero su poder ejecutivo, mediático, corporativo, financiero, logístico y político pasó a los EE.UU. a lo largo de más de 240 años (porque ya antes habían motivado las guerras de independencia y revoluciones, como todas las guerras hasta hoy). Mientras el obispo de Roma es el papa de Vaticano y la fachada para el mundo, el cardenal de Nueva York es el papa de EE.UU., y ambos, piezas relegadas al General Superior de la orden jesuita, que dirige el complejo Militar-Industrial de los EE.UU.

La "Santa Sede" es solo una ciudad estado si se mira bajo el enfoque geográfico. Se está hablando de la ciudad-país que controla la Tierra. Se está hablando de la élite, del poder en la sombra, de lo que algunos llaman 'Illuminati', de la sede del poder económico (Wall Steet), de la Babel política (la ONU, en Manhattan), de la sede de la influencia mundial mediática, cibernética, de la moda, de la música, del cine, etc. (California), de la sede vélite (el complejo Militar-Industrial que invade y desestabiliza a todos los países), de quien derroca a gobiernos democráticos u opuestos este eje (a través de sus agentes encubiertos de la CIA) y motiva las guerras, guerrillas y terrorismo (a través, también de sus agentes secretos).

Vaticano-Roma – no en el sentido geográfico sino logístico – opera desde hace al menos 240 años desde los EE.UU. Vaticano fue establecido por Musolini en 1929. Se está hablando del imperio romano (27 a. C.), sea llamado 'roma' antes, 'papado' después, o 'EE.UU.' hoy. Y ese poder vino de lo que antes era un senado (siglo VIII a. C.), y lo que antes fuera el poder que ejercía Macedonia por medio de Alexander, y si seguimos llegamos hasta la torre de Babel. Todo esto, como explican muchos historiadores y libros (como William Bramley en 'God´s of Eden', o R. A. Boulay en 'Dragons &

Flying Serpents'), proviene de la dinastía Nefilím, que se relata en el mito griego de la doncella fenicia (de Tiro) Europa y el toro.

Los libros de historia que tratan el tema explican cómo Roma perdió el poder unificado desde la independencia religiosa de Inglaterra (Anglicanos), Grecia (Ortodoxos) y Turquía, así como de Etiopía tiempo antes, y hasta de Egipto (coptos), pero seguía controlando el resto de Europa con la carga moral y psicológica de la religión, donde ellos hacían creer que eran los representantes de dios, y en consecuencia su palabra era como la propia palabra de dios mismo. Cuando Lutero les contradijo, no solo dio libertad de conocimiento de la biblia (que hasta ese entonces solo se leía en latí para una minoría que conocía en latín en Roma) empezando por la lengua germana, sino que comenzó una revolución espiritual, que, con sus pros y contras, cambió a la sociedad europea. Así que desde 1517 empezó la escisión n el poder hegemónico e ideológico de la religión (predominante en Europa), por lo que el papa Paulo III aceptó el proyecto de Ignacio de Loyola en 1534 para, en vez de más guerras con los protestantes, se usase una estrategia de control por medio de todos estamentos de las sociedad y la influencia popular. Como en esa época empezaban las campañas hacia las Américas, se vio en ese nuevo continente una oportunidad.

El protestantismo entró allá con los colonos y grupos y familias que iniciaron sus movimientos religiosos, de modo que los jesuitas hicieron los mismo, pero yendo directamente a tomar el poder total del "nuevo" territorio. Mientras en 1776 se firmaba la Declaración de Independencia de los EE.UU., en Europa otro jesuita (Adam Weishaupt) fundaba la orden masónica que empezaría a tomar el poder global (la Orden Illuminati de Baviera). En esos 240 años, un grupo ha controlado desde Europa y otro desde los EE.UU., pero su plan era unificar el mundo en un solo gobierno controlado por la "santa sede", pero sin que pareciese que era cosa de católicos, ni del papa, ni de Roma, ni de Vaticanos, sino de la diplomacia y las decisiones de cada país libre.

La Ciudad de Vaticano ha estado detrás, desde el principio, de la fundación, estructuración, guerras de independencia y leyes de los EE.UU. Pocos saben de su guerra secreta contra el protestantismo y de su paso del poder a EE.UU., trabajando desde ahí. Todas las descripciones que da Apocalipsis capítulo 17 tratan de un gobierno en la sombra que controla a las naciones. En esta tesis de investigación sostengo – a la par de otros muchos antes que yo – que el imperio romano ha ido evolucionando, cambiando de fachadas, de estructuras, de estrategias, de nombres, de sistema de gobierno y de ubicación, y ha levantado a los EE.UU. para ser su mano ejecutora y nueva madriguera.

Es la cuna de un gobierno global. De momento hace parecer que hay países independientes, pero la élite es la misma. Antes de Roma, el poder era visto en reyes particulares en su imperio, pero desde Roma, empezó un sistema de gobierno global que ha ido mutando y pasando por múltiples fases de cambio de todo tipo, haciéndose con el poder de una forma más y más intrincada. A medida que más ha pasado el tiempo y llegamos al siglo XX, este poder lo ha controlado todo desde la sombra, parteando del monopolio financiero. Desde 1917 (hace 100 años), el control bancario y el plan sionista dispararon de agenda, acelerándola más allá de proporciones, como nunca antes se había visto.

En las visiones del profeta Daniel, donde cita a 4 bestias, la 3º encaja con lo que sería la Antigua Grecia, la que fue madre de lo que posteriormente sería Europa. Así se conoce ya desde el antiguo mito de la doncella fenicia Europa que fue arrebatada por Zeus (transformado en toro), quien la llevó a la isla de Creta, y que Heródoto parece haber interpretado como un rapto de parte de los monoicos (siendo que precisamente los minoicos vienen del rey Minos, hijo de Europa). El mito del toro es clave en esta historia y sus simbolismos ocultos, pero lo más importante es que Europa vino a ser la 'primera reina de Creta'. Por ende, de 'Tiro' habría venido la realeza que entró a la antigua Grecia, y eso es también significativo, toda vez que el nombre Tiro aparece una y otra vez relacionado con la designación de bestia (Thirio, en griego), como se refleja en Apocalipsis. Billy Meier parece referirse a dicha 'bestia' como 'minotauro'. Homero, en la Ilíada, afirma que Europa era hija de Fénix, que es otro importante símbolo en la iconografía ocultista de la masonería, evocando al suicidio para conseguir resurgir nuevamente rejuvenecido (esto va también por la 'economía').

Acorde al mito, Europa tuvo tres hijos de Zeus, conocidos como 'jueces del inframundo', y el rey Asterión - que tomó a aquella mujer - adoptó a sus tres hijos. Su hijo Minos desterró a sus hermanos del trono tras la muerte de Asterión tres generaciones antes de la guerra de Troya. Toda esta historia es mucho más larga, pero hay que comentar que Pasifae (esposa de Minos) se enamoró de un toro que Poseidón había mandado para sacrificio, ya que Minos no quiso sacrificarlo. Poseidón hizo que ella yaciera con el toro y concibiera al Minotauro. La hija de Minos, Ariadna ('Liber' para los romanos) se casó con el héroe Teseo y luego con el dios Dionisio (dios del vino). A todas estas, se cree que el símbolo del toro y de Europa son los que representan al continente europeo, y es de la ascendencia de esta doncella que vino la monarquía.

Especialmente en las profecías de los oráculos de la sibilina se menciona una calamitosa destrucción para Roma, lo cual puede ser en varios frentes y de varias maneras. Hablamos literalmente de la ciudad de Roma, y asimismo hablamos de la Roma logística (EE.UU.), que no es todo un gobierno o toda una estructura de la nación, sino una élite y pirámide de poder per se, lo que conocemos como Deep State. Según las profecías, la tal "gran ciudad" – que recibe varios nombres, o epítetos – colapsa antes o durante el inicio del gobierno de la dictadura del Anticristo. Para diferenciarla del reino de la Bestia, esta otra "criatura" a menudo es descrita en Apocalipsis como una mujer o como una ciudad. Eso quiere decir que la cuarta bestia identifica a un conjunto de sistemas de poder, uno de ellos que se sienta sobre ella en la actualidad, pero a quien la propia bestia última deshará.

Por el movimiento Q tenemos informaciones que señalan a esta estructura de poder como una red oscura llena de pedofilia, satanismo y rituales abominables. Apoc. 18:2, al leerse que 'se ha hecho habitación de demonios', suele entenderse que es a raíz de su destrucción, pero la forma original de la redacción no pretende dar a entender eso, toda vez que 'Egéneto' es 'hecho' en tiempo continuo, no en tiempo futuro. Por ello, «ha caído la gran Babel», es una frase que se completa con una explicación: «hecha morada de demonios», no desde que es destruida, sino que es destruida habiendo sido 'habitación de espíritus inmundos'. Isaías lo explica también, diciendo al mundo que «Iaheveh está airado contra todas las naciones, e indignado contra todo el ejército de ellas.» (Isa. 34:2, R60)

Pero aclaremos que 'su ejército', en hebreo 'Tzabaam', engloba lo militar, como lo social (huestes, gentes), pero además a las 'fuerzas', que muchas veces identifican los poderes del mal. Sea a los ejércitos, a los pueblos o a los espíritus de oscuridad, «las destruirá y las entregará al matadero.» Esto no es algo pasado, sino lo mismo de lo que ya venimos hablando: «los muertos de ellas serán arrojados, y de sus cadáveres se levantará hedor; y los montes se disolverán por la sangre de ellos. Y todo el ejército de los cielos se disolverá, y se enrollarán los cielos como un libro; y caerá todo su ejército, como se cae la hoja de la parra, y como se cae la de la higuera. Porque en los cielos se embriagará mi espada...» (Isa. 34:3-5, R60) Aquí también aplica 'ejércitos de los cielos' en cuanto a la generalidad de los poderes que hay arriba, no precisamente los buenos, sino la estructura en sí, donde buenos y malos rigen estos cielos. Y en este capítulo, hablando de todas estas fuerzas espirituales en un sentido metafórico, añade que ocurrirá aquello siendo el «día de venganza de Iaheveh, año de retribuciones en el pleito de Sion.» (vers. 8)

Entonces agrega cómo el mundo será asolado por espíritus oscuros (aunque uno parece leer que habla de 'animales'). Todos estos se unen, porque esa es la voluntad de Dios, pero no para siempre, sino solo en ese final, cuando todo sale a la luz. La Biblia en este sentido reafirma que el colmo de sus 'Adikímata' (injusticias, iniquidades) es tal que ha llegado ante Dios. Por ello le vendrá el doble de mal: «dadle de tormento y llanto» (vers. 7). Su soberbia es tal que se cree la superpotencia invencible, «porque dice en su corazón: Yo estoy sentada como reina, y no soy viuda, y no veré llanto». ¿Quién es su esposo? Contrariamente, «en un solo día» (un periodo muy breve de meses) «vendrán sus plagas; muerte, llanto y hambre, y será quemada con fuego; porque poderoso es Dios el Señor, que la juzga.» El resto de naciones verán «el humo de su incendio», desde «lejos por el temor de su tormento». Y esto es imperativamente un asunto vinculado con el dinero (prostitución, mercados, lujos, riquezas, banca, etc.): «la ciudad fuerte [...] los mercaderes de la tierra lloran y hacen lamentación sobre ella, porque ninguno compra más sus mercaderías; mercadería de oro, de plata, de piedras preciosas, de perlas, de lino fino, [...] caballos y carros. [...] en una hora han sido consumidas tantas riquezas».

Y además, sabe que es la que controla mental y económicamente a la humanidad haciéndolos «esclavos», dominando las «almas de hombres» (vers. 13). El poder oculto de esta élite romana que opera desde los EE.UU. – principalmente – se verá castigado: «Luz de lámpara no alumbrará más en ti, ni voz de esposo y de esposa se oirá más en ti» (vers. 23). Todo aquello que consiguieron se forjó gracias a los poderes oscuros de sus rituales satánicos: «pues por tus hechicerías fueron engañadas todas las naciones.» (Apoc. 18:1-24) ¿Hechicerías? El pasaje griego original dice 'farmakeia'. Sí, fármacos, drogas, industria farmacéutica. Ella es quien se está encargando de dañar a la mayoría de la humanidad. Podemos ver que hay acá una clara analogía entre la brujería, o lo oculto y demoniaco, con las drogas legales, y las corporaciones que las promueven. Esta telaraña piramidal viene dirigida por un titiritero; un demagogo que usa un esquema de 7 líderes para ejercer su control sobre nuestro mundo.

Los episodios que señalan a un individuo que mete en problemas a la humanidad y produce un cisma respecto del hombre y Dios es lo que compete a la historia de Lucifer. También hay muchas coincidencias con otros textos (sumerios, escandinavos, egipcios, árabes, hebreos, cristianos) que hablan de un individuo que trabajaba para ciertos dioses en la Tierra y trató de tomar el poder del principal dios que gobernaba en Mesopotamia en aquel entonces, con el mismo individuo que describen como serpiente del jardín de Edén. Esas misma coinciden con el Targum y los textos sobre Job del Qumran, que mencionan a los Nefilim siendo juzgados y él estando con ellos. Esas tres coincidencias son bastante sólidas para suponer que se trata del mismo individuo. No obstante, con el tiempo, la idea de opositor, calumniador, jefe de los demonios, serpiente antigua y dragón se generalizaron para todo lo que tuviese algo que ver con este movimiento, forma de pensamiento e ideología y todos los que, de cualquier modo, lugar, época o raza, la personificasen.

Por ello Apocalipsis habla de un dragón de 7 cabezas, pero Satán no es septicéfalo (de 7 cabezas), sino que 7 individuos representan ese concepto antiguo de Satán. En este punto, el profeta Daniel anuncia que todo aquello sería así hasta que se decretase lo que habría de venir sobre 'aquel' que 'desoló' a su pueblo - es decir, los romanos. Es justamente en este lapso temporal cuando es referido a Juan el Apocalipsis - donde se concluye la 'sentencia' contra el 'desolador', que es el último poder que se levantará en la Tierra. La sibilina profetizó: «Pero cuando Roma también gobierne sobre Egipto gobernando siempre, entonces deberá aparecer el mayor reino del

Rey inmortal sobre los hombres. Y un Señor santo vendrá para mantener el cetro en cada tierra a todas las edades de tiempo rápida aceleración.» (Oráculos Sibilinos. Libro III. Versos 55-60)

Esta mención a que Roma será el último reino de la Tierra, y que caerá con la aparición de Cristo, es constante. La pitonisa del oráculo dijo más sobre esos reinos: «Pero entonces el tiempo rodó por allí se levantó el reino de Egipto, luego el de los persas y de los medos y los etíopes, y de Asiria y Babilonia, y luego la de los macedonios, el egipcio una vez más, a continuación, la de Roma.» (Oráculos Sibilinos - Libro III. Verso 190) Es menester comprender que debemos estudiar la historia del poder romano para desvelar la trama oculta en esto, no fijándonos en la zona de Italia, sino en la estructura misma del poder oculto que ha ido manteniéndose, y que finalmente migró a los EE.UU.

Y en este respecto la sibila finaliza su exposición sobre los poderes que gobernarán la Tierra, y en otra parte lo vuelve a decir: «Cuando la gran torre cayó y las lenguas de los hombres fueron separadas a muchos idiomas de los mortales, primero fue establecido el poder real de Egipto, el de los persas y de los medos y también de los etíopes. Y de Asiria y Babilonia, entonces el gran orgullo de la jactancia Macedonia; Entonces, quinto, el último, el famoso reino sin ley de los italianos muestran muchos males a todos los mortales y deberá pasar las fatigas de los hombres de todos los países. Y conducirá a los reyes de las naciones indómitas al Oeste, hacer leyes para los pueblos y sujetar todas las cosas.» (Libro VIII. Versos 5-17)

¿Qué quiso decir la sibila con «conducir a los reyes» al «oeste»? ¿De dónde vinieron Cristóbal Colón, Hernán Cortés y todos los demás conquistadores, y quién los patrocinó? Como explica el investigador John Phelps, EE.UU. se fundó por medio de los jesuitas, orden de caballeros creada por Ignacio de Loyola con el amparo de Roma, para destruir del mundo a los protestantes (aunque esto les tomase siglos conseguirlo).

Pero la descripción de su ubicación da dos detalles curiosos: 7 montes sobre los que se sienta. Tanto Jerusalem como ciudad de Vaticano están rodeados y básicamente situados sobre 7 colinas - pero esto no es concluyente. Dice que los montes (o montañas), son 7 reinos, pero en la actualidad hay 194 países, por lo que se podría asumir que sería una especie de 'G-7' (Alemania, Canadá, Estados Unidos, Francia, Italia, Japón y Reino Unido). El asunto es este: dice que «cinco han caído», o sea que ya no están, y que «uno es» (en tiempos de Juan), y otro «ha de venir e ir a perdición». En consecuencia, parece aludir más a un gobierno dirigido por hilos que trascienden al tiempo. Para los días de Juan, el "poder" estaba en manos de Roma, y así ha seguido hasta hoy, solo que llegados al siglo V d. C. su poder ya no fue conocido abiertamente, mientras hoy trabaja políticamente desde la ONU; geográfica y militarmente desde los EE.UU.; económicamente desde Wall Street y la City de Londres, aunque su cede aún está en Roma (en ciudad de Vaticano, más explícitamente). Es cierto que 5 imperios importantes cayeron antes de Roma (Grecia-Macedonia, Media-Persia, Babilonia, Asiria y Egipto), y que otro poder ha de surgir tras 'Roma-ONU-Babel'.

Si estamos hablando de una estructura, y esta 4ª Bestia es romana, sus 7 cabezas, ¿cómo pueden ser los reinos anteriores si esos ya habían sido identificados como 'bestias'? En días de Juan, 'Roma' estaba siendo regida por su 11º emperador ('Domiciano', último de la dinastía 'Flavia'), y este apóstol siguió su obra en Éfeso durante el mandato de Nerva (Apoc. 10:11), y puede que incluso al principio del de Trajano. Pero hay más: Roma se erigió en base a todos los pueblos que le antecedieron, mezclando los cultos, ideas, creencias y mitos de todos ellos. Por ese motivo la consideran 'Babel' también, ya que representa la combinación de todas filosofías del mundo. Alguien diría que realmente no está emplazada en torno a 7 montes o colinas (Aventino, Capitolino, Celio, Esquilinio, Palatino, Quirinal y Viminal) en un sentido geográfico - si hablamos de Vaticano –

sino de la locación de 'Roma' en sí (de hecho, irónicamente, entre las 7 colinas y la ciudad de Vaticano salva el río Tíber y el llamado 'campo de Marte'). Estas siete colinas figuran de forma prominente en la mitología romana, su religión y su política; tradicionalmente, se cree que la ciudad original fue fundada por Rómulo y Remo sobre el monte Palatino (Collis Palatinus). Las primitivas siete colinas eran: Cermalus, Palatium, Velia, picos del monte Palatino, Cispius, Fagutalis, Oppius, picos del monte Esquilino, y Sucusa. Inicialmente, las siete colinas fueron ocupadas por pequeños asentamientos que se agruparon y formaron una ciudad conocida como «Roma».

Los 7 reinos son los 7 montes que han gobernado progresivamente el mundo tras el diluvio. Básicamente: 1. Babel (con la torre de Nimrod), 2. Egipto, 3. Babilonia, 4. Asiria, 5. Persia-Media, 6. Grecia (Macedonia), 7. Roma. Los 7 montes son 7 reinos. 5 han pasado ya (Egipto, Asiria, Babilonia, Medopersia, Grecia). Uno ha sido desde antes de Jesús hasta hoy (Roma) y otra está casi completada (la de la bestia). Roma caerá mientras la bestia se termina de levantar completamente.

Los ciudadanos de las siete colinas comenzaron a participar en una serie de juegos religiosos que comenzaron a unir a los grupos. La ciudad de Roma nació por tanto una vez que los asentamientos comenzaron a actuar como grupo, drenando los valles pantanosos que los separaban y convirtiéndolos en mercados y foros. Quien estudia el núcleo real de Roma y de la masonería, ve que todas sus bases pertenecen a la cultura egipcia, asiria, babilonia, persa, griega, israelita y romana. No adoptan elementos de América, ni de África, ni de Escandinavia ni de Oriente Lejano. Sus principios consisten en la mezcla de estos 7 reinos. Los elementos del cristianismo eran realmente hebreos, y por tanto es el cristianismo hebreo el que representa esto otro principio absorbido, y de hecho, Ieshua nació bajo el mandato del 'primer emperador' romano, César Augusto, y regresará bajo el mandato del último gobernante de este imperio.

Solo miren las características de la Bestia: «era semejante a un leopardo, y sus pies como de oso, y su boca como boca de león.» (Apoc. 13:2, R60) ¿Cómo un leopardo con pies de oso y boca de león? ¿Cómo eran las primeras tres bestias que vio Daniel? «La primera era como león, [...] otra segunda bestia, semejante a un oso, [...] otra, semejante a un leopardo...» (Dan. 7:4-6, R60) Es evidente que todas estas son analogías: los 10 cuernos de la Bestia serán las 10 supernaciones, y sus 10 diademas (coronas pequeñas) serán sus sub-emperadores; las 7 cabezas del Dragón son 7 demidioses, y las 7 de la Bestia son 7 demidioses, cuyo otra analogía son los 7 montes de Roma y los 7 imperios sobre los que se estableció. Los '5' caídos no son solo los imperios, sino el 'demidios' que tras bambalinas dirigía a dicho imperio en el periodo que le correspondió.

Al apóstol Juan le dicen que «la bestia que has visto, era, y no es; y está para subir del abismo e ir a perdición; y los moradores de la tierra [...] se asombrarán viendo la bestia que era y no es, y será.» (Apoc. 17:8, R60) Y añade que «es también el octavo; y es de entre los siete...», (vers. 11) ¿'Era y no es'? ¿Existió y ya no existe? ¿Fue y ya no es? ¿Cuál es 'ese' que es uno de los 7? Pocos nos hemos para a analizar que la descripción del capítulo 13 habla de una bestia parecida a leopardo, león y oso, que tiene 10 diademas y que fue herida, pero la descripción del capítulo 17 habla es de una bestia escarlata y la prostituta sobre ella, la cual no es mencionada en el capítulo 13.

Si bien, sabemos que 5 reinos – que además conquistaron Babilonia (Babel) – existieron antes de Roma («uno es», le dijeron a Juan en su día, durante el periodo de dominación romana), que fueron Egipto, Asiria, Babilonia, Persia y Macedonia. Entonces, falta uno por subir y ser el último imperio. En consecuencia: «La bestia que era, y no es, es también el octavo; y es de entre los siete» (Apoc. 17:11, R60) Es decir, este 7º imperio es el de la Bestia, que a su vez representa a todos los anteriores. Por eso dice: «Éstos tienen un mismo propósito, y entregarán su poder y su autoridad a la bestia»

(Apoc. 17:13, R60), toda vez que habrá una distribución del mundo en 10 regiones, pero una súper-sede global, la de la Bestia misma.

En la actualidad, ciertos investigadores estadounidenses ven muchas analogías entre aspectos de la bestia escarlata que figuran como mujer prostituta y la mecánica de poder del Deep State, operando desde los EE.UU. Siguiendo ese hilo, lo mismo que observaríamos en la Bestia del Anticristo que caerá antes del inicio del Milenio Mesiánico, también la ramera romano-estadounidense usaría el mismo modelo estructural. El asunto de las figuras de 7 cabezas, 10 cuernos, etc. Por ejemplo, he leído a cierto analista ver este modelo de los 10 en el sistema de gobernadores de los EE.UU. Aparte de Malloy y Brandstad, los otros 8 consejeros eran Jay Nixon (demócrata de Misuri), Matt Mead (republicano de Wyoming), Brian Sandoval (republicano de Nevada), Bill Haslam (republicano de Tennessee), Steve Bullock (demócrata de Montana), Mark Dayton (demócrata de Minnesota), Terry McAuliffe (demócrata de Virginia), y Rick Snyder (republicano de Michigan).

Actualmente los personajes principales de todo el aparato de emergencia de dicho país son 7, a los que los 10 consejeros asesoran, y son: Ashton Carter (Secretario de Defensa), Jeh Johnson (Secretario de Seguridad Nacional), Lisa Mónaco (Asistenta del Presidente para la Seguridad de la Patria y el Contraterrorismo), Valerie Jarrett (Asistenta del Presidente para Asuntos Intergubernamentales y Compromiso Público), el Almirante William E. Gortney (Comandante del USNORTHCOM (o 'Comando Norte de los EE.UU.')), el Almirante Paul F. Zukunft (Comandante de la Guardia Costera) y el General Frank J. Grass (Jefe de la Oficina de la Guardia Nacional).

El 02 de diciembre de 2016 Donald Trump eligió al general retirado de los Marines, James Mattis, como Secretario de Defensa. Días después, el 12 de diciembre, Trump eligió como Secretario de Seguridad Nacional al general John Kelly (que habría reemplazado a William Gortney como Comandante General del Comando del Norte, y finalizando este ejercicio en febrero del año pasado). Por su parte, desde agosto de 2012 el Jefe de la Oficina de la guardia Nacional es Joseph L. Lengyel. Si bien, dado que no se ha comunicado ninguna modificación, Lori Robinson es la actual Jefe del Comando del Norte, elegida a mediados de mayo del año pasado. Robinson es «la mujer con más poder militar en el mundo» y «es general de cuatro estrellas (el máximo que se puede alcanzar en tiempos de paz), de la Fuerza Aérea de EE.UU.» (Afirmaba 'ElMundo.es', en un reporte). Su rango asume, además, que «tiene bajo su responsabilidad garantizar la seguridad de EE.UU. desde el Polo Norte hasta la frontera de Guatemala, Belice y México, así como gran parte del Caribe (excluyendo Cuba). Robinson también asume el cargo de comandante en jefe del Mando Norte Aeroespacial (NORAD).»

# II.

# EL MEOLLO DE BABEL

Uno de los grandes enigmas que esconde el libro bíblico de Apocalipsis es el misterio de Babilonia. Se ha especulado por mucho tiempo sobre la naturaleza de esta tal ciudad ahí mencionada, afirmando que se trataría del imperio romano, de Jerusalén, del Vaticano o de los EE.UU. Se define a esta tal "Babilonia" como una "ciudad", tomando el vocablo griego 'pólis', de donde nacen términos como "política", "policía" o "polémica". El término se refiere a "mucha gente", englobando la idea de una metrópoli. En lengua hebrea es 'Aír' o 'Iír', que también traduce agitación, villa, vigilante o borriquillo (lo cual puede recordar el símbolo del Partido Demócrata de los Estados Unidos). Además de esto, 'Iír' es la raíz lingüística para la voz hebrea 'Eirom' (desnudo).

En primera instancia, si pudiésemos definir a la "gran ciudad" con meros epítetos, y sin más información, no sería loco considerar que el mensaje críptico hablase de un lugar con mucha gente, un lugar dominado por la política, un lugar de mucho control policial, un lugar de mucha polémica, un lugar de mucha agitación, un lugar de mucha vigilancia y un lugar sin vergüenza (donde se vende la desnudez al mundo). Claramente esa no podría ser Jerusalem ni Vaticano, sino algo a escala de Nueva York o Los Angeles. Pero asumamos que es solo una especulación, y remitámonos a analizar meramente la raíz del propio nombre de la tal "pólis": Babilonia.

Aunque el texto de Apocalipsis aparece en griego, y en dicha lengua y referencias se denomina 'Babilón' (de donde sale el nombre en inglés, y el posterior castellano 'Babilonia'), lo cierto es que la palabra es de origen sumerio: 'Babili' (BAB-ILI = 'Puerta de Dios', o 'Puerta de los Dioses'). El historiador judío Tito Flavio Josefo, recoge en su obra 'Antigüedades de los Judíos' (tomo I) que en la llanura de Senaar (Sinar, Sumer), un gobernante llamado Nebrodes (Nemrud, Nimrod) instigó a los pueblos que se habían unido como uno solo a levantar una gran torre como símbolo de la unificación global (el primer intento de globalización de la historia de nuestro mundo). Añade que «El lugar donde edificaron la torre se llamó Babilonia, por la confusión de las lenguas; porque en hebreo babel significa confusión.» (vers. 3) Pero al principio no estaban confundidos, pues el sonido 'Babili' dio lugar al semítico 'Babel', que quiere decir, primeramente, 'mezcla'.

También la sibila griega narra esto cerca del siglo II a. C., contando en su libro III (vers. 120): «Cuando en la tierra de Asiria construyeron una torre; - (Y todos hablaban un idioma, y resolvieron el montar en alto en el cielo estrellado; Pero el [...] Inmortal provocó una fuerza poderosa, y luego serpenteaba desde arriba abatiendo la gran torre y agitó a los mortales para causar disputas entre ellos, por lo que los hombres dieron a esa ciudad el nombre de Babilonia); - Ahora, cuando cayó la torre y las lenguas de los hombres volvieron para todo tipo de sonidos, en seguida toda la tierra estaba llena de hombres que se dividieron y [en diversos] reinos...» (Oráculos Sibilinos).

¿Por qué llamarían a la gran prostituta de Apocalipsis, 'Babilonia'? Si está evocando a una analogía, por un lado tenemos "mezcla" de todas las gentes de todo el mundo, lo cual en este planeta podríamos ubicar en Nueva York. En esa ciudad está la oficina de la Organización de las Naciones Unidas (la sede de los líderes de todo el mundo), también está el centro económico principal (Wall Street). Si no fuese Nueva York, lo más cercano a estas características sería Los Angeles, donde está el centro cibernético global y también el principal impulsor de la industria musical, de series televisivas y del cine (incluso del XXX (fornicación), que es que más se vende a nivel mundial, y de cuyo vino de "prostitución" se embriagan millones).

La historia de la torre de Babel es, empero, fundamental para descifrar el misterio de Babilonia en el libro de Apocalipsis, pues por analogía comparativa y análisis del record histórico podemos ver que la ciudad de Babel (Babilonia) fue establecida como la primera metrópoli de la Tierra, como la gran capital, reuniendo a todas sus gentes bajo un mismo ideal, un mismo lenguaje y un único líder. Si debemos hallar una comparativa de ese entonces con el presente, lo más parecido a nivel político sería la ONU, aunque en sí nuestro planeta hoy día se ha globalizado de tal forma que en cualquier momento podría levantarse un líder mundial y ser aclamado como gobernante planetario, si lograse una unificación ideológica y la paz. Además vemos que hay idiomas predominantes, donde en número para los asuntos internacionales reina el inglés y es el más enseñado en todas partes después de la lengua madre de cada país. También hay otros aspectos como el económico, donde en gran medida aún todos dependen del dólar estadounidense (del FED, o Fondo de la Reserva Federal), para los depósitos y movimientos financieros. Es importante acotar en estos detalles aunque parezcan redundantes.

Podría considerarse una burda casualidad, pero la frase griega «Babilon i megali» (babilonia la grande), es numéricamente 129, igual que en hebreo es 'Seder Olamei Jadash' (Nuevo Orden Mundial). Para quienes consideramos que el hombre es constantemente guiado por fuerzas inteligentes invisibles, no es de extrañar que esos mismos "seres" hayan codificado mensajes por todas partes para quienes quisiesen descubrir los "misterios". Cabe agregar que el 129 computa las definiciones griegas 'Pligi' (plaga) y 'Sfájosin' (masacraron), ambas que también aparecen en el Apocalipsis, y hasta en contextos relacionados con la caída de la Nueva Babilonia, o una "pandemia" previa dicho evento (que supone el inicio de la Gran Tribulación bíblica). Pero, ¿será todo esto mero albur?

La gematría nos permite usar varios sistemas para encontrar valores numéricos en las letras, y en el caso del griego, así como 'Babilon i megali' es 129 en el sistema corto de análisis, en el largo da 1.380, que es el mismo para el nombre en griego de 'George Bush', y está justo debajo de 1.381, que es el cómputo de 'iesouíti táxis' (Orden Jesuita). Pero, ¿habría una relación entre la gran Babel y la orden jesuita? Para muchos investigadores los jesuitas son la organización más poderosa del mundo, y el hecho de que provengan del poder papal y sean sus principales defensores, apoya la tesis que asume que el poder imperial de Roma pasó a los EE.UU. a través de los jesuitas. Si no, ¿por qué en el funeral del cardenal superior de la orden en los EE.UU. estuvieron presentes personas como el entonces presidente de dicho país, George Bush? Ese cardenal era el hombre más poderoso de los EE.UU., según algunos investigadores, y la familia Bush son una pieza clave de la élite Illuminati, principalmente en Norteamérica.

¿Qué es lo que realmente está ocurriendo? Para comprender esto debemos remitirnos a la famosa profecía de la "destrucción de Babilonia". Ya lo comenté en publicaciones anteriores y en los libros 'Visión Remota', pero es importante que se comprenda que la palabra 'Babilonia' es griega, y representa la adaptación lingüística de la voz semítica 'Babel'. Esta palabra tiene dos significados, uno como 'mezcla', dado que evoca la ciudad de mesopotámica Babel, que fue la metrópoli de aquel entonces que unión a todos los grandes pueblos en uno.

Su otro significado, como 'confusión', vino después del fracaso de la famosa 'torre': «Cuando Dios los vio trabajar como locos decidió no destruirlos por completo, ya que no habían aprendido nada de la destrucción de los pecadores anteriores; provocó, en cambio, la confusión entre ellos haciéndolos hablar en distintas lenguas para que no se entendieran entre sí. El lugar donde edificaron la torre se llamó Babilonia, por la confusión de las lenguas; porque en hebreo babel significa confusión. La Sibila también hace mención de la torre y de la confusión de las lenguas, al decir: "Cuando los hombres hablaban todos el mismo idioma algunos de ellos edificaron una torre de gran altura, como si quisieran por 4% ascender al cielo, pero los dioses enviaron tormentas de viento y derribaron la torre, e hicieron hablar a cada uno un idioma distinto. Por eso se llamó aquella ciudad Babilonia".» (Antigüedades de los Judíos, Tito Flavio Josefo. Siglo I. cap. IV, 3)

Para la mayoría de investigadores, las profecías sobre la destrucción de una Babilonia del tiempo contemporáneo se refieren a los EE.UU. Aunque es en Apocalipsis 17 y 19 cuando mayormente habla de su castigo, algunos han encontrado en Jeremías 51 una clara alusión anterior sobre dicho castigo a esa nación: «He aquí que yo levanto un viento destruidor contra Babilonia, y contra sus moradores que se levantan contra mí.» (Jer 51:1, RVA 60) El concepto de 'viento' en lenguas occidentales procede de la concepción oriental, que designaba algo invisible, y se traduce indistintamente como 'espíritu', en este caso, entiéndase como 'espíritu de destrucción' contra dicho país. Agrega: «Y enviaré a Babilonia aventadores que la avienten, y vaciarán su tierra; porque se pondrán contra ella de todas partes en el día del mal.» (Vers. 51:2) La retórica y simbología usada con la analogía de Caldea ha hecho parecer por siglos que se trataba de una profecía sobre el imperio babilonio del linaje de Nebukanetzar (Nabucodonosor), aunque se podrían enumerar las objeciones históricas que prueban que dichas palabras no iban dirigidas a ese remoto imperio, y, empero, aún no se han cumplido.

Sería muy extenso citar y aclarar cada palabra y verso de los 64 que cubren todo este capítulo sobre la vieja profecía, pero existen ejemplos como la tremenda similitud de uno de los versos con otro del libro de Apocalipsis anunciando la destrucción de la tal gran ramera o gran Babilonia en el final de los tiempos: «Huid de en medio de Babilonia, y librad cada uno su vida, para que no perezcáis a causa de su maldad; porque el tiempo es de venganza de Iaheveh; le dará su pago.» (Jer. 51:6, RVA 60)

Nótese el parecido: «Y oí otra voz del cielo, que decía: Salid de ella, pueblo mío, para que no seáis partícipes de sus pecados, ni recibáis parte de sus plagas; porque sus pecados han llegado hasta el cielo, y Dios se ha acordado de sus maldades.» (Apoc. 18:4-5, RVA 60) El verso 7 recuerda al poderío e influencia de los EE.UU. en la tierra, y los testimonios que recogen que dicho país se levantó para ser un apoyo a Israel: «Copa de oro fue Babilonia en la mano de Iaheveh, que embriagó a toda la tierra; de su vino bebieron los pueblos; se aturdieron, por tanto, las naciones.» (Jer. 51:7, R60) Una vez más una alegoría con las palabras del apóstol Juan: «Otro ángel le siguió, diciendo: Ha caído, ha caído Babilonia, la gran ciudad, porque ha hecho beber a todas las naciones del vino del furor de su fornicación. Y el tercer ángel los siguió, diciendo a gran voz: Si alguno adora a la bestia y a su imagen, y recibe la marca en su frente o en su mano, él también beberá del vino de la ira de Dios, que ha sido vaciado puro en el cáliz de su ira...» (Apoc. 14:8-10, RVA 60) Con un poco de paciencia podréis hacer un análisis vosotros mismos, con estos capítulos y ver que habla de la misma ciudad-país.

### La Mujer Escarlata

El apóstol Juan describió en Apocalipsis a una mujer vestida de púrpura y escarlata, sentada sobre una Thirion (bestia). Muchos de los fans de las teorías de la conspiración la relacionan con una idea mediática, y dado que se deleitan en buscar e interpretar los simbolismos vertidos en películas, series televisivas o videoclips - analizando mensajes crípticos ocultistas, satanistas, masones y apocalípticos - ven en esta figura un elemento fundamental del poder en la sombra tras mucha comparativa e indagación.

Uno de estos teóricos es el musulmán que usaba el pseudónimo de 'Abdulla Hashim', de 'WakeUpProject', quien incluso se infiltró en reuniones de raelianos y sectas de Yavé, y participó en marchas por la libertad en el Cairo y programas de televisión en Irán, para exponer a todo tipo de organizaciones oscuras. La "mujer de rojo" fue uno de sus trabajos en la serie de HashemFilms, 'Dajjal Shape-Shifter' (el Anticristo Metamórfico). En su tesis mostraba cómo la industria musical, cinematográfica, de los magazines y de la moda estaban movidos por hilos satánicos y usaban programas de control mental social para condicionar a la sociedad, especialmente estadounidense (puedes profundizar estudiando el proyecto Monarca). La Mujer de Rojo se representaba como un ícono del poder oculto operando sobre el subconsciente de la juventud – especialmente – preparando a un pueblo dócil de recibir a un falso salvador Illuminati y pervirtiendo inmoralmente a la sociedad (ver ejemplo en la primera parte de la saga The Matrix, cuando un joven programador crea un programa de una mujer rubia con vestido rojo que distrae a Neo en una simulación).

Atentos, porque a partir de ahora la IA (inteligencia artificial) y los hologramas 7D irán cada vez más acaparando el horizonte, cada calle, cada edificio y cada hogar, al grado que no sabrás diferenciar entre la realidad y la realidad virtual. Así lo anunció el profeta hebreo Ishaiahu (Isaías) hace 2.600 años, advirtiendo sobre esta Mujer Escarlata digital: hologramas en la atmósfera, eslóganes tridimensionales holográficos representando al líder del gobierno global... a continuación un estracto de este ejemplar manuscrito que no fue incorporado en la Biblia:

"...estos son los días del fin del siglo [...] Beliar el gran príncipe, el rey de este mundo, descenderá [...] en su palabra el sol saldrá por la noche y hará que la luna aparezca en la sexta hora. [...] todos los pueblos en el mundo van a creer en él [...] Y se sacrificarán a él y le servirán diciendo: "Este es de Dios y junto a él no hay otro". Y mayor número de los que se han asociado en conjunto con el fin de recibir al Amado, que a su vez, [lo dejen] a un lado tras él. Y será el poder de sus milagros en cada ciudad y región. Y pondrá su imagen delante de él en cada ciudad. Y él llevará el dominio por tres años y siete meses y veintisiete días. Y muchos creyentes y santos lo habrán visto, quienes tendrán la esperanza en el que fue crucificado, Yeshua ha.Mashiaj ha.Adonai, [después de que yo, Isaías, hube visto a aquel que fue crucificado y ascendió] y también los que eran creyentes en Él - de estos unos pocos en esos días se dejarán como sus siervos, mientras que huyen de desierto a desierto, esperando la venida del Amado. Y después de (un mil) trescientos treinta y dos días, el Señor vendrá con sus ángeles y con los ejércitos de los santos del séptimo cielo de la gloria del séptimo cielo, y él arrastrá a Beliar al Gehenna y también a su ejércitos." (Ascensión de Isaías cap. 4.1-14)

Ahora bien, el trabajo de Hashim es solo una porción más de las piezas. El interés mostrado por muchos que desean descubrir la verdad del "misterio" de Babilonia y tratar de compartirlo con el mundo es amplia, un gran despertar a pesar del poder de corrupción ética y educativa que lleva a cabo la ramera (en especial en la actualidad por medio de los medios de noticias y los programas televisivos). Estos esfuerzos individuales – testimonio de nuestro despertar de la conciencia planetaria - pretenden sacar a la luz el poder en la sombra detrás de los títeres del globo y la influencia espeluznante que infiere en la humanidad el ocultismo masón luciferino desde los medios corporativos, el marketing, la banca, las modas, la música, el cine, la televisión, la industria farmacéutica, el sistema educativo y una lista casi interminable de más ramas – o "rameras – que lavan el cerebro de las personas, y dañan su organismo biológico.

Roma (la primera fase de la 4ª bestia descrita por el profeta Daniel) ha cambiado de fachada y estrategias desde el principio, y usó el surgir de los EE.UU. para continuar desde ahí controlando el mundo, de modo que Vaticano no fuese identificado como la fuente del poder e influencia. Todo el poder de Roma, a través de los jesuitas, pasó a la completitud de los estamentos de los EE.UU. a lo largo de más de dos siglos, y una de las plataformas que usó fue a los jesuitas para construir la industria que opera desde Hollywood. Cuando leemos el capítulo 17 del libro de la Revelación, añade que esa mujer de rojo es «LA MADRE DE LAS RAMERAS Y DE LAS ABOMINACIONES DE LA TIERRA.» (vers. 5, RVA 60) Sostiene que es la madre de todas las demás (la que las ha parido y amamantado y criado), no estrictamente su espíritu de influencia. De ella derivan el resto de prostitutas de riquezas desleales, abominaciones sexuales (como los rituales de las sociedades secretas) y de toda la putrefacción moral, ética, ideológica y cultural que se expande por el mundo, especialmente desde los últimos 100 años, y en aumento exponencial.

¿Quiénes son esas otras rameras que son sus hijas? De ser extraterrestres sería imposible precisarlo ni esclarecer sus métodos, pero en la Tierra hay quienes las conocen o han oído hablar de ellas. Ejemplos simples de esas "rameras" son la CFR, la Trilateral Commission, la Round Table, el Club de Roma, el Club Bilderberg, las fraternidades universitarias (como Skull&Bones o Scrolls&Keys) o las membrecías rosacruces o francmasónicas (como el Bohemian Groove, la orden de la Jarreta, la Prince Hall, el Roshanaya, los caballeros de Malta, los caballeros de Colón...), la Mafia, la casa Windsor, los Sionistas, el Consejo de la Corona de los 13, el Comité de los 300, los Think Tanks y Banksters (FMI, World Bank, FED, BIS), el Royal Institute of International Affairs, la ONU, las mega corporaciones... y la lista sigue.

Veamos otros de los comentarios que hace Juan en su libro: «Otro ángel le siguió, diciendo: Ha caído Babilonia la grande, porque del vino de la ira de su fornicación ha hecho beber a todas las naciones.» (Apoc. 14:8) ¿Cuál es ese 'vino de la ira de su fornicación'? Se ha dedicado a traer el adulterio y la degradación a todas partes, y ahora las consecuencias de eso no solo afectarán a la 'ciudad' sino al mundo al que ha pervertido - pues prácticamente casi todos han participado de su mala influencia y han vivido en el "pecado" a causa de la estructura de pensamiento y conducta que ha implantado y promovido. El Nuevo Orden Mundial es dirigido por jesuitas y todas sus organizaciones, y con ellos las 13 familias que controlan al mundo (que son parientes de las 13 monarquías ancestrales de Europa), la Mesa Redonda del multimillonario Cecil Rhodes, y todas las filiales bajo ellas, sea de los banksters, la mafia, los servicios secretos, la ONU, la CFR, la TC, el club Bilderberg, y tantas sociedades secretas, como he dicho. Luego con ellos están los mega ricos que quieren jugar al roll Illuminati realizando un gran trabajo, como Bill Gates. No descartemos al movimiento sionista, pero no es el que está encima, y como todos los otros, son tendencias usadas por la élite para promover sus intereses.

¿Por qué describir esta ciudad como una "mujer vestida de púrpura y escarlata"? En griego, escarlata es 'Kokkínin', y es referida pocas veces en la Escritura (la parte de Apoc. 12 que habla de una "dragón escarlata" es un error de traducción, ya que dice realmente "dragón rojo" o "rojizo"), pero ¿cuál es su significado? En la antigua cultura hebrea a este color lo llamaban 'Toreát Shaní' (gusanillo rojo) o solo 'Shaní' (ver 2ª Sam. 1:24), y es sabido que tanto los tintes vivos de púrpura y de escarlata representaban el lujo y la riqueza, y eran, por ende, los colores utilizados por los reyes y emperadores. Este valor provenía del costo en el mercado de estos tintes (el púrpura usualmente producido de caracoles y pulpos, y el escarlata de insectos kermes), por lo que el atuendo de dicha mujer denota un poder de realeza y/o de riqueza. El hecho de ser identificado como mujer, y no como hombre, depende del componente añadido de la descripción. Una mujer representa la vida que se gesta, se produce y se nutre en su infancia, pero una mujer con caracteres añadidos de blancos, virginidad o juventud denota pureza y santidad.

No obstante, una mujer identificada con estos colores y joyas representa la lujuria y la avaricia. Si a eso añadimos que la llamen 'Pornion' (prostituta, ramera), queda patente que es porque se "vende" a cambio de beneficios (de la propia palabra proviene 'pornografía' = imágenes de prostitutas). Me llama la atención que los colores que usa sean típicos de la monarquía o los emperadores, porque es de una realeza de donde se dice que ha de venir Belial (el Anticristo, Armilius, Dajjal, falso profeta, inicuo, hijo de iniquidad, hijo de perdición, etc.). En el cortometraje de Louis Lefebvre, 'I Pet Goat II' (en el minuto 1.35-40), Barack Obama está pisando lo que parece una moneda dorada con el sello de la monarquía británica y se le ve preocupado sudando, mientras la manzana de 'Alice' llega a él y de ella se produce una flor de loto. Toda la simbología de este video gira en torno a la gestación, nacimiento, crecimiento y manifestación del Anticristo.

Ahora bien, Juan describe que los mercantes o mercaderes se han 'enriquecido' gracias al «poder de su lujuria», o «sensualidad». Tenemos dos elementos a los que esto evoca: oro, fornicación (rituales sexuales) y demonología. Por ello es que será quemada, saqueada y destruida. No habla de algo simplemente a un nivel espiritual, sino físico - e incluso advierte a los suyos que 'salgan' de ahí, para que no caiga sobre ellos también el castigo que le viene -. Dicho de otra manera, hay lugares geográficos donde se localizan los puntos neurálgicos de esta organización, y hay personas morales y con principios que moran por ahí. No les dice que no sean parte de su estructura, sino que no 'participen de sus pecados', o sea, de su corrupción moral, y en consecuencia reciban «parte de sus plagas». O sea, que esta "ciudad" corrupta e inmoral pervierte a las personas y será asolada por fuego, plagas y devastaciones (o la suma de todas ellas si se entiende el contexto de 'plaga' y también de 'fuego').

El apóstol Juan nos dice que, «Las aguas que has visto donde la ramera se sienta, son pueblos, muchedumbres, naciones y lenguas.»

(Apoc. 17:15, R60) El libro de la revelación identifica a la gran Babel como una prostituta, empero, la madre de todas las prostitutas de la Tierra, y solo con los epítetos de Babel, prostituta, mujer de escarlata y púrpura, y embriaguez, es claro que es un poder sobre todos los poderes. Para muchos esta es la verdadera cara que presenta la tal 'Estatua de la Libertad' – o del 'Libertinaje' -, el principal ícono que representa a los EE.UU. Una estatua regalada por los masones franceses a los gringos, y se levanta en Liberty Island, frente a Manhattan. Irónicamente la sola estatua mide 45 metros de altura, y en la Kabalah el 45 representa al hombre. Manhattan está en medio de aguas, y en Manhattan está Wall Street y el edificio Rockefeller de las Naciones Unidas. Desde ahí se domina todo el mundo, pero la propia estatua está completamente en medio del agua y posee una corona con 7 rayos (7 mares, 7 continentes), alusivos al control del mundo. Incluso el símbolo de su antorcha es otra alusión oculta al fuego de Prometeo, quien lo dio a los hombres, es decir, la conciencia, el despertar y la verdad, pero no al modo de la libertad espiritual sino de la desnudes del propio hombre. Prometeo (Eósforo en la mitología romana) es llamado Lucifer en el cristianismo.

El texto de Juan asimismo recoge: «Las siete cabezas son siete montes, sobre los cuales se sienta la mujer...» (Apoc. 17:9, R60) El término griego 'Ori' engloba un lugar geográfico predominante respecto de una llanura a nivel del mar, sea monte, montaña o continente. Esto es aplicable a una llanura en un tipo de isla. Como se ve en la corona de la Estatua de la Libertad (la diosa Libertas o Liber, también conocida en ficción como 'Columbia'), las 7 puntas representan a los 7 continentes. Los 7 continentes tienen analogía con 7 reyes, pero el vocablo griego no se limita a un rey en particular o individual, sino a un reino. Si bien, sabemos que 5 reinos – que además conquistaron Babilonia (Babel) – existieron antes de Roma («uno es», le dijeron a Juan en su día, durante el periodo de dominación romana), que fueron Egipto, Asiria, Babilonia, Persia y Macedonia.

Entonces, falta uno por subir y ser el último imperio. Es importante saber que la deidad Mitra en cuyos cultos se iniciaban los soldados romanos, era representada usualmente con una corona de rayos, y tanto la corona como el contexto de la figura eran idénticos al de la Estatua de la Libertad. Irónicamente la iglesia católica denomina así al gorro de los obispos, y es evidente que procede de la forma de toca que usaban los faraones egipcios y con la que muchas veces se retrató al dios indoariano Mitra. Asimismo, esta deidad tenía el tocado de rayos para representar al sol, ya que Mitra era símbolo de la victoria solar (el Sol Invicto), y casi todo el culto católico se fundamentó en el culto mitraísta. Así que los rayos de la estatua son una forma de iconografía solar, y la figura posiblemente una emulación de Mitra (considerando que parece hermafrodita, ya que aunque es claramente una representación femenina, tiene el rostro del 'David de Miguel Ángel', que evoca al rey bíblico David, de donde viere el heredero al trono, o el Mesías).

Ver una estatua con la corona de Mitra, un rostro hermafrodita que podría también estar combinando a la Isis egipcia y al Apolo griego, y que posee la antorcha de Prometeo, es clave para comprender la naturaleza de este símbolo masón. La deidad griega Apolo era el dios del Sol, coincidiendo con este culto a Mitra, pero más remotamente parece que estos atributos no le habían sido añadidos, sino que simplemente era la divinidad de la simetría, el arte, el canto y la música. Al agregar aquí la idea de Apolo nos introducimos aún más profundo en la madriguera de conejo por donde cayó "Alice" (Alicia).

¿Cómo llegó Apolo a convertirse en una deidad tan relevante para la masonería? Según el Oahspe (1882), un demonio llamado Daeva o Daveas (posiblemente el mismo Daeva que da lugar a los demonios de la cultura hindú), tras la retirada de Apolo – cuando éste abandonó el Primer Cielo de la Tierra para regresar a su reino-mundo etérico -, Daveas usurpó su nombre, y desde entonces engañaba al mundo haciéndose pasar por Apolo. En definitiva, Daevas (el falso Apolo), fue exiliado por Usir (Osire, Osiris), mas su juicio vendría al final de esta era, cuando se entiende que regresará una vez más a engañar al mundo. Expertos en la materia coinciden en que esta figura de Apolo es análoga a la idea del Anticristo. De ahí el juego de palabras de Apolo con Apolión (el ángel del abismo mencionado en Apoc. 9.7-11) o Apolonion, que en griego significan 'perdición' o 'destrucción', y que en lengua hebrea es el equivalente al nombre del abismo, Abadón.

¿Pero qué tendría que ver Isis? La Isis original, hermana de Osiris y madre de Horus, nada. De hecho, originalmente isis simboliza a Sofía, la creadora de este universo, y por tanto, también a Mariam (María), la madre biológica de Yeshua (Jesús), y asimismo representa a la Isis de tiempos de Yeshua, que fuera su compañera y mejor estudiante - también llamada Mariam -, que fue a predicar a Francia, donde la ciudad capital había recibido el nombre de París (que en antiguo egipcio significaba 'la Casa de Isis'). No, es la idea opuesta, como se ve en la forma antagónica de la pintura de la 'Venus de Milo', conocida como 'Nacimiento de Venus', de Botticelli, que aparece en los fotogramas de 'I Pet Goat II' (min. 3.15-20), en el momento en que se ilustra la bomba termonuclear que desencadenaría la Tercera Guerra Mundial. Es la idea falsa, la masónica, la que sí esconde un gran valor oculto. El nombre masón 'Isis' recoge las ideas falsas de Virgo-María (la deidad católica por excelencia), cuyo origen se remonta a muchas culturas, especialmente babilónicas.

Es lo mismo que la Afrodita griega, diosa del amor, que provino de Fenicia, de las culturas cananeas, donde la conocían como Astarté, Astoret, Asera, Astarot y otras derivaciones del acadio Ishtar, de donde proviene el vocablo castellano 'estrella' y 'astro', o el nombre 'Ester'. Esta deidad fue primeramente conocida en Sumer como

'Inanna', la diosa de la guerra. Lo más importante sobre Inanna es que fue la patrona principal de Babilonia, pugnando su título post-diluviano con el afamado Marduk, y no solo era diosa de la guerra sino, irónicamente, del amor. Vaya mezcla, pero eso se explica en la transformación de la diosa egipcia sangrienta Sekhmet en la amada Hathor. Su culto partía del ritual sexual y la prostitución. El homólogo suyo egipcio – la forma en la que se le conoció allá - fue la primeva 'Sekhmet' (Sejmet), la terrible con cara de gato, diosa de la venganza y la guerra, causante del diluvio universal, de la aparición del desierto y diosa del poder y la fuerza. Por alguna razón cambió y se transformó en la amorosa 'Hathor', no sin antes traicionar a Ra y obligarlo a abandonar el planeta Tierra.

Combinar el culto a las deidades más representativas de la antigüedad se incorpora con el culto a las mismas, que se asocia a la prioridad de provocar guerras y todo tipo de prostituciones (dinero + sexo) para honrar a estas deidades – o demonios - y recibir sus favores y apoyo para conseguir sus fines (rituales y culto que los católicos tildaron de "paganus"). Muchos pastores estadounidenses (y algunos no estadounidenses) han hablado de sueños, visiones y revelaciones donde les es dado a conocer que la gran Babilonia, la gran ramera del Apocalipsis, es su propio país. También esto ha sido dicho de parte de oficiales de alto cargo de los EE.UU., y ellos mismos también encuentran muchas cosas raras en la propia simbología de su país, desde sus billetes, la forma en que se distribuyen sus ciudades, los emblemas nacionales y de los edificios emblemáticos, todo muy estrecho a la mitología y el culto a deidades ajenas al cristianismo.

Si la bestia escarlata es Roma, y ésta muta o se perfecciona al deshacerse de su "madre" prostituta, ¿podría esto ser la referencia a la 'herida mortal' de que igualmente habla Apocalipsis? Una de las señales claves del comienzo de la Revelación de Juan parece ser justamente la destrucción de esta ciudad-país, y si tratásemos de mirar la geopolítica actual, y considerar una nación que englobe estas características nos tomaríamos con los EE.UU., una y otra vez, pero, ¿cómo iba EE.UU. a sufrir todas las calamidades que advierte el Apocalipsis? Según el texto este "imperio" sufrirá invasión de sus enemigos, calamidades internas, desastres naturales y caos. ¿Qué podría provocar todo esto al grado de llevar a tierra a semejante potencia nuclear?

Si la mujer de púrpura y escarlata es el poder oculto, es la misma que «ha corrompido a la tierra con su fornicación», y es culpable además de la muerte de los 'siervos' de Dios (Apoc. 19:1-2) – otra pieza que deja entrever que no habla de una sola época ni un solo gobierno centralizado, ni un solo lugar geográfico (los siervos referidos incluyen a los profetas, y como explica Isaías, ha sido Belial quien ha instigado a sus asesinatos, y prevé una futura persecución a los cristianos). La susodicha ciudad tiene la capacidad de negociar con TODOS los dirigentes del mundo, toda vez que con ella «han fornicado» (Apoc. 17:1). Esta palabra se traduce del griego 'Epórneisan', relativa a la prostitución (pagar por sexo o venderse sexualmente). Y «los moradores de la tierra se han embriagado con el vino de su fornicación.» ¿En qué consiste ese embriagamiento? La degradación y vivir en el engaño. Pero no solo negocio y se vende, sino que los controla, los domina. ¿Qué ciudad hace eso?

Lo más parecido es Nueva York, o ¿qué país podrá encajar con esta descripción? Los Estados unidos de América. Incluso los reinos previos, los que le han precedido, encajan con la simbología de los 7 montes: 1. Egipto, 2. Babilonia, 3. Asiria, 4. Persia, 5. Macedonia, 6. Roma y 7. El Nuevo Orden Mundial. La Babel (élite que usa a los EE.UU. ahora) se fundamenta y sostiene en todas ellas, solo basta ver su iconografía (mira, por ejemplo, el águila, que ya lo usaban los Nazi, los romanos...).

Añadido al punto de arriba está el verso que sostiene: «Y la mujer que has visto es la gran ciudad que reina sobre los reyes de la tierra.»

(Apoc. 17:18, R60) ¿Cómo puede una ciudad reinar sobre los "reyes" de la Tierra? A pesar de que concretamente aquí no dice la 'gran ciudad', sino 'Babel la grande', sí la describe como 'polis i megális' (gran ciudad), mas no como 'gran país'. Si no es un país o gobierno, sino una mera ciudad, este centro de poder tiene carácter supranacional. La 'ciudad' representa una cede, sea geográfica, estratégica o logística. La gran ramera se sienta sobre la bestia, de modo que es parte de su estructura, es quien al principio controla a la Bestia. Si la apocalíptica Bestia, Toro o Minotauro representa el gobierno global, entonces es el sistema renovado el que trata de deshacerse del sistema anterior, y ese asalto ocurre a toda su estructura de "riqueza" y a su estabilidad física o base de apoyo.

Es decir, también afecta a un lugar geofísico. Lo que nos está diciendo con todo esto es que un nuevo modelo de gobierno derroca al que hasta entonces lo estaba controlando a él, pero la raíz es la misma, y actualmente esto está basado en la infraestructura monetaria del Banco de la Reserva Federal y el dólar estadounidense que pone a Norteamérica a la cabeza del mundo. Si colapsa el dólar, colapsa EE.UU., y colapsa la economía del mundo. Esto solo puede suponer un reinicio de la economía del planeta, pero esta vez ya no con material físico sino digital: un sistema global de criptomoneda, centralizado, pero no bajo poder de los EE.UU.

Agrega, además: «Vi a la mujer ebria de la sangre de los santos, y de la sangre de los mártires de Jesús.» (Apoc. 17:6, R60) Decididamente todos los partidarios de la teoría de que la gran Babel es Nueva York-EE.UU. coincidimos en que esta referencia, más que aplicarse al pasado, cuando EE.UU. aún era Roma (pues Roma – no la capital italiana sino el imperio romano - ahora dirige desde los EE.UU.), anticipa un evento por venir, que es la ley marcial en los EE.UU. - y en el continente de América en general, y que se verá también en Europa y muchos otros países - Ya sabemos que policías y otras fuerzas del orden están siendo adoctrinadas en el hecho de que los cristianos son considerados potenciales enemigos del estado y terroristas, y ahora también quienes no guardan las medidas de control determinadas por la OMS sobre virus que están "por ahí".

También debe recordarse que las instalaciones del FEMA REX-84, aunque fueron creados para albergar inmigrantes, se dice que serán desalojados por Donald Trump para usarse como campos de concentración para cristianos, activistas, preppers y antisistema. Las categorías de individuos que la NSA haya considerado de prioridad, serán asesinados de inmediato, sin juicio ni abogados, y los cristianos están en el ojo de esas listas. Empero, al mismo tiempo que la ciudad-país es azotada como nación, ella misma se azotará a sí misma y caerá, aun cuando esto parezca increíble.

Entre 1870 y 1929 el papa no tenía territorio físico en absoluto, y el Vaticano estaba bajo soberanía italiana. El líder italiano Benito Mussolini finalmente resolvió la crisis entre la Italia moderna y el Papado, cuando en 1929 fue fundada la 'Ciudad del Vaticano', a la que se adjudicaron 44 hectáreas de la ciudad de Roma en la zona de los 'Edificios Históricos papales'. Desde entonces hubo 8 papas hasta hoy. En el libro de Apocalipsis se habla de esta Bestia como una 'madre' y su 'hijo' – digo yo, de una forma cómica - pues la que domina se ve arriba como una prostituta, y debajo la que es dominada, como una bestia o animal salvaje (como la doncella Europa sentada sobre el Toro). No obstante, el animal saquea, despoja y quema a la que le controlaba. Es interesante que se diga que el tema de la 'gran prostituta' es un 'misterio', considerando que es algo oculto o secreto; así que debe recurrirse a la búsqueda e investigación para ir conociendo los "misteriosos" e intrincados entresijos de la tal "gran prostituta".

Es decir, su identidad no es clara a simple vista ni mucho menos para los que no son iniciados en desempolvar y estudiar "misterios" y "secretos". Está hablando de una organización que ejerce poder sobre las estructuras de las naciones, y, sin embargo, su nombre (en hebreo se refiere a "identidad") es un "misterio" (inclusive muchos investigadores hayan similitud entre este vocablo y el sinónimo de 'conspiración'). Por ende, está hablando de un gobierno en la sombra. Dice que 'asesina' a los fieles y buscadores de la verdad, algo característico de la famosa 'élite', ya que no es tan descarado a nivel social. No es un presidente o general o director de un servicio secreto que manda a asesinar a alguien y que toda la gente lo sepa abiertamente. Habla de cosas 'encubiertas'.

Esta "prostituta" controla a todas las naciones - dice Juan - y se identifica esta idea como "aguas" que la "rodean". Es claro que esto no puede ser Jerusalem, ni por la descripción literal del agua, ni por el concepto simbólico (solo se podría aplicar por la mención a 'asesinar a sus profetas'). Por su parte, Vaticano tampoco está surcado por agua, aunque cerca pasa el río Tiber. En cambio, Manhattan está rodeado de agua, y la ONU está en Manhattan, al lado del túnel Queens Midtown. La desolación que recibirá la gran Babel es, en mi opinión, la caída, tanto de los EE.UU. como de Vaticano (su madre); pero especialmente la desolación, saqueo y destrucción de la estructura y poder de ambos núcleos.

En lo que respecta a Manhattan, quedará borrado, empezando por la caída financiera de Wall Street, luego la ley marcial en EE.UU., seguido del ataque que recibirán de parte de Rusia y China, y entonces un tsunami que hundirá Nueva York (y luego la costa Oeste y la cede de 'Silicon Valley'). Apocalipsis dice que es una "ciudad", no un país, lo cual aún pone en entredicho que pueda ser únicamente Vaticano. Desde los Pactos de Letrán en 1929 (entre el cardenal Pietro Gasparri, secretario de Estado de Vaticano en nombre del papa Pío XI, y por el primer ministro de Italia Benito Mussolini), es considerado un 'Estado Independiente', más que simplemente una ciudad (uno de los 6 micro estados europeos). Por su parte, la ciudad de Nueva York, no solo es una ciudad, sino que suele considerarse 'el eje del mundo'.

EE.UU. sería la 'nueva Roma' y a través de ahí Vaticano controlaría al mundo. Esto es conocido por muchos otros investigadores de historia y secretismos, como el propio William Bramley, que en su libro 'God´s of Eden' (Dioses del Edén) describe las herramientas de los jesuitas para hacerse con el poder. Es más, Adam Weishaupt, fundador de la orden bávara de los Illuminati, había sido jesuita, y el actual papa – Francisco - también lo es. Desde occidente se rige el destino del mundo, sea militar (Complejo Militar Industrial de los EE.UU.), económico (porque controlan gran parte del petróleo del mundo, especialmente con sus fuerzas militares en los países de exportación, y porque tiene la sede financiera mundial, y de la Reserva Federal empezó la deuda bancaria), político (ya que tanto Wall Street como la ONU están en Manhattan) y de influencia (música, cine, televisión, modas, informática, etc.). Por tanto, toda la estructura caerá (la élite verdadera que está sobre EE.UU. y Roma, y tras ellos serán destruidos todos los que están bajo ellos).

# III.

# EL FÉNIX AMERICANO

Además de hablarnos del poder de la Gran Babilonia, diversas profecías nos advierten de su fatal destrucción. Si la tesis más aceptada (de que dicha "ciudad" es figurativamente una alusión a los EE.UU. de América) es correcta, el misterio podría estar resuelto, pero agreguemos más razones. Poderes oscuros vienen rigiendo nuestro mundo desde la remota antigüedad, levantando imperios, uno tras otro, y dirigiendo a sus líderes. Simbolizados por medio de cabras y carneros, bestias león, leopardo u oso, alas de un gran águila, incluso como cabezas de la última gran bestia que se ha de levantar y dominar al planeta entero. Todos estos reinos y sus organizaciones y elementos en la sombra son mantenidos hasta hoy a través del contexto mejor conocido como "Illuminati", y su infinidad de ramas. La última fase del plan de la élite es erigir el mayor poder que jamás haya existido sobre la Tierra, al cual Apocalipsis denomina 'Thiriou' (la Bestia), pero, ¿cuál será la jugada maestra para concluir el rompecabezas que deje listo su tan ansiado - y por miles de años estudiado – proyecto? De acuerdo a mucha de la información que se conoce – al menos hasta cierto grado, y por quienes estudiamos estas materias – la élite debe llevar abajo la economía del mundo, provocar una crisis financiera y bancaria sin precedentes. Dado que el dólar estadounidense es la base de esto, es importante tener presente que dicho país sería seriamente afectado por este colapso, incluso más que el resto de naciones que dependen de las transacciones e intercambios con su dólar. Si fuese posible, otro de los puntos a alcanzar sería la eliminación de las fronteras nacionales, creando solo

10 súper-naciones. De conseguir esto habría un gobierno global basado en 10 secciones con solo 10 "príncipes" sobre estas regiones (algo a imagen de las 10 secciones FEMA en que secretamente se divide EE.UU.).

Otra estratagema parte de someter a toda la sociedad, pero dado que voluntariamente esto no se podría conseguir a nivel mundial, deberán reducir la población, dejando un mínimo de personas sobre el planeta (siendo así más fácil de controlarlas), empezando por un acondicionamiento social masivo que los haga vulnerables ante sus gobiernos. Para ello ya habrían venido usando varias piezas maestras - pero no a nivel exponencial - para lo cual se combinaría el aspecto de guerra y enfermedad virulenta, con el del hambre. La propagación de guerras transnacionales, civiles y entre potencias desestabilizaría a todos los países y eliminaría a millones de personas por la guerra, y mantendría un estado de deseo de paz prioritario en las masas. El uso de epidemias diseminadas por los grandes núcleos poblados, las grandes ciudades, se esparciría rápidamente llevando la mortandad a todas partes en cuestión de días. Sumado a esto el factor del colapso económico causaría la miseria en cada lugar, y provocaría la dependencia absoluta de los civiles al aparato gubernamental, para recibir raciones alimentarias a cambio de servicios: venderse al gobierno. Así toda la sociedad sería esclava de su nación y estamentos políticos.

Se podría decir que para alcanzar dichos planes no sería necesario eliminar las fronteras de los países, pero, ¿se podrían de acuerdo todas las naciones para usar el mismo método? Aun siendo así, seguiría existiendo la división fronteriza, las diversas lenguas, banderas y madres patrias. ¿Cómo puede conseguirse que los países acepten un solo gobierno mundial? Las opciones loables son una guerra nuclear global que acabe con las estructuras de las potencias hoy establecidas y los países bajo ellos; un problema común que trascienda la propiedad nacional, y para ello podría hablarse de una epidemia imparable e implacable que acabe con casi toda la humanidad, un enemigo cibernético que tirase abajo todos los sistemas de las grandes ciudades del planeta, un desastre medioambiental a gran escala que pudiera accionarse con un arma geofísica, e incluso la invasión de extraterrestres, aun cuando no tuviese que ser cierta y solo fuese necesario ser inventada mediáticamente; O sencillamente la mezcla de dos o más de los anteriores, o todos ellos combinados.

Con todo, nada de esto implica la prioridad que se da a la destrucción de la "gran Babilonia", al lado de la destrucción del resto de países del mundo, salvo que su caída no sea exactamente parte del plan fijado por toda la élite. Es decir, podríamos estar hablando de un complot interno para traicionar a la entonces cabeza bajo el poder, lo cual se sumaría al "castigo divino" que pende sobre ella. Esto da dos opciones: o la élite pretende no depender de esta ramera, o su caída no era parte de su proyecto y fue algo causado "por Dios". Una tercera opción podría fraguarse, y ser muy plausible, que es la suma de ambas posibilidades si los propios poderes fácticos ya saben lo que viene sobre ella. Dicho de otra manera, si el poder en la sombra quisiese perpetuar su legado, ¿no usaría todos sus recursos y medios al alcance para estudiar todas las futuras posibilidades en su contra? Mucho se ha dicho de que la élite también estudia y conoce las profecías, incluso que las usa para anticiparse a eventos, tratar de evitarlos o tergiversarlos, o, incluso, en el peor de los casos para ella – sabiendo que no tiene más alternativa y su castigo es inevitable – planear su propia 'muerte y resurrección' -. No obstante, una probabilidad muy plausible es que EE.UU. terminara su cometido, y ahora fuese el turno del Gobierno Global de "la Bestia", para lo cual sería imperativo quitar de la mesa de ajedrez las piezas que ahora entorpecen esa visión.

¿Por qué el poder oscuro en la sombra de la masonería pretendía que el logo de los EE.UU. fuese originalmente un fénix y no un águila?

El fénix (el Bennu egipcio) representa el suicidio en combustión incendiaria para renacer nuevamente en pleno vigor de entre las propias cenizas: «A partir de entonces, cuando el límite del tiempo del Fénix vendrá alrededor, habrá una raza de pueblos viniendo a saquear, tribus confundidas, enemigos de los hebreos. Entonces Ares irá a saquear a Ares; y él mismo destruirá a los altivos amenazantes de los romanos. Para [que] el poder de Roma perezca entonces mientras estaba en su floración; Una antigua reina con ciudades morando alrededor, nunca más prevalecerá la tierra fértil de Roma, cuando fuera de Asia uno ha de venir para gobernar con Ares. Y cuando él haya obrado todas estas cosas, vendrá después a la ciudad.» (Oráculos Sibilinos, Libro VIII. Versos 180-195) ¿Sería esta ya una idea premeditada que asumía que en algún momento esa nación ardería y renacería más fuerte de sus propios escombros?

Muchas profecías tienen el componente o "asterisco" que da lugar a cierta variación, o incluso que no se cumpla, pero esto no parece ocurrir con lo descrito en Apocalipsis, lo cual deja claro que es un plan maestro que va más allá de cualquier otro destino que pudiese esperarse o modificarse. Esto es lo que pasa con la caída de la gran Babilonia: es inevitable. Apocalipsis parece darnos una descripción de ello al decir: «Vi una de sus cabezas como herida de muerte, pero su herida mortal fue sanada. Toda la tierra se maravilló en pos de la bestia...» (Cap. 13:3, RVA 95) ¿Sus cabezas? En latín 'cabeza' es 'Capita', de donde viene la voz 'capital' o 'cede'. El verso 12 añade que el Anticristo motivará y persuadirá a «la tierra y sus habitantes» para que «adoren a la primera bestia, cuya herida mortal fue sanada.» Esta bestia renacida no tendría ya que ser como la anterior con un mundo destruido por la miseria, el hambre, la ruina, las plagas virulentas, la desolación, la despoblación y, por encima de todo, sin competencia, ya que las grandes naciones y potencias nucleares se habrían destruido todas unas contra las otras (o al menos habrían quedado "inhabilitadas").

Yeshua (Jesús) advirtió que esto no sería el fin, sino solo el COMIENZO de lo que comúnmente se tiene en llamar 'Apocalipsis' – cosa que concuerda bastante con las señales que se ven hoy día en el mundo y que además parecen vislumbrarse en un el horizonte, y no para un tiempo lejano sino muy próximo -: «Pero cuando oigáis de guerras y de rumores de guerras, no os turbéis, porque es necesario que así suceda; **pero aún no es el fin**, <u>pues se levantará nación contra nación</u> y reino contra reino; y habrá terremotos en muchos lugares, y habrá hambres y alborotos; principios de dolores son estos.» (Marc. 13:7-8, RVA 95) Fuera de interpretaciones y suposiciones, es notorio que dichas advertencias no son algo genérico de toda la historia, sino el preludio del fin de esta era antes del inicio de lo que se ha interpretado en el cristianismo como "reinado de Jesucristo" en su "segunda venida": «todo esto es solo principio de dolores». (Mat. 24:8, RVA 95)

Habrá una mezcla de eventos graves, llamada 'gran Tribulación', luego un breve reinado del Anticristo seguido por la guerra de Harmagedon, y luego el regreso del Señor. Es más, una clara señal de esto es la misma descripción que dio mucho tiempo antes del apóstol Juan el profeta hebreo Yoel (Joel) al hablar del uso de armas termonucleares – y enfatizando en que no será el final, sino el principio de toda esta transición -: «Haré <u>prodigios en el cielo y en la tierra</u>, **sangre, fuego y columnas de humo. El sol se convertirá en tinieblas y la luna en sangre**, antes que venga el día, grande y espantoso, de Iaheveh.» (Joel 2:30-31, RVA 95) A esto se refería el profeta Yermiahu (Jeremías) al afirmar: «no desmaye vuestro corazón, ni temáis a causa del rumor que se oirá por la tierra; en un año vendrá el rumor, y después en otro año rumor, y habrá violencia en la tierra, dominador contra dominador.» (Jer. 51:46, RVA 60)

El componente que agrega las alusiones respecto de los terremotos se complementa con otras citas y profecías que agregan más detalles en torno al fenómeno sísmico (clave del fin de esta era según las profecías mayas y aztecas), que será furia de la naturaleza rebelándose contra la humanidad por lo que le estamos causando y lo que le causaremos (hay que imaginarse cómo será el escenario global tras el estallido de la inminente e ineludible guerra nuclear, y las consecuencias medioambientales que tendrá). Lo que podría parecer más desconcertante es que, de ser cierto que los EE.UU. son la gran Ramera (la gran Babilonia) y ha de ser sacrificado para un objetivo mayor del Nuevo Orden Mundial, ¿cómo le vencerán? Si hablamos de un paroxismo atómico, ¿quién podría vencer a esta súper potencia? La nación con más probabilidades es la que va en cabeza del poder militar mundial: Rusia. La otra sería la principal economía actual y una de las principales potencias nucleares: China. Las otras, que son europeas (como Francia, que oficialmente es la 3ª potencia nuclear mundial), la India, Arabia Saudí o Israel, son aliados de EE.UU., y solo en la lista podrían incluirse a enemigos como Corea del Norte e Irán, que están lejos de poder representar una verdadera amenaza a Norteamérica, al menos si están solos contra ella.

Ergo, ¿qué pasaría si la teoría de que EE.UU. será auto-atacado cobra vida? Ya ha pasado con anterioridad (no olvidemos el 11-S). Una combinación de dos o más eventos simultáneos, como un EMP (ataque de pulso electromagnético), un ataque cibernético a la red bancaria o a la red eléctrica, una invasión de tropas chinas a la Costa Oeste, un ataque biológico o con bombas micro-nucleares en centros densamente poblados de las principales ciudades, una guerra civil dentro del propio país y/o la imposición de ley marcial, o desastres naturales, sea por la falla de subducción de Cascadia o por la erupción de la súper-caldera de Yellowstone. Ciertamente muchos creemos que todos estos escenarios ocurrirán, y vendrán sobre los EE.UU. casi de forma seguida (muchos simultáneamente o en cosa de días, semanas y meses).

Esto nos lleva a recordar algunas de las tantas profecías que existen sobre el destino de la gran Babilonia (o directamente sobre "EE.UU.", como dicen los que afirman haber recibido la visión o revelación): «porque **del norte** vendrán contra ella destruidores» (Jer. 51:48, RVA 60) No citaré a cada uno de los tantos anunciadores – aunque fuesen los más conocidos – ya que a la larga describen casi lo mismo con distintas palabras o detalles, coincidiendo con Apocalipsis y el libro del profeta Yermiahu (Jeremías cap. 23, 50 y 51), y que ya he abordado en los dos tomos de mis obras 'Apocalipsis, Visión Remota'. Así es el caso del verso 1 del capítulo 51 de aquel profeta hebreo: «Así ha dicho Iaheveh: He aquí que yo levanto contra Babel y contra los que se asientan en ella **espíritu de destrucción.**»

El vocablo final aquí, 'Mashjit' - en hebreo – no se refiere a que Babilonia (Babel) destruirá a otros, sino que sobre él caerá desolación, destrucción y ruina en escalada, como una plaga. De hecho, la raíz de Mashjit es de la forma Mashij (Mesías), o sea, el espíritu del Mesías vendrá contra Babilonia, «Enviaré a Babilonia aventadores que la avienten, y vaciarán su tierra; porque **se pondrán contra ella de todas partes** en el día del mal.» (Jer. 51:2, RVA 95) Posteriormente otros detalles importantes que nos refiere el profeta declaran: «Caerán muertos en la tierra de los caldeos y alanceados en sus calles.» (vers. 4) ¿Tierra de los caldeos? La palabra 'caldeo', que identifica al pueblo que dio origen a los babilonios - y que comparte raíces con la lengua aramea -, se define originalmente como 'Casdim' en hebreo, o 'Kaldo' en arameo. ¿Qué significa este vocablo? Según Zecharia Sitchin, «Durante generaciones, por todo el mundo antiguo, el nombre «caldeo» fue sinónimo de «observadores de estrellas», de astrónomos.» (El Doceavo Planeta, cap. 6, 1976) A nivel mundial, ¿qué organismo destaca por sus avances y preeminencia en el estudio del espacio y del inicio de los viajes espaciales? La 'Administración Nacional de la Aeronáutica y del Espacio' de los EE.UU., conocida por sus siglas en inglés 'NASA'. Aparte de esto, la definición hebrea 'Casdim', aunque es aparentemente de origen desconocido, se puede leer también como

'Ka.Shedim', donde el término 'Shedim' quiere decir 'demonios', y 'Ka' hace de relativo 'como' (a semejanza de), de sustantivo 'porque' (debido a que) o de conformidad, circunstancia o multiplicación (aunque en demótico era el nombre que identificaba al espíritu-energía o fuerza vital del ser). Si bien, antes que la idea de demonio, Shedim se entendía como el concepto de criaturas espirituales, entes o seres de la naturaleza. Por ejemplo, los genios eran algo semejante a un Shed o Lammasu (Karubu o Querubín), y la idea derivaba de la asociación con el mismo sonido 'Shedeh', o Sedeh (campo), de la forma semítica 'Shedu', misma raíz de Shed. Por ello muchas veces se usaba el coloquialismo o eufemismo de 'Behemah ha.Sedeh' (bestia del campo) o 'Ziím' (fieras) para referirse a espíritus de la naturaleza, regularmente malévolos.

Eso explicaría el apartado de Apocalipsis que habla del 4º Caballo (el pardo), que trae la enfermedad y la muerte masiva por la combinación de varios factores arriba mencionados: «para matar con espada, con hambre, con mortandad, y con las fieras de la tierra.» (Apoc. 6:8, RVA 60) Si el uso del vocablo 'caldeos' en Jeremías 51 es un mensaje críptico que evoca a la gran Babilonia, coincide con la propia visión del apóstol Juan: «...Ha caído, ha caído la gran Babilonia, pues se ha **hecho morada de demonios** y <u>guarida de **todo espíritu inmundo**, y guarida de toda ave inmunda y aborrecible</u>.» (Apoc. 18:2, RVA 60)

Si los simbolismos que usa se combinan con otros conceptos dentro de un contexto, suelen identificar una asociación. Hay tantos casos bíblicos que destacar que sería contenido para varios libros, pero en esta ocasión claramente es una descripción de todo tipo de entes demoniacos (incluso el vocablo que se traduce como 'ave', del griego 'Ornéou - en vez de decir 'Poulí' (pájaro, ave) -, es del mismo cognado de Ornias, principal de los demonios de Baal-Zebub, según los textos secretos de Salomón), una clara analogía con Jeremías 51:37: «Y será Babilonia montones de ruinas, morada de chacales, espanto y burla, sin morador.» ¿Chacales? En hebreo se dice Tanim, la misma raíz de Tanin (dragón), ambos eufemismos hebreos relativos a entidades demoniacas. Observemos algunas otras importantes analogías que vinculan la gran Babilonia-Ramera de Apocalipsis con la Babilonia descrita en Jeremías 51 (y que por la descripción es evidente que no solo hablaba de la antigua Babilonia de Nabucodonosor, sino de la futura, toda vez que dice que estaba "entre muchas aguas" - y esa ciudad no tenía mar – y que fue un imperio que "asoló toda la Tierra" – aun cuando el mismo no abarcó sino ciertos reinos en creciente fértil -):

1. - «**Huid de en medio de Babilonia**, y librad cada uno su vida, para <u>que no perezcáis a causa de su maldad</u>; porque **el tiempo es de venganza de Iaheveh**; le dará su pago.» (Jer. 51:6, RVA 60); «**Salid de en medio de ella, pueblo mío**, y salvad cada uno su vida del ardor de la ira de Iaheveh.» (vers. 45)

- «Y oí otra voz del cielo, que decía: "¡**Salid de ella, pueblo mío**, para que no seáis partícipes de sus pecados <u>ni recibáis parte de sus plagas</u>!, porque sus pecados han llegado hasta el cielo y **Dios se ha acordado de sus maldades.**» (Apoc. 18:4-5, RVA 95)

2) – «...**embriagó a toda la tierra**; de su vino bebieron los pueblos; se aturdieron, por tanto, las naciones.» (Jer. 51:7, RVA 60)

- «Con ella han fornicado los reyes de la tierra, y **los habitantes de la tierra se han embriagado** con el vino de su fornicación".» (Apoc. 17:2, RVA 95)

3) - «Tú, la que **moras entre muchas aguas**, rica en tesoros, ha venido tu fin, la medida de tu codicia.» (Jer. 51:13, RVA 60)

- «...te mostraré la sentencia contra la gran ramera, la que está **sentada sobre muchas aguas**.» (Apoc. 17:1, RVA 95), «La mujer estaba vestida de púrpura y escarlata, adornada de oro, piedras preciosas y perlas» (vers. 4)

4) – «...**incendiadas están sus casas**, rotos sus cerrojos.» (Jer. 51:30, RVA 60); «Los vados fueron tomados, y **los baluartes quemados a fuego**, y se consternaron los hombres de guerra.» (vers. 32)

- «y viendo el humo de **su incendio** dieron voces, diciendo: "¿Qué ciudad era semejante a esta gran ciudad?".» (Apoc. 18:18, RVA 95)

Además de estas breves coincidencias hay muchas otras, en especial las que coinciden con la descripción de los EE.UU. de hoy día. Ese es el caso de los versos 12 al 14: «Levantad bandera sobre los muros de Babilonia, reforzad la guardia, poned centinelas, disponed celadas; porque deliberó Iaheveh, y aun pondrá en efecto lo que ha dicho contra los moradores de Babilonia. Tú, la que moras entre muchas aguas, rica en tesoros, ha venido tu fin, la medida de tu codicia. Iaheveh Tzabaot juró por sí mismo, diciendo: Yo te llenaré de hombres como de langostas, y levantarán contra ti gritería.» ¿Reforzad la guardia? ¿Poner centinelas? ¿Disponed celadas? Esto es ESTADO DE EXCEPCIÓN. ¿Levantarán gritería? ¿Está hablando de turbas y turbas de manifestantes y protestas?

Empieza hablando de "muros" o "muralla", que protegen la frontera, de lo cual empezó hablando Donald Trump desde su campaña electoral, pero que posteriormente nos recuerda a la dictadura sanitaria que se implantó desde 2020, traducida en cuarentenas, toques de queda y mayor control sobre la población. «He aquí yo estoy contra ti, oh monte destruidor, dice Iaheveh, que destruiste toda la tierra; y extenderé mi mano contra ti, y te haré rodar de las peñas, y te reduciré a monte quemado. [...] Alzad bandera en la tierra, tocad trompeta en las naciones, preparad pueblos contra ella; juntad contra ella los reinos de Ararat, de Mini y de Askenaz; señalad contra ella capitán, haced subir caballos como langostas erizadas.» (Jer. 51:25-27) ¿Mini y Askenaz? Esas regiones son actualmente rusas (fueron anexadas por la Unión Soviética)

Muchos han dicho que Dios estableció los EE.UU. como una nación cristiana y un soporte para Israel, pero han renegado de la religión de sus Padres Fundadores y dejarán de ser un apoyo a Israel (ya que la profecía advierte que Israel estará solo ante sus enemigos): «Todo hombre se ha infatuado, y no tiene ciencia; se avergüenza todo artífice de su escultura, porque mentira es su ídolo, no tiene espíritu. Vanidad son, obra digna de burla; en el tiempo del castigo perecerán.» (Jer. 51:17-18, RVA 60). En un tiempo fue una herramienta de Dios, mas con el tiempo se hizo cada vez más apostata de la fe y de la verdad: «Copa de oro fue Babilonia en la mano de Iaheveh...» (vers. 7) Luego parece citar la referencia a la "herida mortal", que aunque fuese sanada, no volvió a ser la misma: «Curamos a Babilonia, y no ha sanado; dejadla, y vámonos cada uno a su tierra; porque ha llegado hasta el cielo su juicio.» (vers. 9)

Es además interesante que diga que cada uno de los que estaban ahí "regresasen" a su propia tierra, como si asumiese que se trataba de un lugar polifacético, multiétnico o una sede mundial, esencialmente de inmigrantes. Un verso que nos recuerda al Complejo Militar-Industrial de EE.UU. es el 25, que sostiene: «He aquí yo estoy contra ti, oh monte destruidor, dice Iaheveh, que destruiste toda la tierra; y extenderé mi mano contra ti, y te haré rodar de las peñas, y te reduciré a monte quemado.» Sabemos la cantidad de invasiones que ha llevado a cabo EE.UU., y las bases que posee en todas partes, pero además cabe señalar la actividad férrea y encubierta de la CIA y el CFR en cada nación para desestabilizarla y sujetarla al poderío estadounidense.

Entre las calamidades que se han advertido sobre EE.UU. pesa la de grandes tsunamis azotando ambas costas - oriental y occidental - coincidiendo con el verso 42 de Jeremías 51: «Subió el mar sobre Babilonia; de la multitud de sus olas fue cubierta.» Y uno de los más significativos de todos estos vaticinios es el que parece evocar a las herramientas que usó el poder en la sombra para mantener distraída, manipulada, engañada y programada a la sociedad: sus "estrellas". Como dice, «he aquí vienen días en que yo **destruiré los ídolos** de Babilonia, y toda su tierra será avergonzada, y todos sus muertos caerán en medio de ella.» (vers. 47) Por último dejaré como curiosidad lo que podría encajar con una teoría de la conspiración y las misiones espaciales, relativa al hecho de que el gobierno en la sombra tiene más que simplemente radiotelescopios, estaciones espaciales, transbordadores y cosmonautas allá arriba: «<u>Aunque suba Babilonia hasta el cielo, y se fortifique en las alturas</u>, de mí vendrán a ella destruidores, dice Iaheveh.» (vers. 53) Esta cita asimismo recuerda al programa iniciado con Ronald Reagan, llamado 'Star Wars', cuya misión era la militarización del espacio exterior, en especial con misiles intercontinentales armados con cabezas nucleares.

Estamos observando cómo los estados de EE.UU. están comenzando a chocar entre ellos. Si bien, unos por mayorías de Demócratas o Republicanos, otros por discrepancias sobre las medidas anti-covid, otros por las leyes de vacunación covid, etc. Esto es el mero comienzo, toda vez que tanto en EE.UU. como en el resto del mundo se agravaría todo al resentirse más y más la economía y los desastres medioambientales. ¿Será el proceso de cambio a través de desplomar la infraestructura de los EE.UU., mientras dicho país es desolado por la madre naturaleza, guerra civil e invasión extranjera (alguna otra gran potencia mundial)? De ese incidente reaparece la Bestia renovada y reestructurada, cuya herida mortal es sanada (Apoc. 13:3, 12).

Esa es la Bestia es la que parece que vio Esdras, cuyas últimas 3 cabezas se destruían entre ellas quedando solo una. ¿Qué tres cabezas podrían ser? La descripción da a entender que son 3 súper-potencias que serán las últimas del fin de esta era antes de la inminente llegada del Mesías. Es notorio que si mirásemos eso con ojos actuales lo más coherente sería asumir que son Rusia, EE.UU. y China. Pero respecto de esa cabeza que Apocalipsis dice que será «herida de muerte» seguidamente será 'sanada', ¿cómo y por qué? La cita de Apoc. 13 habla de la estructura de dicho gobierno, y respecto del mismo pasa los siguientes capítulos a "regodearse" de la caída de la gran prostituta, una y otra vez. Pero incluso después de empezar a mencionar el final de todo esto con los 7 cuencos dorados de la ira (Apoc. 16) vuelve a hablar de la sentencia que pesa sobre la gran Babel (Apoc. 17 y 18), y entonces ya refiere la derrota de Belial y sus ejércitos. Entonces, cronológicamente primero sobreviene el juicio sobre la gran Babel y luego sobre la Bestia.

# IV.

# LA DESTRUCCIÓN DE LOS EE.UU.

A continuación una profecía de septiembre de 1984 dada a un inmigrante de Europa del este que llegaba a los EE.UU... Una noche tarde, no pude dormir, los niños dormían en el equipaje. Mi esposa y mi hija estaban llorando, salí y caminé. No quería que me vieran llorar. Caminé por el edificio, llorando y diciendo: "¡Dios! ¿Por qué me castigaste? ¿Por qué me trajiste a este país? No puedo entender a nadie. Si trato de preguntarle algo a alguien, todo lo que escucho es "no lo sé". Me detuve frente al apartamento y me senté sobre una gran roca. De repente, una luz brillante se acercó a mí. Me levanté de un salto porque parecía que un coche venía directamente hacia mí, ¡intentando atropellarme! Pensé que la policía secreta rumana me había rastreado hasta Estados Unidos y ahora estaban tratando de matarme. Pero no era un coche en absoluto. Cuando la luz se acercó, me rodeó. De la luz escuché la misma voz que tantas veces había escuchado en la cárcel.

Dijo, "Dumitru, ¿por qué estás tan desesperado?" Le dije: "¿Por qué me castigaste? ¿Por qué me trajiste a este país? No tengo dónde recostar la cabeza. No puedo entender a nadie". Dijo: "Dumitru, ¿no te dije que también estoy aquí contigo? Te traje a este país porque este país arderá". Le dije, '¿entonces por qué me trajiste aquí para quemarme? ¿Por qué no me dejaste morir en mi propio país? ¡Deberías haberme dejado morir en la cárcel en Rumanía! Dijo: "Dumitru, ten paciencia para que te lo pueda decir. Sube a esto". Me subí a algo junto a él. No sé lo que fue. También sé que no estaba dormido. No fue un sueño. No fue una visión. Estaba despierto como ahora. Me mostró toda California y dijo: "¡Esto es Sodoma y Gomorra! ¡Todo esto, en un día arderá! El pecado ha llegado al Santo". Luego me llevó a Las Vegas. "Esto es Sodoma y Gomorra. En un día se quemará". Luego me mostró el estado de Nueva York. "¿Sabes lo que es esto?" preguntó. Dije que no." Él dijo: "Esto es Nueva York. ¡Esto es Sodoma y Gomorra! En un día arderá". Luego me mostró toda Florida, "Esto es Florida". Él dijo, "¡Esto es Sodoma y Gomorra! En un día arderá".

Luego me llevó de regreso a casa, a la roca donde habíamos comenzado. "¡EN UN DÍA ARDARÁ! Todo esto te lo he mostrado" - dije, "¿Cómo arderá?" Él dijo: "Recuerda lo que te estoy diciendo, porque irás a la televisión, a la radio ya las iglesias. Debes gritar en voz alta. No temas, porque yo estaré contigo". Dije: "¿Cómo podré ir? ¿Quién me conoce aquí en Estados Unidos? No conozco a nadie aquí". Él dijo: "No te preocupes. Iré ante ti. Haré muchas curaciones en las iglesias estadounidenses y te abriré las puertas. Pero no digas nada más que lo que te digo. Este país". ¡Arderá!" Le dije: "¿Qué vas a hacer con la iglesia?" Dijo: "Quiero salvar la iglesia, pero las iglesias me han abandonado". Dije: "¿Cómo te abandonaron?" Él dijo: "La gente se alaba a sí misma. El honor que se supone que la gente debe dar a Jesucristo, lo toman sobre sí mismos. En las iglesias hay divorcios. Hay adulterio en las iglesias. Hay homosexuales en las iglesias. Hay abortos. En las iglesias y todos los demás pecados que sean posibles.

Debido a todo el pecado, dejé algunas de las iglesias. Debes gritar en voz alta que deben poner fin a su pecado. Deben volverse hacia el Señor. El Señor nunca se cansa de perdonar. Deben acercarse al Señor y vivir una vida limpia. Si han pecado hasta ahora, deben ponerle fin y comenzar una nueva vida como la Biblia les dice que vivan". Dije: "¿Cómo arderá América?" Estados Unidos es el país más poderoso de este mundo. ¿Por qué nos trajiste aquí para quemarnos? ¿Por qué al menos no nos dejaste morir donde TODOS los Duduman han muerto?" Dijo: "Recuerda esto, Dumitru. Los espías rusos han descubierto dónde están los almacenes nucleares en Estados Unidos. Cuando los estadounidenses piensen que es paz y seguridad, desde el centro del país, algunas personas comenzarán a luchar contra el Gobierno. El gobierno estará ocupado con problemas internos. Luego desde el océano, desde Cuba, Nicaragua, México. "(Me dijo otros dos países, pero no recordaba cuáles eran)"... bombardearán los almacenes nucleares. ¡Cuando exploten, Estados Unidos arderá!"

"¿Qué harás con la Iglesia del Señor? ¿Cómo salvarás a los que se volverán hacia ti?" Yo pregunté. Él dijo: "Diles esto: cómo salvé a los tres jóvenes del horno de fuego, y cómo salvé a Daniel en el foso de los leones, de la misma manera los salvaré". El ángel del Señor también me dijo: "He bendecido este país por el pueblo judío que está en este país. Tengo siete millones de judíos en este país, pero ellos no quieren reconocer al Señor. No querían para agradecer a Dios por la bendición que recibieron en este país. Israel no quiere reconocer a Jesucristo. Pusieron su fe en el pueblo judío de Estados Unidos. Pero, cuando Estados Unidos arda, el Señor resucitará a China, Japón y otras naciones para ir contra los rusos. Ellos golpearán a los rusos y los empujarán hasta las puertas de París.

Allí harán un tratado y nombrarán a los rusos como sus líderes. Entonces se unirán contra Israel. Cuando Israel se dé cuenta de que no tiene la fuerza de Estados Unidos detrás de ella, se asustará. Ahí es cuando ella se volverá al Mesías en busca de liberación. Ahí es cuando vendrá el Mesías. Entonces, la iglesia se encontrará con Jesús en el aire, y él los llevará de regreso al Monte de los Olivos. En ese momento, se librará la batalla de Armageddon". Cuando escuché todo esto, dije: "Si realmente eres el ángel del Señor, y todo lo que me has dicho es verdad, entonces todo lo que has dicho debe estar escrito en la Biblia". Dijo: "Diles a todos que lean Jeremías 51: 8-15, Apocalipsis capítulo 18 y Zacarías capítulo 14, donde Cristo lucha contra los que poseen la tierra. Después de Su victoria", dijo el ángel, "habrá un solo rebaño. y un Pastor. No habrá necesidad de luz. El Cordero de Dios será la Luz. No habrá enfermedades, lágrimas ni muertes. Sólo habrá gozo eterno y Dios será el gobernante. Sólo un idioma. Sólo una canción. ¡Y no es necesario un traductor! ...

Y, Dumitru, "continuó", una palabra de advertencia. Si ocultas algo al pueblo estadounidense que te digan, Te castigaré severamente. ""

¿Cómo sabré que esto es real, que realmente sucederá? ", Pregunté." Como señal de que he hablado contigo, mañana antes de que despiertes, enviaré a alguien para que te lleve te una cama, y al mediodía te enviaré un carro y un balde de miel. Después de lo cual enviaré a alguien para que pague el alquiler. "Al día siguiente, alguien le trajo una cama a Dumitru, y al mediodía llegó un automóvil con el cubo de miel. También pagó el alquiler, como Dios le había prometido (véase el capítulo 10, pág." A TRAVÉS DEL FUEGO SIN QUEMAR".) Entonces el ángel se fue. Fin del relato.

El 04 de mayo de 2016 ciertos medios hicieron eco de otra noticia sobre advertencias de judíos ortodoxos: «Los rumores sobre la inminente venida del Mesías son abundantes en la actualidad. El último de ellos es el de Riminov Rebe, un rabino jasídico que vive en Nueva York. 'Israel Today' informa que mientras visitaba a sus seguidores en Florida, el rabino les instó a abandonar los EE.UU. tan pronto como sea posible. Según el sitio web ortodoxa 'Behadrei Haredim', en el séptimo día de la Pascua el rabino presionó a sus oyentes hacer diáspora a Israel: «Oídme atentamente queridos Judíos», dijo el rabino, «el que tiene en su mano para levantarse e irse y volver a la Tierra Santa de Israel hágalo tan pronto como sea posible mientras todavía es posible, esto incluye dejar gran parte de América del Sur y la mayor parte de Europa... también los EE.UU. será un lugar de peligro en la guerra y todavía es demasiado pronto para decir que establecerse dentro de los EE.UU. van a sobrevivir, pero muchas partes serán destruidas y envenenadas, incluso la guerra civil, romperá en los EE.UU. y los estados aislados del Gobierno

Federal... la tierra de Israel será el lugar más seguro para sobrevivir a la guerra, aunque también habrá terribles dificultades allí».

Todas estas imprecaciones y exhortaciones se repiten una y otra vez, como sostienen varios capítulos de Apocalipsis sobre el destino de la gran Ramera, a causa de los males que causa y la falta de ética que patrocina: «Un juicio golpeará EE.UU. mientras Obama está aún en el poder... ola gigantesca borrará e inundará Florida, New York y Washington [...] EE.UU. quedará paralizado y ya nunca más será la nación poderosa que fue... habrá gran angustia en la nación, y todo esto ocurrirá en los últimos años antes de que yo regrese... vi una gran nube de cenizas... los edificios colapsarán y habrá enormes terremotos... [...] las colinas empezarán a temblar, las estrellas perderán su brillo, su sol comenzará a emitir destellos de radiación y los patrones climáticos cambiarán... en los planos centrales habrá un gran huracán que traerá grandes cantidades de lluvia. Los rusos atacarán la infraestructura de los EE.UU.» (Patricia Green, 2015) Las citas sobre la caída de EE.UU. y de Roma son simultáneas constantemente, una enfrascada especialmente en lo religioso y lo otro especialmente en lo financiero.

En una publicación que compartí el 14 de diciembre de 2020 (https://www.facebook.com/freddy.gutt/posts/ 10202446922251837) se pueden observar muchos puntos que aclaran que la gran Babel (gran Babilonia) o gran prostituta (gran ramera) son alusiones directas a los EE.UU.; así como muchos otros llevan años profetizando y revelando que les ha sido dicho por el Espíritu Santo (un ejemplo aquí, en la tesis de Sherry Shriner: http://www.sherryshriner.com/spanish/america-babylon.htm, o el resumen de Gary H. Kah: http://leondejudamins.blogspot.com.es/ 2014/05/new-york-la-gran-ramera.html). Llaman a esto teorías de la conspiración hasta que escuchan las declaraciones de Stanislan Lunev, Glenda Jackson, Joanie Stahl, Tania Filloau, Alan Martin, Particia Green, Sara Hoffman, T. D. Hale, desertores chinos, reportes de militarización de la ONU en EE.UU., refuerzo policial, deportación masiva, ley marcial, campos de concentración, y demás sueños y visiones sobre invasión, guerra civil, guerra nuclear, desplome financiero. Agentes de servicio secreto de los EE.UU. y generales militares de dicho país, LITERALMENTE han reconocido que su gobierno sabe perfectamente que la gran Babel de la biblia son ellos, y no es un tema nuevo en lo absoluto. A algunos de ustedes les suena nuevo y creen que es cosa mía porque posiblemente no la habrán oído antes, pero no es así. Hay cristianos de los EE.UU. que hablan de esto en programas, entrevistas, blogs, artículos... cuentan cómo el Espíritu santo se los ha explicado y los sueños y visiones que reciben.

Ahora bien, una visión un tanto más larga y supremamente detallada fue transmitida al sacerdote Esdras en el siglo V a. C. El escriba, que había vivido en Babilonia, entre los exiliados regresó del cautiverio y residió en Jerusalén, y redactó varios sueños proféticos y textos históricos - además del conocido dentro del rollo de la Tanak, 'Esdras-Nehemías'. En el libro 2ª Esdras (para otros llamado '4º Esdras'), explica en los capítulos 11 y 12 una visión sobre un águila que «tenía doce alas y tres cabezas.» De sus alas emergían cabezas que se mantenían en reposo, mientras las alas y sus plumas regían sobre toda la Tierra. Añade que «no había nadie para oponerse a ella, nadie entre todo lo que ha sido creado sobre la tierra.» Esdras describe que al principio «se contaban ocho cabezas como ésta», aunque las versiones siríaca, árabe-l y árabe-l dicen «Estas alas», y la versión latina traduce «Estas plumas opuestas.» Luego dice que iban saliendo una a una las alas para reinar, pero la segunda reinó como ninguna en toda la historia de los gobiernos de sus alas. A partir del capítulo 11:20, dice que «todas sus alas se levantaron del lado derecho, cada una a su debido tiempo, para fortificarse y reinar; luego desaparecieron. Entre ellas hubo algunas que se levantaron, pero sin reinar.

Después de esto, las doce alas desaparecieron así como sus dos cabezas. En el cuerpo de esta águila no quedaron más que tres cabezas que dormían y seis cabezas.» En este sentido, la referencia final aparece en las versiones latina, siríaca y árabe-l como «Sus seis alerones», mientras la versión árabe-2, dice: «No le quedaron más que dos alas, además del ala, de modo que el cuerpo del águila no tenía más que cabezas mudas.» Haciendo ya una descripción casi al final del gobierno de este reino, comenta que «luego, dos de estas últimas se separaron, se mantuvieron en aquella que estaba en el lado derecho y cuatro se quedaron en su sitio. Estas cuatro tomaron la resolución de levantarse y de reinar. Una se levantó, se irguió y desapareció rápidamente. Ocurrió lo mismo con la segunda, y pasó más rápidamente que la primera. Entonces las dos que quedaban tomaron la resolución de levantarse y de reinar. Mientras deliberaban, he aquí que se despertó una de las tres cabezas que dormían: era la del medio, la mayor de todas. Entonces tomó con ella a estas dos cabezas. Se avanzó con sus compañeras y devoró estas dos cabezas que habían deliberado para reinar.»

Las otras versiones, en vez de decir "dos cabezas" en este último párrafo, dicen "dos alerones". Y refiriéndose a esta cabeza, acota: «Esta cabeza ocupó toda la tierra, hizo padecer toda clase de tormentos a aquellos que la habitaban y oprimió al mundo mucho más que las alas que se habían levantado. Después de esto, esta cabeza del medio desapareció como las otras.» De las tres, «dos quedaron, y, como ella, reinaron sobre la tierra y sobre sus habitantes. Luego, la cabeza del lado derecho devoró a la del lado izquierdo.» En ese momento aparece el Mesías y le juzga recriminando su papel como 4º tirano o animal que reinó sobre toda la Tierra, y entonces le da muerte.

Ahora bien, refiere que «la cabeza que había quedado desapareció y las alas que se habían retirado hacia ella se enderezaron y se levantaron para reinar y sus garras se agitaron.» La traducción aquí es extraña, dado que el propio texto siríaco parece alterado, pero añade: «Luego, éstas desaparecieron; su cuerpo fue consumido; la tierra sufrió una violenta sacudida, yo mismo me aterroricé de la grandeza de mi búsqueda y me desperté con gran terror.» Esta última parte describe el final del gobierno de la Bestia, y en el capítulo 12:11 se le aclara, explicando el origen del águila misma: «El águila que sube del mar es el cuarto reino que le apareció a Daniel tu hermano, en sueños. Pero no se lo expliqué como voy a hacerlo para ti. Vendrán días en los que se elevará sobre la tierra un reino más terrible que aquellos que lo han precedido. Doce reyes reinarán en él. Aquel que reinará en segundo lugar, reinará más tiempo que los otros. He aquí la explicación de las doce cabezas que has visto.» Aquí, al final, en vez de "cabezas", las versiones latina, siríaca y árabe-2, describe "Alas". Es evidente que está hablando de Roma, pero describe una sucesión del poder en intervalos diferentes dentro del proceso de desarrollo de Roma a lo largo de los últimos 2000 años (el sistema de senado o república, el sistema imperial, el sistema de dinastías, el tiempo como imperio bizantino, el tiempo de luchas internas, el tiempo solo como establecimiento religioso, etc.).

Más adelante, al referirse al interior el águila y sus voces en su seno, escribe: «En cuanto a lo que has visto hablar, y la voz no salía de su cabeza, sino del medio de su cuerpo: He aquí lo que es: En el seno de este reino surgirán numerosas luchas; será conmovido hasta el punto de caer; no caerá en este momento, más permanecerá en su poderío. En cuanto a las cabezas que has visto salir de sus alas.» En vez de cabezas, las versiones latina y siríaca escriben "A los alones de sus alas". Y continúa: «He aquí su explicación: Se levantarán ocho reyes cuyos años serán malos y cuya duración será corta; dos de entre ellos perecerán rápidamente en el tiempo fijado. Cuatro serán conservados hasta el momento en el que llegará el tiempo de su fin. Las tres cabezas dormidas que has visto, significan esto: Al final de sus días, el Altísimo suscitará tres reyes; harán muchas innovaciones, y harán sufrir a la tierra. Y a aquellos que viven en un gran terror, aún más que a sus predecesores; por eso se les ha llamado cabezas del águila. Pues estas cabezas de reino serán el final. Referente a la gran cabeza que desaparece que has visto, significa que uno de ellos dos morirá en su lecho, pero atormentado. Los dos que quedan, morirán por la espada. Y el último perecerá por la espada.» Las versiones latina y siríaca, tienen un final diferente aquí: «La espada de uno devorará a su compañero, pero él mismo perecerá por la espada.»

Sigue afirmando sobre los "alerones" o "cabezas": «Las dos cabezas que has visto retirarse cerca de las de la derecha, he aquí su sentido: Son aquellos que el Altísimo guarda para los últimos días, en los que acaecerá el principio del final; habrá, como has visto, un gran alboroto. Este león que has visto salir rugiendo del desierto, hablándole a esta águila y reprochándole sus faltas, todo lo que has oído, es aquel que el Altísimo ha conservado de la simiente de David para los últimos días; es él el que saldrá, vendrá, hablará (a los hombres) de sus pecados, que les reprochará sus faltas, y que amontonará ante ellos su retribución, que al principio les hará comparecer vivos al juicio, y después de haberles hecho estos reproches, los perderá.» La versión latina usa el término "El Ungido", al referirse a "aquel"; la versión siríaca dice "El Mesías", y la versión árabe-2, dice "El Rey". Cabe señalar que la descripción de este sueño habla de un imperio de mucho tiempo que a medida que pasan sus fases de cambio, "muta" a nuevos organismos, es decir, Roma fue primero un senado, luego un imperio... hubo tiempo de emperadores y de dinastías julio-claudia, flavia, antonia y severa, hubo anarquía militar, hubo una readaptación hacia el llamado 'imperio bizantino', y así sucesivamente.

El mismo verso refiere que la mujer estaba «sentada sobre una bestia escarlata llena de nombres de blasfemia, que tenía siete cabezas y diez cuernos.» (Apoc. 17:3, R60) La indicación asume en primera instancia que la mujer está sostenida – inicialmente - y mantenida por esa tal bestia, que, como figura en el capítulo 13, es un gobierno que ha de emerger en la Tierra, y que representa al Anticristo. En consecuencia, la prostituta se sostiene del gobierno del Anticristo, que como sabemos, será manifiesto en la Tierra para controlarla. Tras describir sus riquezas y adornos (lujos, suntuosidad, elegancia, avaricia, etc.), la describe exultante y embriagada en "fornicación", sea en tratos comerciales como en placeres sexuales: «tenía en la mano un cáliz de oro lleno de abominaciones y de la inmundicia de su fornicación» (Apoc. 17:4, R60) Es evidente la relación de esto con el comercio internacional y también con la "libertad sexual" (a la que deberíamos llamar más correctamente "fornicación libre" o "fornicación pública"). No sé cómo será en otros planetas, pero en la Tierra esto procede de Nueva York, en lo que respecta a la economía y el mercado internacional, y de California, en lo que respecta a la degradación moral y la perversión sexual.

Baste poner atención en las frases más características de estas advertencias... «se ha hecho habitación de demonios y guarida de todo espíritu inmundo, y albergue de toda ave inmunda y aborrecible.» (Apoc. 18:2, R60) Esta no es una afirmación figurativa, sino literal, ya que sabemos de los constantes rituales satánicos que realiza la élite y sus pactos y evocación a demonios. «todas las naciones han bebido del vino del furor de su fornicación» (Apoc. 18:3, R60) Este pasaje aparece como explicación de porqué «ha caído», como castigo de Dios. Es decir, la ciudad es destruida por corromper al mundo, y nunca dice cosa alguna de algún otro lugar además de la Tierra. «los reyes de la tierra han fornicado con ella» (Apoc. 18:3, R60) Si esa ciudad está fuera de este globo, ¿cómo fornican los reyes con ella? La fornicación es un acto sexual de rozamiento, sea metafórico (Ez. 23:37) o literal. Lo que estos versículos dan a entender es que la fornicación ha consistido, como dije antes, de placer sexual (pornografía, inmoralidad y degradación mediática) y comercio (tráfico y mercado internacional).

Vamos a esos «los mercaderes de la tierra se han enriquecido de la potencia de sus deleites» (Apoc. 18:3, R60) Mercaderes «de la Tierra». La bolsa de valores. Entonces dice una voz: «Salid de ella, pueblo mío, para que no seáis partícipes de sus pecados» (Apoc. 18:4, R60) No verse implicados, «ni recibáis parte de sus plagas.» (Apoc. 18:4, R60) Si los siervos están en la Tierra, y la Babel estuviese en otro mundo, ¿por qué íbamos a sufrir las plagas de ese otro planeta? Refiere "parte" de las plagas. Eso quiere decir que habrá problemas aislados atacando a la nación desde distintos frentes, «porque sus pecados han llegado hasta el cielo» (Apoc. 18:5, R60) ¿Y es que no se supone que la ciudad estaba allá arriba? Si llega «hasta el cielo», ¿desde dónde llega? Y esto es aún más significativo: «Dadle a ella como ella os ha dado, y pagadle doble según sus obras; en el cáliz en que ella preparó bebida, preparadle a ella el doble.» (Apoc 18:6, R60) El texto griego es más claro, asumiendo que esta ciudad le ha hecho a los siervos cosas que a ella misma le van a ocurrir el doble. Y añade que lo que ella «preparó» también le vendrá duplicado. Cuando analizamos todo el asunto de la ley marcial en EE.UU. y todo lo que la élite con Obama están preparando contra ese país, comprendemos este versículo perfectamente.

Agrega además, «en un solo día vendrán sus plagas; muerte, llanto y hambre, y será quemada con fuego» (Apoc. 18:8, R60) Entre las profecías que coinciden unas con otras, existe un gran paralelismo de ésta con las de la gran Tribulación: «se levantará nación contra nación, y reino contra reino; y habrá pestes, y hambres» (Mat. 24:7, R60) La guerra se suele representar con el fuego, aunque esto también identifica 'incendio'; el hambre, la escasez y la sequía son otro evento vaticinado respecto de lo que los que estudiamos el tema consideramos que es la muerte del dólar; la peste, epidemia o plaga es lo mismo, como en otras profecías, anunciando una guerra bacteriológica y biológica. Lo que explico en artículos, libros y documentales, con múltiples fuentes, coincide a la perfección con todos estos pasajes bíblicos, pues con la caída de EE.UU., tanto en su economía como en su estructura (al ser invadida por Rusia y China) se vendrá abajo el comercio y los mercados internacionales.

Vemos aún más que cita a «los reyes de la Tierra», nunca de reyes o gente de otras partes, sea del cielo o de las estrellas. Dice el texto que «con ella han vivido» en deleites, empero, han tenido parte de la prosperidad de la economía de dicho país, su sistema capitalista. Posteriormente, «los mercaderes de la tierra lloran y hacen lamentación sobre ella, porque ninguno compra más sus mercaderías» (Apoc. 18:11, R60) Porque habrá un colapso sistémico de los mercados: «mercadería de oro, de plata, de piedras preciosas, de perlas, de lino fino, de púrpura, de seda, de escarlata, de toda madera olorosa, de todo objeto de marfil, de todo objeto de madera preciosa, de cobre, de hierro y de mármol; y canela, especias aromáticas, incienso, mirra, olíbano, vino, aceite, flor de harina, trigo, bestias, ovejas, caballos y carros, y esclavos, almas de hombres.» (Apoc. 18:12-13, R60) En este último punto debo aclarar que el texto griego dice «incluso cuerpo y alma humana», que sabemos que tiene que ver con el Illuminati y el satanismo.

Otros países y gente d negocios estarán viendo la caída de valores, de divisas y de Wall Street... «Los mercaderes de estas cosas, que se han enriquecido a costa de ella, se pararán lejos por el temor de su tormento» (Apoc. 18:15) Y habla del sistema de transporte marítimo que supone la mayoría de tráfico de mercados: «todos los que trabajan en el mar, se pararon lejos» (Apoc. 18:17, R60) Lo cierto es que en ningún lugar se habla de "estrellas", "cielo", "moradas celestes", "las alturas" o algo semejante. Una y otra vez habla de los «mercaderes de la Tierra», y de un centro neurálgico de las finanzas: «¿Qué ciudad era semejante a esta gran ciudad?» (Apoc. 18:18) Habla de los contratos y convenios, que en el vocabulario bíblico se usa con la connotación de los convenios o contratos matrimoniales:

«ni voz de esposo y de esposa se oirá más en ti» (Apoc. 18:23, R60) ¿Es que acaso la institución del santo matrimonio dada por Dios al hombre se cumplía en una supuesta ciudad diabólica sede de Satán? Entonces, los tales mercaderes que la ven de lejos y se quejan, ¿son de este mundo o de otro mundo? «tus mercaderes eran los grandes de la tierra» (Apoc. 18:23, R60) Claramente habla de los grandes magnates que controlan las finanzas del mundo. Entre ellos los dueños de las industrias farmacológicas: «por tus hechicerías fueron engañadas todas las naciones» (Apoc. 18:23, R95) La palabra griega acá es "farmakeía", de donde viene "fármaco", "farmacia". ¿Habla de drogas, del cartel petro-químico (industria farmacéutica) o de magia, brujería y ocultismo en sí? Cualquiera o todas de estas acepciones es aplicable a la élite y a los EE.UU.

Además de esto menciona a los miles que han sido víctimas de los complots de estos poderosos, la multitud de víctimas y mártires de la verdad... «en ella se halló la sangre de los profetas y de los santos, y de todos los que han sido muertos en la tierra.» (Apoc. 18:24, R60) no son profetas del estilo antiguo, sino los profetas o informadores de hoy día. Si promueve las guerras, revoluciones, golpes de estado, derrocamientos, guerrillas, terrorismo, asesinato de cristianos y whistleblowers (alertadores, habladores, chivatos), misioneros, adicción a las drogas, etc., debemos remontarnos a los poderes de este mundo, que ya antes de la ONU (desde que comenzaron las guerras por todo el mundo, más que nunca) ya venían provocando estas desgracias en cada imperio del que se ha levantado.

Si alguien duda de que «la gran ramera» es quien «ha corrompido a la tierra con su fornicación» (Apoc. 19:2, R60), debería replantearse lo que conoce de geopolítica e historia, porque de California sale la pornografía para todo el mundo (miles de films por año), la influencia para la aprobación de todo tipo de uniones, supuestamente, matrimoniales, y leyes de todo tipo de supuestos géneros. Sin contar con el entretenimiento relacionado en todos los sentidos, de lo cual mejor ni hablar. Entonces, a imagen de los 10 gobernantes que controlarán en mundo, que será dividido en 10 súper naciones exclusivas (no existirán los países y fronteras como las entendemos), también EE.UU. está dividido en 10 secciones FEMA para el momento del colapso. Mientras Roma controla el mundo por medio de la infiltración de los jesuitas, la religión de Vaticano, la economía de Wall Street, la política de la ONU y la fuerza militar de los EEUU, la bestia se levantará a través de 10 líderes, y no distribuirá su gobiernos según la forma que hoy tienen, sino en 10 supernaciones que serán la nueva distribución geográfica de la Tierra.

«los diez cuernos que has visto, son diez reyes, que aún no han recibido reino; pero por una hora recibirán autoridad como reyes juntamente con la bestia. Éstos tienen un mismo propósito, y entregarán su poder y su autoridad a la bestia.» (Apoc. 17:12-13, R60) Los 10 cuernos son 10 líderes que no tomarán el poder hasta que la Bestia no lo haya hecho. Operarán al mismo tiempo, y solo durante un periodo breve (3 años y medio). ¿Cuándo será ese breve tiempo de su poder? Dice el texto que culminará con la venida del Señor: «Pelearán contra el Cordero, y el Cordero los vencerá» (Apoc. 17:14, R60) Así lo explica más adelante al narrar el desenlace del Har-Magedon: «vi a la bestia, a los reyes de la tierra y a sus ejércitos, reunidos para guerrear contra el que montaba el caballo, y contra su ejército. Y la bestia fue apresada, y con ella el falso profeta...» (Apoc. 19:19-20, R60) El contexto nos habla una y otra vez de 3 años y medio de poderío de la Bestia (Anticristo) y el falso profeta (Anticristo), por lo que el tiempo de los 10 reyes y la Bestia será de 3 años y medio. En consecuencia «aún no han recibido reino». ¿Por qué no dice que "aún no han recibido poder", sino que dice "reino"? Porque la distribución de esos 10 reinos aún no existe como tal, sino que será configurada tras la primera parte de la Tercera Guerra Mundial (cuando el Anticristo se manifieste).

«los diez cuernos que viste en la bestia, éstos aborrecerán a la ramera, y la dejarán desolada y desnuda; y devorarán sus carnes, y la quemarán con fuego; porque Dios ha puesto en sus corazones el ejecutar lo que él quiso: ponerse de acuerdo, y dar su reino a la bestia» (Apoc. 17:16-17, R60) La referencia misma es bastante clara al sugerir que estos líderes se pondrán de acuerdo para destruir a la gran ciudad, de modo que el poder pase a la Bestia. Como resultado, lo que se aprecia es que la superpotencia actual será destruida por el resto de naciones para que tome el poder la Bestia, y en ningún momento o lugar se habla de cosa alguna de fuera de este globo.

**El fin de la República. El inicio del Imperio**

¿Cuál es la relevancia de estos 7 secretarios, almirantes y generales, y de sus 10 consejeros? La similitud con las citas bíblicas sobre «los 10 cuernos» de la bestia de Apocalipsis. En otras ocasiones he hablado de otras semejanzas de las 10 actuales monarquías de Europa y hasta de las 10 súper-naciones en las que se reconfiguraría el mundo del Anticristo, pero en esta ocasión he de resaltar esta destacada analogía. La mayor relevancia de este hecho estriba en las palabras del apóstol Juan, a quien le explican que «los diez cuernos que viste en la bestia, éstos aborrecerán a la ramera, y la dejarán desolada y desnuda; y devorarán sus carnes, y la quemarán con fuego...» (Apoc. 17:16, RVA 60). Con anterioridad hemos hecho énfasis en la interpretación de 'la gran ramera' o 'gran Babilonia' como EE.UU. de América; También la relación estrecha y directa de su creación después del silencioso imperio romano, y amparado en la misma. En este sentido, el gobierno mundial liderado por una élite satánica illuminati usa todos los sistemas de control del mundo y sus tantos grupos, desde la ONU, el CFR, la TC, el club Bilderberg, la orden jesuita, la OTAN, la Round Table, el Club de Roma, y, entre otras muchas, las madres bancarias: el FMI, el BM y el BIS. Todo este sistema o nuevo Orden Mundial cada vez más consolidado, representa esta Bestia bíblica.

Lo que parece estar dando a entender la profecía, y encajando con otros rumores extra-bíblicos, es que la Bestia (Nuevo Orden Mundial) traicionará a la prostituta Babel (EE.UU.), y usará al Complejo Militar-Industrial para dicho fin. Si bien, el aparato policial y un ejército de la ONU serían los encargados de sofocar las revueltas civiles e imponer el estado de excepción, los arrestos, los bloqueos, los puestos de control y retenes, las redadas, el toque de queda, los allanamientos y las ejecuciones, pero el propio ejército de los EE.UU. estaría luchando en el extranjero como principal brazo de la OTAN contra Rusia en el este de Europa. Hemos hablado en muchas ocasiones de una invasión china y rusa a territorio estadounidense, pero este solo sería un componente adicional una vez la acción de alta traición se efectúe contra el propio país (EE.UU.). Esas solo son dos naciones; aún cuando se interpretasen como dos de las 4 bestias que vio el profeta Daniel, o parte de 10 naciones globales, el contexto sigue sin encajar. El pasaje de Apocalipsis dice que «los cuernos» de la propia «bestia» sobre la «que se sienta la ramera» recibirán poder en determinado momento, y también sostiene que aborrecerán a esa ramera y la acabarán. Siendo objetivos, la descripción es más afín con el argumento de la ley marcial en los EE.UU.

Para alcanzar un "imperio planetario" debe caer el sistema de poder, y éste está actualmente en la Ramera (EE.UU.), y eso incluye demasiadas trabas e impedimentos a causa de las libertades civiles, religiosas y burocráticas. Solo un golpe de estado podría reducir estos obstáculos a la nada, pero sigue teniendo dificultades obvias: 1) El ejército tendría que estar de acuerdo (y por extensión todos y cada uno de los soldados patriotas americanos que aman y veneran a su nación); 2) El Senado tendría que dimitir, lo cual solo ocurriría por causa de fuerza mayor; 3) El pueblo se rebelaría en masa (y los estadounidenses tienen armas según las libertades de la Segunda Enmienda de su Constitución, lo cual provocaría una sangrienta guerra civil con posibles resultados semejantes a la Guerra de Secesión).

Solo una conspiración titánica, perfectamente encaminada y mantenida en absoluto silencio, podría triunfar contra estos impedimentos evidentes. Lo cierto es que desde que se estableció la ONU ya habían empezado los planes para derrocar a los EE.UU. Desde mediados de los años 50 iniciaron Órdenes Ejecutivas y reuniones de la Cámara de Representantes para promover leyes de control civil y absolutismo imperial. El aparato político republicano y demócrata debía ser motivado y/o presionado para participar de la legalidad de estas propuestas presidenciales (que, empero, no eran realmente idea del presidente, sino de la élite que está sobre él). Estos 60 años de preparación han dejado listo un protocolo de toma de gobierno por parte del Centro Federal de Manejo de Emergencias (FEMA) que estaría controlado por estos 10 consejeros y sus 7 funcionarios de estado (mayormente militares). La compartimentación de los servicios es parte de la compartimentación de la información, de modo que solo algunos pocos, como generales, coroneles, almirantes secretarios de estado o servicio secreto sabrían lo que realmente se ejecutaba a nivel federal. El reptil Barack Obama ha sido parte clave de este destino de los EE.UU., y aunque parezca que ha desaparecido de escena, solo sigue jugando y manteniendo su carácter carismático. Este hombre es clave para comprender el Apocalipsis, ya que ha dejado a la nación de EE.UU. lista para venirse abajo. No obstante, todo apunta que tiene un plan mayor entre manos y no quiere dañar su imagen. Ese es el papel de Donald Trump, quien estará en el poder posiblemente solo algunas semanas, para finalizar la labor de Obama con EE.UU. en lo referente a asuntos internos. El carácter de Trump es perfecto para lo que se quiere hacer, ya que deben engañar a los cristianos estadounidenses, alimentar el odio social hacia los cristianos, causar alborotos y protestas para dar razones al gobierno federal de poner mano dura, debe reducir la capacidad del pueblo para contrarrestar el aparato policial (eso incluye sacar del país a la mayor cantidad de gente posible, especialmente que puedan ser beligerantes), engañar al mundo haciendo parecer que la guerra inminente fue pacificada (el Consejo de Seguridad de la ONU dejó claro su interés contra Israel, y asimismo las tropas rusas y de la OTAN están frente a frente en Europa del este), entre otras tretas.

Como dijo un oficial de servicio secreto en privado a una sierva de Cristo en diciembre de 2015: «Trump ya fue elegido hace dos años […] una vez lleve a cabo una deportación masiva, empezará un arresto de costa a costa [de EE.UU.] que será la ley marcial.» La deportación es solo el comienzo. Seguirán las listas de todas las personas opuestas al gobierno, tildadas de 'terroristas', desde preppers (survivalistas), ex militares y veteranos, políticos, activistas, cristianos, musulmanes... todos los que sean considerados "teóricos" de la conspiración, que son fácilmente rastreados por la NSA (especialmente porque proveen toda su información abiertamente en público por medio de las redes sociales, un invento del FBI). En el aparato legislativo de los EE.UU., la limitación e idea del concepto de "terrorista" ha sido rediseñada para incluir a cualquier persona que piense diferente al estado, ya que se considera "enemigo del gobierno". Además, las leyes se han reestructurado para suprimir los procesos legales o "procesamiento", simplificándolo en una decisión arbitraria in situ del apartado policial. En otras palabras, la fuerza policial (cuyos poderes serán ampliados y casi ilimitados) podrá decidir quién es terrorista y quién no lo es, y ejecutarlo en el acto o llevarlo a campos de concentración, y dicha persona no podrá exigir un juicio o un abogado (todo se limitará a la decisión del policía en el acto). Estas son el tipo de leyes que han sido establecidas a lo largo de estas décadas y que Obama ha reforzado y oficializado.

Trump afirmó en 2016 que «después de que la frontera esté "segura", los funcionarios de inmigración comenzarán a "hacer una determinación" sobre los inmigrantes indocumentados que quedarán en Estados Unidos.» (Cadena RT, 20 de enero) ¿Los funcionarios de inmigración? Sí, el ICE. ¿Acaso eso no debe decidirlo el propio presidente? ¿Qué "determinación" deben hacer, si ha sido Trump el que ha estado detrás de la propaganda de inmigración desde el inicio de su campaña? ¿Está diciendo que una vez haya expulsado a los inmigrantes (lo que él llama "asegurar la frontera", y que se interpreta como la construcción del muro fronterizo) será el ICE (Agencia de Aduanas e Inmigración) quien tomará les decisiones sobre dicho tema?

Un supuesto agente del ICE, que se habría suicidado en mayo del año pasado, justamente dejó unas notas donde decía: «Si el pueblo estadounidense supiese lo que este gobierno está planeando, ellos se levantarían y lo derrocarían, si yo o cualquier otra persona del gobierno federal revelara lo que está por venir, seríamos asesinados de todas formas.» Añade que «en la aplicación de la ley federal hemos estado perpetrando durante varios años para controlar disturbios y levantamientos de un colapso financiero que viene y fallas bancarias generalizadas. Los ejercicios incluyen imágenes de tamaño natural de hombres estadounidenses, incluso mujeres y niños, a quienes se nos dice que disparemos para "practicar" y "acostumbrarnos".»

El oficial continúa afirmando: «nos han dicho que la economía está enferma terminal y fracasará en 2016. También nos dicen que los bancos son todos insolventes y la FDIC no tiene fondos suficientes para rescatar a los depositantes. Se nos dice que estos eventos son inevitables y es imperativo que el gobierno sobreviva cuando la gente se levante por encima de esto. Cuando se produzca el colapso, los campos de detención creados bajo el programa FEMA REX-84 en la década de 1980 para alojar a los extranjeros ilegales que íbamos a deportar, se utilizarán para encarcelar a ciudadanos estadounidenses que el gobierno considera constituyen una "amenaza". Los ciudadanos estadounidenses serán arrestados sin cargos y encarcelados sin juicio, por Dios sabe cuánto tiempo. ¡Estos campamentos han sido equipados para llevar a cabo asesinatos a escala Hitler! ¡Una verdadera "purga" de ciudadanos norteamericanos por el mismo gobierno que ellos mismos crearon y pagaron! No puedo ser parte de esto.

¡El gobierno sabe que el ejército se levantará para detener esto, por lo que nuestros militares están siendo desplegados en el extranjero, intencionalmente involucrados en luchas en el extranjero y deliberadamente reducidos en tamaño para que no puedan estar aquí o ayudar a los estadounidenses! Han sido retiradas de las Armerías de la Guardia Nacional a nivel estatal más de un billón de municiones de punto hueco, ha sido comprado por el gobierno federal, los mismos estados han sido desarmados de poder de fuego militar para que no puedan defenderse de las actividades federales. Por ello los departamentos de policía locales han sido militarizados y provistos de vehículos blindados y armas de guerra.»

Agrega que «cuando el colapso inevitable comience a ocurrir, la energía eléctrica a todo el país se apagará, al igual que todas las formas de comunicación. Todos los bancos se cerrará de inmediato, nadie será capaz de obtener dinero porque todos los cajeros automáticos estarán fuera de línea. Las tarjetas de crédito, débito y EBT no funcionarán. Todo el mundo estará sin dinero en efectivo, no tendrán forma de obtener cosa alguna. El Sistema de Alerta de Emergencia se utilizará para tomar todas las estaciones de difusión y decirle al público que esto es el resultado de un ataque cibernético. Pero mientras el pueblo estadounidense espera pacientemente que las cosas vuelvan a la normalidad, el gobierno desencadenará redadas de ciudadanos que consideran militantes o peligrosos. Con todas las comunicaciones civiles fuera, y todas las estaciones de televisión y radio asumidas por el Sistema de Alerta de Emergencia, por el tiempo que se extiende lo que está ocurriendo, el gobierno ya tendrá la ventaja. Todas las prisiones federales han sido equipadas con sistemas de gas letales. Cuando las cosas vayan mal, todos los prisioneros en todas las cárceles serán colocados en sus celdas bloqueadas. El personal de la prisión saldrá de la instalación, y una persona determinada disparará un gas letal. Todos los presos federales, independientemente de su crimen o su condena, serán asesinados con gas en sus celdas. Una vez que el gas desaparezca, los muertos serán removidos y las cárceles serán usadas para albergar a los ciudadanos que luchan contra el ataque federal.»

Simultáneamente, días antes o días después del comienzo de todo esto, estallarán una vez más conflictos internacionales. Si bien, Trump no parece jugar ningún papel tras llevar a cabo la mega deportación. Sin embargo, Obama sí parece entrar en escena nuevamente, incluso teniendo directamente que ver con la guerra internacional, el empuje de la Tercera Guerra Mundial al escaño de conflicto nuclear. Empero, si hay guerra, caída de la economía o un gran desastre natural, el FEMA entra en control de los EE.UU. con esas 7 cabezas y 10 asesores bajo el poder absoluto. Quedaría en banca el poder y papel del apartado gubernamental: habría un vacío en el poder presidencial y del senado (el presidente del país no tiene poder alguno). Dado que parece que tras la gran deportación empezarán los arrestos, es de entender que sería inminente la caída de la economía, y ésta estaría acompañada de la guerra civil y de la guerra contra rusos y chinos. Si a eso acompañan los proféticos desastres naturales que azotarán el mundo (con mayor magnitud contra los EE.UU.), es lógico que por varios años el FEMA tendrá todo el poder, y quedará anulado y suspendido el poder legislativo.

Así caerá EE.UU. para que el nuevo gobierno global destaque, sin dependencia de los EE.UU. Lo único que se mantendría de EE.UU. sería el Complejo Militar-Industrial, que, en opinión de muchos, viene a configurar hoy, realmente, la OTAN. Visto de esta manera, estamos asumiendo que el ejército de los EE.UU. dejará de ser la defensa de dicho país para ser la parte más fuerte de la OTAN, y como de costumbre la implicación más influyente y representativa. El día 24 de enero, 'El Confidencial', comentaba en un artículo: «El analista geopolítico Pedro Baños, General de Infantería y antiguo asesor militar en el Parlamento Europeo [dijo que] "No se debe olvidar que la OTAN en gran medida significa EE.UU.".…»

En su discurso de despedida a la nación, el 17 de enero de 1961, el ex presidente Dwight D. Eisenhower, dijo: «Nuestro trabajo, los recursos y los medios de subsistencia son todo lo que tenemos; así es la estructura misma de nuestra sociedad. En los consejos de gobierno, debemos evitar la compra de influencias injustificadas, ya sea buscadas o no, por el complejo industrial-militar. Existe el riesgo de un desastroso desarrollo de un poder usurpado y [ese riesgo] se mantendrá. No debemos permitir nunca que el peso de esta conjunción ponga en peligro nuestras libertades o los procesos democráticos.» En la actualidad, el gasto militar anual de los Estados Unidos representa aproximadamente el 47% del total de gastos mundiales en armas ($712.000 millones de dólares solo en 2009). El 23 de diciembre de 2016, Obama firmó una ley de defensa que autoriza proporcionar 611 mil millones de dólares al Ejército en 2017. ¿Para qué si él se supone que no estaría jugando ningún roll en 2017, y eso sería más bien problema de Trump (incluso Trump sencillamente anularía tal legislación)? Irónicamente, a todo esto, Trump no ha dicho nada de los ejércitos estadounidenses en Europa del este ni se ha opuesto a esa militarización, aun cuando se supone que busca mejorar las relaciones con Vladimir Putin.

### <u>Decretos Presidenciales</u>

En consecuencia, si hay un colapso económico, un gran desastre natural o guerra que afecte a los EUA, el Consejo de Gobernadores está en pleno derecho de poner en funciones el aparato policial con el Centro Federal de Manejo de Emergencias (FEMA). Si eso ocurre, el presidente pierde el poder, y también el Congreso y la Cámara de Representantes. Esta situación podría prolongarse, legalmente, por entre 3 y 5 años, habiendo un vacío presidencial y siendo controlado el país por el FEMA y el Consejo de Gobernadores (que responden al Secretario de Defensa, Secretario de Estado y Secretario de Seguridad Nacional: https://en.wikipedia.org/wiki/Council_of_Governors). Por las legislaciones de la Cámara de Representantes, opiniones de altos cargos militares y de servicio secreto y las Órdenes Ejecutivas presidenciales, queda patente que Donald Trump tiene que terminar un trabajo que lleva elaborándose por décadas, y que consiste en destruir EE.UU. solo observen algunos ejemplos a través de las E. O. (Órdenes Ejecutivas) firmadas por sus presidentes:

• Orden Ejecutiva 13603 (https://en.wikipedia.org/wiki/Executive_Order_13603). Firmada por Obama el 16 de marzo de 2012. Consiste en "Preparación para los Recursos de la Defensa Nacional", emparada en las políticas y programas bajo Actas de Elaboración de la Defensa de 1950 (https://en.wikipedia.org/wiki/Defense_Production_Act). Su función es tomar el control de: A) "Todos los artículos y productos que son capaces de ser ingeridos por los seres humanos o animales"; B) "Todas las formas de energía"; C) "Todos los medios de transporte civiles"; D) "Toda el agua utilizable a partir de todas las fuentes"; E) "Los recursos de salud - medicamentos, productos biológicos, dispositivos médicos, materiales, instalaciones, equipos de salud, servicios y equipos"; F) El trabajo forzoso (o "inducción", como la orden ejecutiva se refiere al reclutamiento militar con delicadeza). La declaración de la Cámara de Representantes H. R. 4079, pone en acción TODAS LAS ORDENES EJECUTIVAS al mismo tiempo, junto con las relacionadas con el programa FEMA REX-84, de campos de concentración (https://www.congress.gov/bill/114th-congress/house-bill/4079) y prisiones para inmigrantes (https://es.wikipedia.org/wiki/Rex_84).

• Orden Ejecutiva del 01 de julio de 2016 (https://obamawhitehouse.archives.gov/the-press-office/2016/07/01/executive-order-united-states-policy-pre-and-post-strike-measures). Firmada por Obama. Permite al ejército y la policía de los EE.UU. utilizar la fuerza contra sus ciudadanos como política preventiva: https://www.washingtonpost.com/news/monkey-cage/wp/2016/07/07/obamas-new-executive-order-on-drones-means-the-u-s-may-still-violate-international-law/?utm_term=.b67ef913be86

• Orden Ejecutiva 11051 (https://www.archives.gov/federal-register/executive-orders/1962.html). Detalla las responsabilidades de la Oficina de Planificación de Emergencia FEMA. Autoriza la entrada en vigor de TODOS los Momentos de Emergencia Nacional declarado por el Presidente, aumento de la Tensión o Crisis Económica o financiera (cubre cualquier Crisis nacional concebible, pero ni siquiera menciona la guerra o el ataque). http://www.disastercenter.com/laworder/11051.htm.

• Orden Ejecutiva 10995 (https://fas.org/irp/offdocs/eo/eo-10995.htm). Prevé la toma de control federal de todas las comunicaciones y medios de comunicación.

• Orden Ejecutiva 10997 (http://www.presidency.ucsb.edu/ws/?pid=58935). Prevé la toma de control federal de todas las instalaciones eléctricas, de petróleo, gas, combustibles y minerales.

• Orden Ejecutiva 10998 (http://www.disastercenter.com/laworder/10998.htm). Prevé la toma de control federal de los recursos nacionales, primeramente granjas.

• Orden Ejecutiva 10999 (http://www.presidency.ucsb.edu/ws/?pid=58937). Prevé la toma de control federal de todos los medios de transporte, el control de autopistas, puertos marítimos, etc.

- Orden Ejecutiva 11000 (http://www.presidency.ucsb.edu/ws/?pid=58938). Prevé la movilización de todos los civiles y brigadas de trabajo bajo la supervisión del Gobierno.
- Orden Ejecutiva 11001 (http://www.presidency.ucsb.edu/ws/?pid=58940). Prevé la toma de control gubernamental del sistema de salud, de educación y de bienestar.
- Orden Ejecutiva 11002 (http://www.presidency.ucsb.edu/ws/?pid=58941). Designa al Director General de Correos para llevar a cabo un registro nacional de todas las personas.
- Orden Ejecutiva 11003 (http://www.disastercenter.com/laworder/11003.htm). Prevé que el Gobierno asuma el control de aeropuertos y aviones.
- Orden Ejecutiva 11004 (http://www.presidency.ucsb.edu/ws/?pid=58943). Establece que la Autoridad de Vivienda y Finanzas reubique las comunidades, y designe áreas a abandonar y, asimismo, establezca nuevas ubicaciones para las poblaciones. Esto consiste en despoblar las zonas verdes y sobre poblar las metrópolis.
- Orden Ejecutiva 11005 (http://www.disastercenter.com/laworder/11005.htm). Prevé que el Gobierno asuma el control de ferrocarriles, vías navegables interiores e instalaciones de almacenamiento público. Todos las EO hasta Kennedy fueron combinados bajo Richard Nixon en una enorme Orden Ejecutiva, con lo que permite que todo esto tenga lugar si el Presidente declara Emergencia Nacional, y puede ser implementado por el jefe del FEMA, NI SIQUIERA POR EL PRESIDENTE (el Presidente ya le ha dado ese poder bajo estas órdenes ejecutivas). La Orden Ejecutiva 11490 combina todos (https://en.wikipedia.org/wiki/Executive_Order_11490, http://www.presidency.ucsb.edu/ws/?pid=60479), y fue reautorizada y ampliada Jimmy Carter el 20 de julio de 1979. Es decir, la Orden Ejecutiva nº 11490 es la reafirmación de que una "emergencia nacional" puede ser declarada por cualquier pretensión concebible.

- Orden Ejecutiva 12672 (https://en.wikisource.org/wiki/ Executive_Order_12672 y https://www.archives.gov/ federal-register/executive-orders/1989-bush.html). Firmada por Bush el 24 de marzo de 1989, donde delega al Director de FEMA poderes que fueron conferidos al Presidente por la Ley de Asistencia de Emergencia y Asistencia de Desastres de 1988. Aunque la Casa Blanca la describe simplemente como un asunto técnico, en realidad, la revisión delega al Director de FEMA, la responsabilidad directa de un gran número de elementos que antes eran sólo prerrogativa del Presidente. Eso incluye la responsabilidad de la Asistencia Federal General, la Asistencia de Emergencia, Mitigación de Riesgos, Programas de Subvenciones Individuales y Familiares y el poder de dirigir a otras agencias federales para una emergencia. Es decir, todas las demás agencias federales están bajo FEMA. Estos programas fueron reescritos en la Directiva 47 de la National Security Decision (https://www.hsdl.org/?abstract&did=462991), que está en NSDD 47, y que fue promulgada por el Presidente Reagan el 22 de julio de 1982. Identificó áreas importantes para ser como base industrial de la nación para mantener la defensa nacional y sentó las bases para las opciones del gobierno para instituir un estado policial (su título es 'Emergency Movilization Preparation') y se encarga de las limitaciones legales en la tarea prioritaria que establece las bases para la SUSPENSIÓN DE LA CONSTITUCIÓN de los EE.UU.

- Orden Ejecutiva 10990 (http://www.presidency.ucsb.edu/ ws/?pid=58928). Así como el resto de EO anteriores a Kennedy, fueron los primeros planteamientos, que luego fueron reivindicados por los presidentes sucesores.

- Orden Ejecutiva 11310 (https://www.archives.gov/ federal-register/executive-orders/1966.html). Subvenciona autoridad al Departamento de Justicia para hacer cumplir los planes establecidos en las órdenes ejecutivas, para instituir el apoyo industrial, para establecer un enlace judicial y legislativo, para controlar a todos los extranjeros, para operar establecimientos penitenciarios y correccionales, y para asesorar y asistir al Presidente.

• Orden Ejecutiva 11049 (http://www.presidency.ucsb.edu/ws/?pid=58988). Asigna la función de preparación de emergencia a los departamentos y agencias federales y la consolidación de 21 órdenes ejecutivas emitidas operativas durante un período de quince años.

• Orden Ejecutiva 11921 (https://en.wikipedia.org/wiki/Executive_Order_11921). Permite a la Agencia Federal de Preparación de Emergencia para desarrollar planes para establecer el control sobre los mecanismos de producción y distribución, las fuentes de energía, salarios, sueldos, el crédito y el flujo de dinero en los Estados Unidos y cualquier institución financiera en cualquier situación de emergencia nacional indefinida. También establece que cuando un estado de excepción sea declarado por el Presidente, el Congreso no puede revisar la acción durante seis meses (https://fas.org/irp/offdocs/eo/eo-11921.htm).

· Orden Ejecutiva 13757 (https://www.hsdl.org/?abstract&did=797652). Firmada por Obama el 28 de diciembre, permite a Hacienda (Secretaría del Tesoro), bajo revisión del Fiscal General y el Secretario de Estado, bloquear o retirar material relacionado con manejos en las redes (sea computadoras, acceso a internet, acceso a cuentas, etc.) a quien sea considerado relacionado con terrorismo cibernético (esto podría incluir a las comunidades de hackers).

• Orden Ejecutiva de Obama mencionada el 13 de octubre de 2016 (https://obamawhitehouse.archives.gov/the-press-office/2016/10/13/executive-order-coordinating-efforts-prepare-nation-space-weather-events). Pretexto de actividad solar para la intervención y reforzamiento de los sistemas eléctricos y energéticos a través de Servicios de protección civil, el NOAA y las Secretarías de Defensa.

El programa lidia con hechos que prevendrían de un ataque nacional de pulso electromagnético.

Así como el HR 4079, hay otras legislaciones de la Cámara de Representantes, como el HR 2749 (https://www.govtrack.us/congress/bills/111/hr2749/text), relativo a la alimentación. Se trata del Acta de Protección de Comida, y eso afecta al país entero, pues les da la autoridad de todo el área geográfica nacional, refiriéndose a todos los estados si ellos quieren, bajo guías de contaminación de comida. Pueden detener todos los medios de transporte en todos los estados, y destruir vehículos, pueden declarar la Ley Marcial, y pueden clausurar restaurantes o lo que sea que consideren. Otro caso de estos es el HR 1274 (https://www.congress.gov/bill/114th-congress/house-bill/1274), así como del Obamacare Code ICD9E978 (http://beforeitsnews.com/healthcare/2014/02/0000-guillotines-800-fema-camps-and-15000-russian-troops-whats-going-on-obamacare-code-icd9e978-execution-by-guillotine-666-mark-of-the-beast-2454424.html) y el ICD E978 (http://www.centralx.com/diseases/icd889.htm), que consisten en las como aprobaciones legales para ejecutar individuos. Un ejemplo de este reforzamiento es el '1033 Program', basado en el reforzamiento policial para controlar a la población civil.

Quisiera concluir con algunas reflexiones sobre las palabras del profeta Jeremías: «Levantad bandera sobre los muros de Babilonia, reforzad la guardia, poned centinelas, disponed celadas; porque deliberó Iaheveh, y aun pondrá en efecto lo que ha dicho contra los moradores de Babilonia. Tú, la que moras entre muchas aguas, rica en tesoros, ha venido tu fin, la medida de tu codicia. Iaheveh Tzabaot juró por sí mismo, diciendo: Yo te llenaré de hombres como de langostas, y levantarán contra ti gritería.» (Jer. 51:12-14) ¿Reforzad la guardia? ¿Poner centinelas? ¿Disponed celadas? Esto es ESTADO DE EXCEPCIÓN. ¿Levantarán griterío? ¿Está hablando de turbas y turbas de manifestantes y protestas? «He aquí yo estoy contra ti, oh monte destruidor, dice Iaheveh, que destruiste toda la tierra; y extenderé mi mano contra ti, y te haré rodar de las peñas, y te reduciré a monte quemado. [...] Alzad bandera en la tierra, tocad trompeta en las naciones, preparad pueblos contra ella; juntad contra ella los reinos de Ararat, de Mini y de Askenaz; señalad contra ella capitán, haced subir caballos como langostas erizadas.» (Jer. 51:25-27) ¿Mini y Askenaz? Esas regiones son actualmente rusas (fueron anexadas por la Unión Soviética)...

# V.

# GOG, DE TIERRA DE MAGOG

¿Qué es Gog? Es un término hebreo que significa "azotea" o un sitio ubicado en la parte superior de un lugar, o del norte. Magog es definida como la tierra Gog, y a ambos se les sitúa en una región del norte, o simplemente ma-gog sería "de donde es Gog" o "donde está el norte". Históricamente Gog era identificado con los países del Báltico y los pueblos que ocupaban toda la región desde ahí hasta lo que actualmente es Moscú. Este hecho se ha utilizado como argumento para interpretar que Gog y Magog es Rusia – como el caso de la invasión napoleónica a Rusia - coincidiendo con el pasaje del profeta bíblico Ezequiel que llama a un principal "Rosh" (cabeza), en griego 'Rus', es decir, 'Rusia'. Es más, la apreciación dice «rosh mesek» (Rusia Moscú). En su momento, el que fuera presidente de los EE.UU., Ronald Reagan, usó este argumento para señalar a los soviéticos en la Guerra Fría y legitimar las acciones de los EE.UU. contra dicho imperio, mientras en la invasión a Irak George H. Bush dijo al ex presidente francés Jacques Chirac que «Gog y Magog trabajan en el Medio Oriente» y que cumplía la voluntad de Dios destruyendo a los enemigos de su pueblo. Parecía decir claramente que EE.UU. era Gog y Magog y estaba erradicando a los musulmanes deliberadamente. Por otra parte, diversos escatólogos han asumido que la guerra de Har-magedón sería iniciada por Gog y Magog, siendo Rusia quien ataca a Israel, aunque más recientemente creen que Gog y Magog es Irán.

Otros han asumido que la profecía (de Ezequiel 38) debe entenderse a la luz de la mención dada por el apóstol Juan en Apocalipsis 20:8, que aduce a que Gog y Magog atacarán Israel pero después del Milenio Mesiánico. Para otros, como en mi caso, se trata de ambas cosas: Gog atacará Israel en el Har-magedón, y también volverá contra Israel después del Milenio. Las descripciones históricas sobre Gog y Magog coinciden con las hebreas, e incluso con las alusiones musulmanas (aunque teólogos islámicos tienen diferentes interpretaciones sobre la identidad de Gog y Magog, desde las 10 tribus de Israel, los judíos, o hasta los imperios comunistas de Rusia y China), a pesare de que el catalizador de este ataque no está claro. ¿Qué motivaría a Rusia el atacar a Israel? Ya lo intentaron en la Guerra de Yom Kipur, en 1973, y se lo pensaron dos veces. Lo cierto es que la visión del profeta Ezequiel no describe a una nación sino a una coalición: «te quebrantaré, y pondré garfios en tus quijadas, y te sacaré a ti y a todo tu ejército, caballos y jinetes, de todo en todo equipados, gran multitud con paveses y escudos, teniendo todos ellos espadas; Persia, Cus y Fut con ellos; todos ellos con escudo y yelmo; Gomer, y todas sus tropas; la casa de Togarma, de los confines del norte, y todas sus tropas; muchos pueblos contigo.» (Eze. 38:4-6, RVA 60). Sabemos que Persia es Irán (y el profeta Henoc ya había profetizado también, como el apóstol Juan, que Persia (Irán) atacará Israel), y según eruditos de la biblia Cus es Etiopía, Fut es Libia, Gomer podría identificar a pueblos del báltico, así como Togarma. Aunque casi todos los datos sobre Gog y Magog parecen describir un ataque contra un Israel en paz (nada que ver con la situación actual), los rabinos piensan que la venida del Mesías y la guerra con Gog y Magog son un evento simultáneo. Otras profecías que no se hallan en la biblia señalan el ataque decisivo contra Israel que vendrá de un líder que motivará a muchas naciones contra dicha nación y precisamente se querrá enfrentar al Mesías, coincidiendo con las referencias bíblicas sobre la Bestia apocalíptica: «Y vi a la bestia, a los reyes de la tierra y a sus ejércitos, reunidos para guerrear contra el que montaba el caballo, y contra su ejército.» (Apoc. 19:19,

RVA 60) Si la bestia representase a la ONU, es decir, al gobierno planetario o Nuevo Orden Mundial, ¿Cuál es su ejército? ¿El ejército de las Naciones Unidas? Habla de los reyes de la tierra y sus ejércitos, pero también identifica a la bestia como parte del bando atacante. ¿Serían Gog y Magog y la bestia y los reyes de la Tierra dos grupos que unánimemente atacarán Israel? Si Gomer y Togarma son países del Báltico, ¿qué tropas relevantes hay ahí? Pues el ejército de la OTAN. Estaríamos aduciendo a que en cierto momento el ejército de la ONU y el de la OTAN serían dirigidos por el Anticristo contra Israel, al tiempo que también la atacan Libia e Irán. Apocalipsis señala que la bestia, el falso profeta (Belial o Anticristo) y el dragón serán los que incitarán a los pueblos de más allá del Éufrates para llamarlos al Har-magedon. El profeta Henoc también lo profetizó, y dijo claramente "persas" y "medos" (Irán), y los pueblos prestos justo ante el Éufrates (Siria e Irak), y que éste frena es a los de Irak y Siria oriental (en torno a Mosul y las zonas de guerra con ISIS) y a Irán. Si Ezequiel nos dice que los persas acompañarán a Gog, y Apocalipsis dice que quienes los motivarán serán las fuerzas del Anticristo, entonces esta combinación entre las tropas de la ONU y la OTAN con Libia, Irán, Irak y Siria es evidente.

Si bien, los pasajes parecen referirse a que la bestia "instiga" a los ejércitos del oriente (lo cual podría también referirse a China), no que cooperen directamente juntos. No obstante, no dice que instigue a los pueblos del norte (que no está claro que sea Rusia). Los profetas como Joel y Zacarías señalan que en el Har-magedón Israel será atacado por todos los pueblos de a sus alrededores, y aunque empezará con fuerza y delantera, al final del conflicto se verá en peligro y será salvado por el Mesías. Mas, ¿qué ocurre con su gran aliado en América? EE.UU. e Israel son como el hermano mayor y menor que se cubren las espaldas y el uno siempre ha apoyado al otro. ¿No va EE.UU. con su poderoso ejército a apoyar a Israel? La Escritura bíblica hace ver que Israel deberá volver a confiar en Dios, no en sus aliados ni en su propia fuerza, y estar completamente solo ante sus enemigos, así que, ¿dónde estará EE.UU. que no les ayudará, o por qué no les ayudaría?

Volvamos con los jesuitas y el punto que quedó pendiente. Como dije, en el sepelio del Cardenal O'Connor (después del General Superior de la Orden Jesuita, era el segundo hombre más poderoso del mundo) estuvo el ex presidente de los EE.UU., George W. Bush, pero, ¿por qué? Según expertos en temas de historia, una de las familias más influyentes y determinantes en el mover de los EE.UU. en el último medio siglo son los Bush. Es más, no es una novedad la gran guerra que ha habido entre las familias Bush y Kennedy desde los años 60 (de hecho, George H. W. Bush fue director de la CIA poco después de que John F. Kennedy fuera asesinado por agentes de la CIA en Dallas (aunque culparon a Lee H. Oswald).

Asimismo hay que considerar que según filtración de actividades masónicas, el mismo George Bush senior - miembro de los Skull&Bones – se llamaba en código 'Magog'. La Biblia habla de un tal "Gog de Magog", que será un elemento clave en el final de los tiempos, un líder que moverá un gran ejército para destruir Israel. Aunque parezca descabellado, en mi opinión Gog puede ser una especie de conciencia que posee a diversos líderes a lo largo del tiempo, y según dijo un niño israelí en una visión que dijo haber tenido hace varios años, se le reveló que Gog era Barack H. Obama. No puedo negar la cantidad de coincidencias – aunque pudiesen parecer burdas o forzadas - entre los líderes de los EE.UU. y Gog, y entre Babel y ciudades estadounidenses como New York o Los Angeles. Pero al decir EE.UU. debemos recordar que no nos referimos simplemente al país, sino a la élite sobre dicho país, que controla a la propia ONU.

Otro dato sustancial es que la profecía bíblica indica que el final de los tiempos vendrá con conflictos mundiales en todas partes simultáneamente después de que los judíos regresasen a su tierra.

Sabemos ya más que bien que bastantes conflictos internacionales han tenido lugar tras la fundación de la ONU (que fue la misma que tras ser establecida firmó por mayoría la repartición de la tierra de Israel y el retorno de los judíos a la Eretz Israel en 1947-8), pero solo hasta la Crisis de Crimea (2014) y la Guerra de Siria, no habían empezado a intervenir muchos países en luchas puntuales, y mucho menos a apoyar activamente bandos opuestos del enfrentamiento en una especie de Nueva Guerra Fría. Sin embargo, estos conflictos explotaron con los intereses de la familia Bush en la otra Babilonia, la antigua: Irak. Es sabido que el hijo de George H. W. Bush – también ex presidente de los EE.UU. – es dueño de varias compañías petroleras, y según el ex agente de Inteligencia Naval de los EE.UU., Milton William Cooper, en los años 70 y 80 dirigió el contrabando de droga desde Suramérica (especialmente desde Colombia) a EE.UU. con barcos y aviones de la Marina de los EE.UU. Él fue escogido por el MJ-12 por sus vínculos con los Skull&Bones, la masonería, las redes familiares ocultas y su liderazgo de 'Arbusto Oil' (o también conocida como 'Arbusto Energy' (arbusto en inglés es 'Bush')), una compañía petrolera de Texas. Toda la cúpula de gobierno de Bush estaba vinculada a empresas petrolíferas.

La élite había puesto ya un agente de la CIA en Irak para tener un control de petróleo desde el Caspio, pero ese agente no pareció querer seguir cooperando con ellos y decidió llevar a Irak a su antigua gloria, y por tanto fue considerado un dictador. Sí, hablo de Sadam Hussein. Cuando Hussein traicionó los intereses de los EE.UU. fue dirigida contra él la primera campaña bélica del Complejo Militar-Industrial para recuperar el poder de los oleoductos de Medio Oriente. Esto comenzó en 1990 con operaciones como Tormenta del Desierto, pero no aseguró el legado de los Bush, de modo que el hijo de Bush padre debió terminar el trabajo de la familia y, según muchos investigadores y testimonios, ayudado por el Mossad y dirigido por la CIA, estuvo al corriente de los auto-atentados del 11 de septiembre para legitimar un nuevo ataque contra Hussein. Ya algunos habían hablado de la relación entre la muerte de John F. Kennedy y Bush padre, incluso por las palabras de su hermano Robert, quien en frente de una multitud le habría gritado: "¿por qué mataste a mi hermano?". Curiosamente meses antes de las elecciones presidenciales de los EE.UU. de finales de 2000, el favorito a la presidencia, John Kennedy junior (hijo de JFK) murió extrañamente en un accidente de vuelo, en los mismos días en que misteriosamente George H. Bush desapareció sin dejar rastro por tres días. Tras la muerte de Kennedy, el hijo de Bush volvió a aparecer. La competencia de Bush murió, y tuvo que dejar la prestigiosa revista que había creado, llamada 'George', y donde criticaba a los Bush.

Mucha gente sabe al día de hoy que los principales miembros del gabinete de Bush hijo (Condoleezza Rice, Dick Chenney, Donald Rumsfelt), que promovían la invasión a Irak, tenían empresas petroleras, pero no muchos saben que Osama Bin Laden era agente de la CIA para el adiestramiento militar afgano contra los rusos. La farsa de la guerra contra el terror empezó con el uso de la fe musulmana como detonante y de supuestas armas de destrucción masiva que jamás se encontraron. Aún con todo, Barack Obama no mandó a que se abandonase el lugar, sino que de un modo u otro hasta el mandato de Trump permanecieron fuerzas de combate allá. ¿Qué beneficio sacaba EE.UU. persiguiendo a Bin Laden en Afganistán? Mentener la producción de opio del país bajo control del ejército estadounidense. Lo más trascendental con esto es que la guerra contra el terror se volvió una guerra internacional sin precedentes que sigue viva, y que ha mantenido el control del petróleo de Irak (la antigua Babilonia).

Este ha sido el detonante de una serie de conflictos en la región y de la instigación de grupos armados de corte islámico extremista con distintos intereses generales pero con occidente e Israel como enemigo común. Gracias a esto muchas revoluciones y golpes de estado se han desatado por el mundo musulmán y se han perpetrado ataques terroristas aún en suelo europeo y estadounidense. Se podría decir que Babilonia ha despertado el monstruo de la guerra a nivel mundial, y ese monstruo se hace cada vez más grande y peligroso, y amenaza a todo el planeta, como profetizó el profeta bíblico Isaías en su libro, capítulo "9-11"... ¿9-11? Sí, como 11 de septiembre del fatídico 2001...

Describe el capítulo 11 de Isaías 9: "Los edificios cayeron, pero con piedras labradas reedificaremos; los sicómoros han sido cortados, pero con cedros los reemplazaremos. Por tanto Iaheveh levanta adversarios de Rezín contra ellos, e incita a sus enemigos, los arameos en el oriente y los filisteos en el occidente, que devoran a Israel a boca llena. Con todo eso no se aparta su ira, y aún está su mano extendida."

Por otra parte, en la literatura vedanta hallamos menciones también al interesante asunto de Gogmagog. Ahí refiere que [Dharma (Rectitud o Ley) le dijo a Kalki] "Ahora mismo, infieles como Saka, Kamboja, Sabara, etc. están bajo el control de Koli y ese poderoso Koli me ha derrotado aprovechando la influencia del tiempo. Los hombres piadosos están siendo torturados y enviados a las llamas. Por eso he venido para tu protección." (Kalki Purana, III, versículo 22) Así, Kalki, rodeado de sus aliados, partió hacia el lugar deseado para conquistar a los infieles como Khasha, Kamboja, Sabara, Bárbaros, etc.... Las personas que vivían allí cumplen las órdenes de las mujeres. Al enterarse de que Kalki había venido para la batalla, el enojado Koli, junto con sus aliados, hijos y nietos, llegaron montados en un carro desde la ciudad de Bishasan. Al ver a Koli, Kalki ordenó a sus seguidores que entablaran batalla con él. (Kalki Purana, III, versículos 32, 33, 35, 36) Algunos ven acá una analogía con Apocalipsis 19:19.

Lord Kalki, junto con sus soldados armados con varios tipos de armas, participaron en la guerra con Kok y Bikok. Estos dos hermanos son demonios supremos, grandes fanáticos y adeptos al arte de la guerra. Estos hermanos están íntimamente conectados, son poderosos, difíciles de derrotar e incluso son temidos por los dioses. (Kalki Purana, III, versículos 43 y 44) Los elementos sorpresa aquí son la descripción de la guerra con los hermanos llamados "Kok y Bikok", que están aliados con Koli. Obsérvese la similitud con Gog y Magog descritos en el libro bíblico de Apocalipsis y "Yajooj y Majooj" descritos en las profecías islámicas. Pronto entraron en la ciudad de Bishasan, la capital de Koli, y quemaron la ciudad con un misil de fuego. Junto con la ciudad, Koli también fue incendiado y sus hijos y parientes fueron destruidos. (Kalki Purana, III, versículos 9 y 10) El ejército de Kalki entró en la ciudad capital de Koli llamada Bishasan (¿Babilonia?) Y quemó toda la ciudad junto con el propio Koli y sus ciudadanos. Del mismo modo, los aliados de Kalki utilizaron varios tipos de armas y derrotaron a los países y sus reyes aliados con Koli. Compare esto con las Revelaciones.

# VI.

# OBAMA, LA LENGUA DE SERPIENTE

¿Planea Obama quedarse un tercer mandato? Rastreando testimonios, profecías, noticas y documentación clasificada, podemos toparnos con muchos puntos convincentes que dejan entrever que la economía de los EE.UU. está a punto de hundirse, y Barack Obama usaba ese pretexto – así como una instigación bélica hacia Putin y un movimiento terrorista islámico - para quedarse en el cargo, presentándose una escenario sin precedentes en lo que respecta a elecciones presidenciales y toma de gobierno, y el destino del mundo. Personas como Brian Carn, Hank Kunneman y James Bailey hablan de una mujer que estará en el poder de los EE.UU. y llevará a cabo los planes de Obama. Brian Carn dijo que se trataba concretamente de Hillary Clinton, y estos hombres que hablan supuestamente según profecía o visiones, asumen que habrá una especie de revocación electoral.

Otro hombre que profesa tener sueños proféticos, comentó en su blog: «Vi al presidente Obama permanentemente salir de los Estados Unidos después de nombrar a una mujer para llevar a cabo las etapas finales de un malvado plan para asesinar al pueblo estadounidense. Estaban planeando empezar a matarnos poco después de que esta mujer se hizo cargo, lo que me llevó a creer que habían conspirado con fuerzas militares extranjeras para invadir nuestra tierra, aunque no hizo parte del sueño.» (James Bailey, 2014) Un punto clave, como también menciona la capellán canadiense Tania Fiolleau en noviembre de 2016 – según sus visiones

– es que tropas que no son estadounidenses están a punto de tomar dicho país (la ONU para confiscación de armas, y las chinas para invadir). Un soldado noruego, miembro de las tropas de la ONU, compartía en un blog de preppers (survivalistas) que ellos (unidades de la ONU) tenían destinado entrar entre enero o febrero a los EE.UU. para ir casa por casa tomando las armas de los ciudadanos, y quien se opusiese sería disparado a matar.

Tanto Brian Carn como Joanie Stahl, entre otros, hablaron de eventos clave antes de un inminente "fin de año", relacionados con elecciones presidenciales. Carn dijo el 04 de diciembre de 2015 que esto tendría que ver con la desconfianza del pueblo americano respecto del valor de las votaciones, cosa que nos recuerda las noticias que se llevan ventilando desde mediados de noviembre de este año respecto de la elección de Donald Trump. No debes darle demasiado énfasis a los detalles, porque en efecto las profecías no son advertencias invariables diseñadas por el capricho de un dios o del destino, sino convergencias matemáticas resultado de variables en la continuidad espacio-tiempo en función de las decisiones de todos y cada uno de los individuos implicados en los procesos de cambio de un lugar, y responden, por encima de todo, al sistema de pensamiento de las conciencias colectivas. Eso quiere decir que en diversas ocasiones hay cosas que están previstas en ocurrir a razón de los movimientos que se vienen efectuando y según el comportamiento de la masa crítica de participantes, mas cuando uno o más implicados que generan mayor incidencia en estos procesos cambian de actitud, de manera de pensar y llevan a cabo decisiones en otra dirección, se altera la continuidad espacio-tiempo en ciertas variables.

Observemos el caso de la economía, asumiendo fechas entre finales de diciembre de 2015 y principios de 2017, antes en 2012/2013, antes en 2008, antes en 2001. No es que se equivocasen, o no del todo, sino que los peones implicados en las situaciones que llevarían a cambios sustanciales hicieron cosas que provocaron cambios significativos. El 11-S evitó el colapso financiero que se venía, pero al final ocurrió en 2008-2009. No es que tienen que ocurrir las cosas sí o sí, sino que mientras la masa colectiva de conciencia de la sociedad no modifique sus creencias, emociones e ideas, no habrá variables significativas que eliminen el destino que están marcando con sus procesos vibratorios. Eso es así porque la vibración crea y modifica la materia, empero, cambia los hechos, altera la realidad. Dicho de otra manera, en tanto la humanidad no cambie desde el ínterin de su mente y corazón, no hay razones por las cuales desaparezca la necesidad de un Harmagedón para depurar nuestro planeta.

Casi todos los que han hablado, profética o estadísticamente, respecto de eventos finales relacionados con estos meses actuales (y en general estos últimos años), siempre han incorporado el componente financiero, refiriéndose a un colapso económico, una caída inminente del mercado, una catástrofe financiera. George Soros es uno de los que ha afirmado que se va a devaluar el dólar para que haya una "equidad" financiera global (con un dólar, o moneda fuerte, no se podría), aunque no lo dijo en un sentido profético. Como se hizo saber por la web de noticias de SuperStation95, y otros medios posteriores, la policía de Nueva York había hallado a principios de mayo de 2016 al oficial del ICE (Agencia de Aduanas e Inmigración) muerto en el puerto de la ciudad. Dicho hombre había dejado notas de suicidio en su casa, afirmando que de forma inminente el presidente tomaría el poder del país con el pretexto de la caída del dólar, y usaría como excusa un supuesto 'ataque cibernético', presumiblemente al sistema bancario (y observemos cuantas acusaciones ha estado llevando a cabo Obama últimamente sobre Putin a propósito de temas de esta índole). Esto llevaría a entrar en acción la ley marcial y los protocolos de control nacional por parte del FEMA (Agencia Federal de Manejo de Emergencias) mientras el ejército se mueve al extranjero.

Brian Carn afirmó que «una caza de brujas se encuentra al final del reinado de Obama porque habrá un espectáculo sorprendente que hará impactar las almas de Estados Unidos y enviar los espíritus de los que abrazan la obra de la sabiduría Presidencial. Un temblor vendrá. Habrá una conclusión forzada que vendrá sobre la Casa Blanca.» Tras esto dijo que el escándalo de las votaciones sorprenderá a los estadounidenses, y se vería Hillary Clinton cantando victoria. Al final no pasó, y lo mismo con Trump, quien tenía que haber ganado por segunda vez la presidencia. Lógico, los medios de comunicación cumplen un papel preponderante a la hora de tener la capacidad crear una gran influencia en la gente y cambiar su forma de pensar, de modo que la conciencia en masa altere la continuidad espacio-tiempo.

Una profecía de los Oráculos Sibilinos, respecto de los últimos tiempos, sostiene que una mujer llevará el liderazgo mundial en el caos – si es que la profecía es correctamente interpretada -. Algunos creen que puede aplicarse esto incluso a Kamala Harris, la vicepresidente de los EE.UU., en caso de que Joe Biden se vea incapacitado para seguir dirigiendo el país. Joanie Stahl había comentado ya en enero de 2016 que Obama pasaría a tener un cargo aún más importante que el de presidente, al grado de dirigir posiblemente las propias Naciones Unidas, y Tania Fiolleau dijo que hasta ahora el presidente americano ha mostrado su cara carismática, pero – como describen muchas personas que han tenido sueños premonitorios – Obama «está a punto de mostrar su verdadera cara». Según Patricia Green, Jesús lo definió como una «serpiente de lengua ahorquillada», un demonio que está a punto de mostrar sus verdaderas intenciones. Es un escenario muy extraño el que estas personas plantean, con una anulación de las votaciones sobre Trump y la aprobación de la elección hacia Hillary, pero estando Obama el poder, a pesar de todos estos reveses. Obama ciertamente sigue viéndose de vez en cuando por aquí y por allá no dejando de ser un posible candidato a un lugar relevante en este imperio del Anticristo que está en alza.

Otro punto es que Stahl comentó que un alto cargo del servicio secreto de los EE.UU., que trabaja directamente con Obama, le habría afirmado que Trump sería elegido, no sería presidente, pero estaría en la Casa Blanca para encargarse de una deportación masiva antes de que se establezca la ley marcial. Dicho sea de paso, que otro componente que aparece una y otra vez en las profecías recientes es la imposición de la misma, el estado de excepción, inminente en los EE.UU., junto con el inicio de una guerra nuclear. Esa guerra nuclear será empezada por EE.UU. contra Rusia; China ayudará a Rusia e invadirá EE.UU.; Rusia atacará EE.UU. con armas biológicas... este escenario se ve gráficamente en la visión que el diseñador canadiense de animación Louis Lefebvre (que trabajó en la creación de 'Gollum' en El Señor de los Anillos) plasmó en su film 'I, Pet Goat II' hace unos años, donde se ve a Bush pasando a Obama, y con Obama los acontecimiento de la gran tribulación. Entre ellos, una vez vistos episodios como el terrorismo y la invasión a oriente por el petróleo, se aprecia a la estatua de la libertad demoliéndose (concretamente la mano con la antorcha, símbolo de la libertad), un niño en cuyos ojos se ve 'Markets Plunge' (colapso de los mercados), aviones americanos B-2 disparando a un centro islámico (muy similar a los de Turquía, como en Konya o Estabul) y una explosión atómica. Luego se ven tanques chinos cruzando unas costillas gigantes y fotogramas que asumen guerra en África...

Steve Jackson, que diseñaba cartas de roll, sacó una baraja en 1994 donde mostraba muchos eventos que revelan las ideas del mundo del secretismo y el gobierno en la sombra, y entre las más importantes (llamadas 'Nuevo Orden Mundial') destaca la de 'Tercera Guerra Mundial', con la imagen de una explosión atómica en una ciudad (de hecho, David Brennan es otro de muchos que avisan proféticamente de la guerra nuclear donde EE.UU. será también atacado). Otras cartas similares anuncian una 'Crisis Energética', la gran tribulación, el Blue Beam, el Arrebatamiento, la ley marcial, la inundación de las costas de EE.UU., la anulación de las leyes y la actividad del Complejo Militar-Industrial.

Todos estos puntos se van uniendo entre ellos y cobrando más sentido cuando se revisan las profecías sobre los juicios que vendrán sobre los EE.UU. – que también advierte el rabino Jonathan Kahn -, como los descritos por Sara Menet (1979) y muchas otras personas, a pesar de que Patricia Green (mayo 2015) los detalla bastante bien, aclarando que debían haber ocurrido ya durante el mandato de Barack Obama. Empero, esto se ha estado postergando, según algunos, como el arzobispo Viganó, debido a un espíritu de oposición que frena al Anticristo, "hasta que sea quitado". Es mi entender que esta fuerza que está frenando al Anticristo no es solo Donald Trump, como interpreta el arzobispo, sino todos nosotros, la resistencia, quienes nos oponemos al Nuevo Orden Mundial por todo el globo. Tanto en los códigos de la Biblia como en otros sueños y visiones de más personas aparece este elemento de dicho hombre (Obama) y su papel en los últimos días, como señala el niño israelí Nathan en septiembre de 2015, al decir que Obama dirigirá la Tercera Guerra Mundial, e incluso estará detrás de los ejércitos que posteriormente vendrán contra Israel. ¿Pudo haber evitado la conciencia colectiva inconsciente estadounidense las intenciones de Obama hace varios años?

En 1939, el vidente Edgar Cayce vio que el último presidente de los EE.UU. sería el n° 44 (Obama), y sería negro, cosa que se dice que también la vidente búlgara Baba Vanga hubo profetizado entre los años 70 y 90. Recordemos las psicografías de Benjamín Solari, como la de 1938, cuando expuso: «la estufa norteamericana será encendida por el nuevo negro» En 1971, otro siervo de Dios, Alan Martin, soñó con los mismos temas de ley marcial y desastre sobre los EE.UU., viendo cada una de las administraciones presidenciales. En ese momento no tenía datos de referencia para saber cuándo ocurriría lo que vio, hasta que en 1995 se le aclaró, y le mostraron el nombre del patrón, con el cual vio la última administración que habría sobre los EE.UU., que sería la 9ª después de J. F. K., es decir, refiriéndose al caso de Barry Soetoro (aka Barack Obama).

Si "ponemos la mira en las cosas de arriba" y desde allá miramos abajo, es claro que ocurren cosas que no entendemos, y que un día serán aclaradas. Comprenderemos si Obama no vio oportuno hacer lo que planeaba y/o las élites le recomendaron dejar que Hilary Clinton siguiera su estrategia, convencidos de que de ninguna manera era posible que fuera a ganar Donald Trump. Una vez visto que ganó Trump, y que fue un gran escollo a sus planes, aceleraron su agenda con el proyecto COVID y sabotearon la reelección para poner a un nuevo peón en su lugar: Biden. Es más, si consideramos que la Biblia había profetizado la caída de una gran ciudad o país, al que denomina 'gran ramera' y 'gran Babilonia', esto cobra aún más sentido. La mayoría de opiniones de investigadores y creyentes sobre la identidad de esta ciudad-país confirma que se trata de Nueva York, o en su contexto los EE.UU., y que su tiempo es ahora. Un ejemplo de tantos son los casos que explican Sherry Shriner, Gary H. Kah, David Wilkerson, Christian John Price, Joel Richardson, Carl Gallups, Paul McGuire, Jonathan Kahn, Tom Horn, entre otros muchos, para aclarar el "misterio de babilonia" y el Nuevo Orden Mundial, cuya cede es EE.UU.

Aunque pareciera que hay contradicciones en la manera en la que estos eventos comenzarían en enero o febrero de este año, lo que parece es que hay una combinación de situaciones. Por ejemplo, el pastor Ken Peters, el 1980 - antes de "convertirse a Cristo" - tuvo un extenso sueño muy detallado sobre los eventos de la gran tribulación y el gobierno global del Anticristo, y en él menciona que todo empezó de golpe tras un masivo terremoto, tras lo cual las leyes inmediatamente cambiaron y las ciudades se militarizaron. Él define

Hummers y soldados de la ONU en un contexto que en ese entonces él no podía haber conocido aún, pero coincide con los datos sobre emergencia nacional que facilitarían la toma del poder administrativo para el estado de excepción en los EE.UU.

Unos hablan de atentados terroristas (como especialmente refiere Glenda Jackson, quien afirmó en TV, que en una visión vio que Obama trabajaba con la Hermandad Musulmana para traer el caos y retener el poder en la Casa Blanca), tiroteos en escuelas, un ataque de pulso electromagnético, un desastre medioambiental (terremoto, radiación solar o explosión volcánica), guerra civil (como incluso viene documentándose desde 2014 por parte del Pentágono o políticos como Ben Carson (precandidato presidencial republicano en 2016) o Ron Paul (ex congresista y también ex candidato presidencial, que está asimismo convenido plenamente de la inminente caída del dólar) la caída de los mercados, una guerra mundial... con todo, lo uno no parece contradecir lo otro, sino que, precisamente, estos eventos irán combinados o casi simultáneos como inicio de la gran tribulación que precede al Anticristo.

Un ejemplo es cuando el 13 de octubre de 2016 Barack Obama firmó una Orden Ejecutiva respecto de una supuesta radiación solar, argumento ilógico, dado que ni los partes científicos que estudian el comportamiento solar pueden prever esto, y menos con la presión que él definió: "tienen 120 días para preparar los sistemas eléctricos..." ¿Por qué 120 días? ¿Esperaban una maniobra con EMP (ataque de Pulso Electromagnético)? Un teniente coronel de los EE.UU., que trabajó en proyectos secretos, dio a conocer a Alexander Backman muchos datos apropósito de este asunto. Hablaron en una entrevista sobre el uso de armas electromagnéticas y los planes de Rusia y China de usar las mismas contra los EE.UU. Comentaban que por alguna razón consideraban que finales de 2016 era un momento decisivo para llevar a cabo estos proyectos de ataque y de invasión a los EE.UU., por lo que estaríamos dentro del rango de tiempo que apunta a ello. Esto se confirmó en gran medida al gobierno de los EE.UU. por parte del ex-Coronel ruso Stanislav Lunev, cuando desertó de Rusia en 1992 y migró a los EE.UU. Algo similar dijo Dick Cheney y asimismo Tom Ridge, ex asesor del presidente del Homeland Security, quien dice que se vio obligado a dejar su cargo por no poder seguir manejando dicha información tan grave. El asunto de un ataque con EMP ha sido citado varias veces, incluso con mensajes muy directos, como en la nueva serie de X-Files, y es uan jugada maestra muy astuta si pretenden culpar a los soviéticos o hackers musulmanes de reiniciar apagar la red de los mercados financieros.

También de blogs de preppers encuentra uno testimonios de veteranos de guerra y hasta ciudadanos estadounidenses, que hablan de la movilización exagerada de tropas extranjeras dentro de los EE.UU. y asimismo de armamento pesado. También se habla de millones de municiones de combate compradas por la policía, de militarización de puestos de policía, de maniobras de soldados de la ONU dentro de territorio estadounidense y ejercicios militares para operatividad dentro de ciudades. Entre esos testimonios, un texano comentaba que un chino con quien tuvo un altercado, le gritaba diciéndole que su gobierno (China) iba a invadir en breve su país. Muchas de estas noticias y opiniones de militares que han mantenido su nombre en el anonimato, refieren que es cierto, y que la invasión será en 2017 desde la costa oeste, entrando por California y Texas, y que EE.UU. será abandonado a su suerte. Un ejemplo de esto fue la visión de Sarah Hoffman, hablando de dicha invasión y de cómo las tropas estadunidenses no estaban en el país para defender a sus ciudadanos – cosa que también afirmó el agente del ICE que se suicidó – sino en el extranjero, de modo que los civiles que sobrevivirán a la tribulación se defenderán de los chinos con sus propias armas.

Los problemas en Taiwán, Filipinas, Siria, Turquía y Europa del este van a peor. Una guerra de la OTAN, liderada por fuerzas estadounidenses está a punto de estallar contra Rusia al este de Europa. La operación 'Atlantic Resolve' ha implicado al menos a 3.500 operativos del ejército de los EE.UU. incluye 1.600 tanques de guerra, y no solo tropas americanas, sino francesas, alemanas y británicas. La gran movilización militar a reactivado bases de operaciones y establecido nuevos puntos de campamentos en Polonia, Rumania, Lituania, Letonio y Eslovenia, sin contar con las miles de tropas americanas que constantemente se desplazan y reemplazan en Siria e Irak. Un ejemplo de esta increíble movilización son las fuerzas armadas llegadas de EE.UU. por Reino Unido y que se están instalando en la base de Bremerhaven (Alemania) aún durante este mes de enero.

¿Barack Obama planea un atentado de falsa bandera para activar los protocolos que pasan el poder estatal, local y federal al FEMA? Lo cierto es que a nivel ejecutivo, de haber un desastre natural, una caída financiera o una guerra, el presidente electo solo necesitaría que una firma suya fuese acompañada de la del Fiscal General para poder imponer legalmente la ley marcial y suprimir la opinión y poder del Congreso hasta por 5 años. Todo lo que desde Ronald Reagan se ha ido moviendo con órdenes ejecutivas es claramente el asentamiento de las bases para una movilización del poder federal a manos del poder militar una vez ocurrido eso, ¿qué determinaría el final de dicho evento para volver a establecer el poder federal de la nación? Si como algunos sospechan esa es la "herida de muerte" de la cual sobrevive la bestia, empero, el gobierno sería restaurado, pero ya para ese entonces sometido a los parámetros del nuevo gobierno global, el reino del Anticristo.

Relató el pastor T. D. Hale, el 28 de diciembre de 2011, respecto de los EE.UU., viendo en un sueño: «...de repente, empecé a ver bombas que habían caído en todas partes. El país fue totalmente destruido.

Parecía que las cosas estaban totalmente simplemente borradas, hierba, árboles, todo. Todo había desaparecido, quemado. No quedaba nada. No había nada en los árboles. No era simplemente un desastre total. [...] No había comida. No había agua. Podía ver los bebés llorando, adultos, hombres todos llorando, sosteniéndose en sus familias. Ellos estaban pidiendo a Dios misericordia. Mientras me movía a lo largo vi gente corriendo, en busca de sus seres queridos que habían desaparecido por completo y llamando por todos lados, [...] La locura se había apoderado. Podía ver a la gente arrojándose a sí mismos fuera de los puentes, para suicidarse. [...] vi la histeria colectiva, disturbios y todo tipo de cosas que reventaron a cabo en las calles de la ciudad [...] no los vi agarrar cosas como televisores y aparatos electrónicos. Ellos estaban agarrando la comida. [...] Ellos estaban agarrando agua.

Ellos estaban agarrando todo lo que pudieron conseguir en sus manos para sostener sus vidas. Se trataba de la supervivencia. Me di cuenta de que esto era diferente de los disturbios que se habían visto en el pasado. [...] los vi empujar unos estantes y dejando a un lado la electrónica... Trataban en gravedad de conseguir la comida, el pan, las cajas de agua. [...] Los manifestantes estaban luchando entre sí. Vi a un hombre sacar una pistola de su bolsillo y disparar a otro hombre bien de la cabeza. [...] Me encontré de pie en el lado posterior de la Casa Blanca. [...] Vi al presidente de Estados Unidos, el presidente Obama, de pie en el balcón y vi en sus manos una escopeta. [... oí un grito] Cuando volví la cabeza para ver de dónde venía el grito, lo que vi volando alto en el aire era una majestuosa águila volando en el aire alrededor de Washington D. C. [...] Vi de pronto al presidente de Estados Unidos apuntar con la escopeta y disparó y mató al águila y ella cayó al suelo. Cuando lo hizo miré de nuevo hacia él y él sólo tenía una sonrisa en su rostro. Y [...] las palabras que oí en el sueño, "lo he hecho y no voy a tener que lidiar con esto en mi administración". Luego hubo un silencio de muerte. Entonces oí una voz que decía, "Dile a la gente que lo hecho esta es mi voluntad, que esto viene de mi mano, esta es la mano del Todopoderoso, tanto en la generación de los justos y de los malditos. Los justos encontrarán su camino y quieren saber qué hacer. El maldito vagará alrededor sin brújula debido a que la taza está llena".»

Lo que está claro es que si todas estas previsiones, profecías y datos – que además que complementan con más información muy larga de aportar ahora – descartan a Donald Trump del escenario (salvo para deportar a un gran número de inmigrantes), insinúan que Hillary podría considerarse vencedora tras una revisión de las elecciones presidenciales y tajantemente ponen a Obama aún en el poder, en contra de todo pronóstico, tenemos entonces que la suma de información hace parecer que este keniano musulmán, Barry Sotoro (su verdadero nombre) que aún está en la Casa Blanca, aprovechará un evento que secretamente él mismo ha motivado, para traer el caos a los EE.UU. y activar las Órdenes Ejecutivas y protocolos HR que han sido firmados desde mediados de los años 50. De esta forma será como un dictador, y no solo venderá a EE.UU. a su surte ante sus enemigos y el cataclismo interno del país, sino que usará a las propias extranjeras para lidiar con una guerra contra Rusia desde Europa. Eso quiere decir que Obama comenzaría el Apocalipsis, y esto quedará claro en pocos días.

## Miles de Tropas de la ONU esperan una Orden

«Operadores de la base se negaron a confirmar, negar o discutir estos avistamientos. Últimamente, los rumores e informes sobre la presencia de tropas extranjeras en los EE.UU. trabajando con nuestras fuerzas armadas han estado golpeando la conciencia pública. Originalmente fuentes gubernamentales negaron estos informes, pero ahora los informes oficiales están confirmando lo que los testigos oculares habían estado informando. La propia Rusia confirma que la administración Obama ha solicitado 15.000 soldados rusos para entrenar con FEMA en caso de un escenario

'SHTF', particularmente en el área de Washington D. C., Maryland y Virginia.» Se preguntarán que es 'SHTF'. En el vocabulario preppers (de los survivalistas o preparados para el fin del mundo) es un equivalente al 'Doomsday' (día del juicio final) o el 'Kill Shot' (golpe decisivo), refiriéndose a algún tipo de evento catastrófico (desastre natural, ataque terrorista, colapso financiero, guerra nuclear) que desencadenaría el Apocalipsis.

Este tipo de reportes afirman: «Parece ser que las tropas extranjeras están trabajando con las tropas de EE.UU., en la práctica de la guerra urbana, disturbios civiles y escenarios de disturbios civiles. En Colorado, los rumores de que las tropas rusas practican para hacer frente a ataques terroristas y escenarios de la ley marcial se han probado correctos por nuestras propias fuerzas armadas. La Base Aérea 'Peterson', en Colorado, es otra base que se utiliza. Situado en Alemania está el centro Marshall [...] En este momento, el 'Departamento de Defensa' está llevando a cabo las clases en lucha contra el terrorismo. Por supuesto, la definición de 'terrorismo' pertenece a los defensores del 'nuevo orden mundial'. De acuerdo con la definición utilizada por el Nuevo Orden Mundial, un terrorista es aquel que se opone a una toma de posesión de su nación. Eso haría que todas las resistencias del NOM y/o cualquier persona que no está de acuerdo con el nuevo orden mundial son vistos como terroristas potenciales.»

«El problema de tropas extranjeras que están capacitados para intervenir en suelo estadounidense en escenarios 'SHTF', que podrían ocurrir aquí, es que no tienen ninguna lealtad a nuestra Constitución, no tienen lealtad a los derechos inherentes que siempre han sido nuestros como ciudadanos americanos, y no tienen base para restricción en cualquier acción que puedan percibir como sea necesario, sin tener en cuenta nuestras leyes. No tienen derecho constitucional a intervenir en los acontecimientos internos de nuestro país. La OTAN y la ONU tienen el mismo objetivo, la misión y función: subvertir la soberanía de los EE.UU. y el resto del mundo, para que todos se conviertan en un estado del mundo fascista. Nuestros funcionarios de gobierno han demostrado una y otra vez aquí últimamente que no son de fiar. El Congreso no es más que un sello de goma que el gobierno quiere, no es el órgano de representación de la ciudadanía como debe ser.» Un ejemplo claro de estas maniobras de toma de control de los EE.UU. llamadas 'Jade Helm 15', que «se basaron en el ejercicio de entrenamiento militar epónimo de los Estados Unidos que tuvo lugar en varios estados de Estados Unidos en el verano de 2015 [...] Aproximadamente 1.200 soldados fueron contratados durante el ejercicio.» (https://en.wikipedia.org/wiki/ Jade_Helm_15_conspiracy_theories)

# VII.

# DE LA DEPORTACIÓN A LA LEY MARCIAL

El Congreso de los EE.UU., en su resolución 110º, estableció un 'Consejo de Gobernadores' para casos de emergencia nacional y asesoría a los generales federales. Consiste en la Ley de Autorización de Defensa Nacional de 2008 que firmó George W. Bush el 28 de enero de aquel año, y que oficialmente estableció Barack Obama por medio de la Orden Ejecutiva 13528, emitida el 11 de enero de 2010. Estos gobernadores y sus generales controlan – y con mayor poder controlarían - todo EE.UU., pero no en la forma de 50 estados, sino en 10 regiones. Estas extensiones son denominadas 'FEMA Regions' (Regiones FEMA). El poder militar de los EE.UU., sea individual o en participación de la OTAN y/o los cascos azules (ejército de la ONU) es un peligro latente.

Las regiones FEMA están numeradas según sus "mega-ciudades" que se estiman como marcos de referencia. Las 10 regiones FEMA y sus ciudades base son: Boston (I), Nueva York (II), Filadelfia (III), Atlanta (IV), Chicago (V), Denton (VI), Kansas City (VII), Denver (VIII), Oakland (IX) y Seattle (X). Antes de la elección de Donald Trump el organismo estaba establecido con los miembros que ya estaban desde 2010, aproximadamente. El concejo de gobernadores tiene a dos co-presidentes (hasta ese momento el demócrata Dannel Malloy, de Connecticut, y el republicano Terry Branstad, de Iowa)) y el conjunto asesora a las secretarías principales del aparato federal: el Secretario de Defensa, el Secretario de Seguridad Nacional y el

Consejo de Seguridad Nacional de la Casa Blanca sobre asuntos relacionados con la Guardia Nacional.

Quienes hicieron seguimiento de la campaña electoral entre Joe Biden y Donald Trump, fuera de las fuentes manipuladas, supo que a Biden se le ayudó de parte de varias instituciones, poderes y líderes mundiales para que ganara, aun cuando Trump había arrasado con los votos, y aún sigue teniendo una mayoría de partidarios, tanto fuera como dentro de los EE.UU. Los últimos presidentes de los EE.UU. han estado en el ojo del huracán al ser las piedras elegidas para empujar la caída de dicho país. Cuando Obama decidió que no usaría la fuerza para posicionarse en un tercer mandato, se suponía que Trump haría su parte. Cuando quedó claro que las intenciones de Trump eran opuestas al Illuminati, eligieron a Biden para la disolución de E.U.A.

La falta de apoyo de los estadounidenses a Biden es única en la historia de dicho país en lo que respecta a la popularidad de un presidente. Si bien, a nivel constitucional Biden no es realmente presidente, pero eso es otro tema a discutir que no será el caso en este libro. Biden ha jugado su papel como pieza desestabilizadora de los estados federados de la unión. A mediados de septiembre de 2021 anunció medidas que debía tomar el Ministerio de Trabajo para obligar a la población estadounidense a no trabajar si no tenían la vacunación. Ante su descaro respondieron 21 estados de la unión en oposición. La agenda de vacunación no solo tiene los componentes de los cuales hablo largo, tendido y detallado en mi obra 'C-O-V-I-D, La Mayor Conspiración de la Historia', sino la presión social discriminativa que no deja más chance a millones de personas en todo el globo a tener que dimitir de sus empleos. No solo estos líderes mundiales están sobornados para hacer tan ultraje a sus propios compatriotas, sino que en términos sistémicos de la economía y el trabajo son prioritarios.

Como explico en mi reciente obra, entramos a la Cuarta Revolución Industrial, la era de la robótica, la inteligencia artificial, las super computadoras y los drones, de modo que hay millones de personas que no se halla dónde ubicarlos, toda vez que no es posible seguirles dando un salario ni es posible que sigan pretendiendo que su empleo sea funcional. En estricto rigor, no es viable más del 70% de los trabajos que aún existen en pleno siglo XXI. No querrán decirle esta verdad a la población, de modo que hacen que ellos mismos renuncien. Solo considerando que se ha impreso más dinero en los dos años en curso de la plan-demia que desde que se pasó del patrón oro al petrodólar, la burbuja inflacionaria está a toda celeridad creciendo y a punto de explotar en cualquier momento. A más ayudas ofrecen a las personas, más grande es la bola de nieve, porque el PIB no aumente, por el contrario, disminuye y todo se está encareciendo. Si la producción no aumenta, ¿de dónde sale el dinero que le están dando a la sociedad?

Reportes de medios de información alternativos de los EE.UU. han estado los últimos años reportando movimientos masivos de tropas de la ONU dentro de los EE.UU. a veces estas maniobras no son muy habituales, pero en ciertos periodos de movimientos sospechosos a nivel internacional, esto ese observa con mayor asiduidad (http://govtslaves.info/un-troops-landing-at-us-air-force-bases/, http://www.thecommonsenseshow.com/2016/06/28/why-are-un-troops-on-american-soil/, http://www.thecommonsenseshow.com/2016/08/22/can-us-citizens-defeat-un-troops-on-america-soil/, http://viralliberty.com/breaking-first-texas-now-virginia-un-troops-mobilizing-across-america-happening/, http://allnewspipeline.com/Preparation_For_The_Event_Accelerates.php, http://allnewspipeline.com/UN_Troops_Across_America_Why.php).

Un ejemplo, de la web 'Bk Hyland', afirma: «Ha habido varios avistamientos de aviones civiles extraños que aterrizan en bases de la Fuerza Aérea Norteamericana, todos ellos llevando tropas de la ONU y/o que tienen distintivos de la ONU (o ningún distintivo). Mi marido, un veterano de Vietnam, ha ido ida y vuelta al 'Hospital Médico VA-Overton Brooks' tres veces a la semana durante este mes. 'Barksdale Air Force Base', una de las bases más seguras del 'SAC' (Comando Aéreo Estratégico) en la nación, ha observado inusuales vuelos de 'C-130' o 'C-136' volar en la base aérea 'Barksdale' y sobre el terreno a todas horas. [...] La interestatal pasa por parte delantera de la base y es claramente visible sin restricciones. Barksdale es donde el presidente 'George W. Bush' aterrizó el 9-11, y se trata de una instalación bien protegida. Estos vuelos han sido reportados por otros ciudadanos y varios de los militares que trabajan dentro de la base han informado de que se proveen tropas de la ONU a EE.UU., teniendo etiquetas en la ropa y nombres militares. Cuando nuestros soldados cuestionan esto, se les dice a los soldados que no vieron lo que acabaron de ver.»

**<u>Herida de muerte</u>**

Si la 'babel romana' - que se disfrazó de 'babel norteamericana' (en cuanto a focalización de la hegemonía) - es sustituida por la 'babel global', en esta "guerra interna" podría ser donde la propia estructura general sale herida: «Y una de sus cabezas como herida de muerte, y su plaga de muerte sanada. Y se maravilló toda la tierra en pos de la bestia...» (Apoc. 13:3) El símbolo del ave fénix de la masonería oculta este misterio. Nadie antes o después explica en qué consistió esa "plaga" (en griego 'Pligí') que prácticamente hizo morir a esa "cabeza" - o sí lo hizo, pero dicho de otra manera. La Bestia se ha asentado sobre 7 montes (gobiernos) y sobre 7 reinos, pero se supone que para este entonces ya el 6º habrá caído y le sustituirá el 7º. A menos que aquel que "es", que representaría a Roma-EE.UU., caiga, y sea restaurado. Entonces el gobierno que "resurge de las cenizas" es la versión perfeccionada de la anterior y con todo el modelo actualizado. Por ende sigue siendo una misma bestia, solo que con cambios internos y cambios en apariencia.

El ajedrecista sacrifica a la reina - si es necesario - para ganar el juego. Ese reino se sacrifica para conseguir un objetivo mayor, y así desligarse del Vaticano y todo resquicio de cristianismo que aún pueda existir. Ese es el fénix de la nueva economía, es el fénix del nuevo EE.UU. (entonces sería la cabeza nº 1 de las 10 globales, que ya no sería EE.UU. como tal, sino una 'sección' que abarcaría lo que todavía hoy son Canadá, EE.UU. y México). El texto no dice que sea 'uno de los cuernos', sino 'una de sus cabezas', pero, si ya 5 pasaron, una es y otra debe venir, ¿cómo reconocería el mundo a esa 'cabeza' si fuese una ya 'pasada', a menos de que fuese 'contemporánea'?

¿Cuándo cae entonces la 'gran ciudad'? Lo hace progresivamente, estimo que a lo largo de tan solo un par de años (ni por asomo en cosa de décadas): «El séptimo ángel derramó su copa por el aire; y salió una gran voz del templo del cielo, del trono, diciendo: Hecho está. Entonces hubo relámpagos y voces y truenos, y un gran temblor de tierra, un terremoto tan grande, cual no lo hubo jamás desde que los hombres han estado sobre la tierra. Y la gran ciudad fue dividida en tres partes, y las ciudades de las naciones cayeron; y la gran Babilonia vino en memoria delante de Dios, para darle el cáliz del vino del ardor de su ira.» (Apoc. 16:17-19) Este final se describe con ese gran terremoto y el granizo del cielo, que son el final del juicio sobre este poder oculto que «ha corrompido a la tierra con su fornicación», y es culpable además de la muerte de los 'siervos' de Dios (Apoc. 19:1-2)

## El fin de la Democracia

Las leyes en ese país están cada vez más reforzadas para conseguir que el aparato policial tenga poder absoluto en las calles, tal como desde 2020 ha ocurrido en casi el resto de naciones del mundo. Por consiguiente, para tumbar la economía y entonces evitar el levantamiento civil, han quitado armas y balas de las Armerías de la Guardia Nacional, militarizado los puestos de policía, cambiado el tipo de armas de la policía por fusiles militares, han comprado 4 millones de balas de punto hueco (para armas de asalto) y otros 2,8 millones estaban ya en camino para el año 2013 (http://www.forbes.com/sites/ralphbenko/2013/03/11/1-6-billion-rounds-of-ammo-for-homeland-security-its-time-for-a-national-conversation/#4c098bee5e01[1]), han blindado y reforzado la protección y equipamiento de vehículos policiales, han dado mayores poderes a la fuerza policial (http://www.usatoday.com/story/news/world/2017/01/25/trump-plans-ramp-up-deportations/97052306/ o http://www.washingtontimes.com/news/2016/nov/22/pentagon-personal-guns-firearms-allowed-on-base/) para hacer de "jueces y verdugos", han habilitado centros de retención que fueron creados en el programa FEMA REX-84 y otras instalaciones por todo el territorio de EE.UU., he incluso en Alaska (donde está uno de los peores campos de concentración que tiene el país) y Canadá.

El cuento de la inmigración consiste en reducir la capacidad de defensa del pueblo, deshaciéndose de los componentes beligerantes que puedan representar una mayor ofensiva civil. El gobierno sabe que los hispanos y negros son las sociedades más pobres y que más trafican con armas y drogas, y controlan barrios enteros de gran cantidad de ciudades, especialmente en las metrópolis. Estas bandas serían una oposición grande al toque de queda y al estado de excepción, por ello estrategias como el miedo a los virus han ayudado a menguar este peligro de sublevación civil. Por eso deportan a los hispanos y encarcelan a los negros. Una vez se reduzca esta amenaza, según información filtrada de altos cargos, hay más de 10.000 tropas

---

1. http://www.forbes.com/sites/ralphbenko/2013/03/11/1-6-billion-rounds-of-ammo-for-homeland-security-its-time-for-a-national-conversation/#a5c02393e59c943d6a75a9241140faca34c098bee5e01

de la ONU haciendo maniobras dentro de los EE.UU. desde hace mucho, para entrar casa por casa y quitarle las armas a los ciudadanos (https://dailyreckoning.com/when-they-come-for-your-guns-you-will-turn-them-over/). La NSA y la CIA han facilitado a los oficiales de estos grupos las bases de datos de todos los norteamericanos que tienen antecedentes de oposición al sistema, retención de armas, intereses survivalistas, activismo, radicalismo, etc., de modo que serán los primeros en ser detenidos una vez finalice la deportación masiva. Estas personas serán tratadas como "altamente peligrosos", aún si no tienen antecedentes penales.

Legalmente ahora aún sería premeditado enjuiciar a toda la nación si hubiese un levantamiento popular, y no se podría controlar. Empero, lo que hace Trump es crear hostilidades e instigaciones contra todos los grupos que no sean pasivos. Eso quiere decir que la NSA, el FBI (que fue quien realmente creó el Facebook para registrar bases de datos: https://www.theguardian.com/world/2010/mar/16/fbi-facebook-crime-study, http://venturebeat.com/2014/05/15/how-the-nsa-fbi-made-facebook-the-perfect-mass-surveillance-tool/, http://venturebeat.com/2014/05/15/how-the-nsa-fbi-made-facebook-the-perfect-mass-surveillance-tool/, https://socioecohistory.wordpress.com/2016/09/29/how-the-nsa-fbi-made-facebook-the-perfect-mass-surveillance-tool/) y la CIA ya conocen a los grupos de personas - que se opondrán a lo que ocurre a lo largo - a lo largo y ancho de EE.UU., y solo quieren añadir a los que aún no se han decidido. Por muchos años EE.UU. ha estado tranquilo y con pocas protestas y en minorías, pero con grandes manifestaciones (que se comentan y organizan digitalmente, por gmail, facebook, twitter, whats app, blogs, webs, etc.) ya se enteran de quiénes son la opción al gobierno y rechazan la legitimidad del estado gubernamental y sus decisiones. Esta gente es listada como "terrorista", aunque realmente no lo sea, y será procesada como si fuera terrorista.

Entre más alboroto provoque Trump, más gente se rebelará y más razones darán al reforzamiento del Estado Policial para contener las marchas y protestas (https://en.wikipedia.org/wiki/ Federal_law_enforcement_in_the_United_States), y aprobar leyes en el Congreso para prohibir las manifestaciones y reuniones masivas de personas (así socavarían el inicio de cualquier revolución). Y no hace falta que Trump diga nada. Ya el pueblo estadounidense a lo largo de 2021 ha dejado claro que no está de acuerdo con las medidas que se están tomando en la llamada pandemia. Algunas de estas declaraciones han animado incluso al uso de la fuerza y las armas si llega a ser necesario, y las cosas no cambian. Si bien, para llevar a cabo semejante acción son necesarias demasiadas piezas ubicadas en su respectivo lugar y un plan estratégico astutamente elaborado, pero tócale a pueblo sus libertades y crearán un polvorín. Más aún, tócales sus finanzas, y habrás despertado un león rugiente.

El pueblo cree que elige a sus líderes, pero esos líderes fueron elegidos por la élite 6 meses, 2 años o a veces hasta mucho más antes siquiera de empezar las candidaturas presidenciales, especialmente en países como EE.UU. El apóstol Pablo advirtió sobre los "dolores de parto" (forma en que Jesús describe el preludio a su venida, y que también es la forma en que los ortodoxos judíos denominan a los eventos previos a la aparición del Mesías) que representan la 'Gran Tribulación' con la que comienza el Apocalipsis que tendría varias claves (estas se complementan con otras profecías, y son: el regreso de los judíos a la tierra de Israel, el aumento elevado de la tecnología, la ciencia y el conocimiento general, la apostasía y una falsa paz y seguridad breve): «Porque vosotros sabéis perfectamente que el día del Señor vendrá así como ladrón en la noche; que cuando digan: Paz y seguridad, entonces vendrá sobre ellos destrucción repentina, como los dolores a la mujer encinta, y no escaparán.» (1ª Tes. 5:2-3, RVA 60).

# VIII:

# ¿A QUÉ JUEGA DONALD TRUMP?

Trump claramente jugaba una cara pública y otra para atacar al Deep State. Solo hay que observar cómo este hombre golpea contra todos los grupos sociales, sea médicos (https://intereconomia.com/tendencias/salud/trump-ordena-al-fbi-que-intervenga-al-cdc-por-el-encubrimiento-de-vacunas-contra-el-autismo-20170130-0933/), ecologistas (http://internacional.elpais.com/internacional/2017/01/25/actualidad/1485372859_073422.html), musulmanes (http://www.abc.es/internacional/abci-democratas-reclaman-trump-revoque-orden-migratoria-201701310225_noticia.html) – que solo justificaría acciones violentas en respuesta - , los anti-sionistas – como la ONU – (http://www.eluniversal.com.mx/articulo/mundo/2017/01/28/netanyhau-respalda-muro-de-trump-es-una-gran-idea-afirmam o http://internacional.elpais.com/internacional/2017/01/25/actualidad/1485372859_073422.html o https://actualidad.rt.com/actualidad/229285-eeuu-propuesta-ley-onu), vecinos (https://actualidad.rt.com/actualidad/229626-trump-decreto-reconstruir-fuerzas-armadas-eeuu o http://www.elmundo.es/internacional/2017/01/25/58884bd122601d473d8b45bf.html), independentistas (https://actualidad.rt.com/actualidad/229632-eeuu-california-indepencia-separarse-votacion o http://www.merca20.com/california-le-advierte-a-trump-defendera-a-los-mexicanos/), habla hispanos (http://www.bolsamania.com/noticias/internacional/donald-trump-cierra-la-version-en-espanol-de-la-web-de-la-casa-blanca—2470684.html[1])

Ahora bien, ¿qué papel juega este magnate en toda esta historia? ¿El objetivo de Trump consistía en caldear a la población, instigarlos y presionarlos para que se revelen, para que protesten, para que se alcen en contra? ¿Al hacer esto, el presidente, el Senado, la policía, toman medidas de reforzamiento para "proteger" al estado federal y los recursos y estructura de la nación? (https://actualidad.rt.com/actualidad/229298-republicanos-ocho-estados-eeuu-consideran-aumentar-castigos-protestas). ¿Mantienen la "paz" aumentando el estado policial y las leyes de control ciudadano? ¿Así, junto con aparentes relaciones pacíficas con Rusia que aminoran el riesgo de guerra entre estas dos superpotencias, la mano dura para eliminar definitivamente la amenaza del terrorismo? (http://www.lavanguardia.com/politica/20170120/413536517405/trump-promete-erradicar-el-terrorismo-islamico-de-la-faz-de-la-tierra.html), ¿y el aparente abandono de Israel respecto de la ONU que se vio antes de que Obama dejase la Casa Blanca? (http://www.enlacejudio.com/2017/01/23/la-onu-declara-la-guerra-a-la-civilizacion-judeocristiana/ o http://www.eldiario.es/sociedad/Abas-Trump-embajada-EEUU-Jerusalen_0_601590051.html)... las cosas se presentan como un escenario de supuesta seguridad.

Pero, deportar a los inmigrantes y hacer toda esa propaganda fascista no era lo que parecía: Trump quería frenar la ola de tráfico de niños desde México a los EE.UU. para las redes de pedofilia de la élite. Aparte de eso expulsan del país y encarcelan a todos los individuos altamente peligrosos para el sistema, ya que saben que habrá una revolución cada vez peor que llevará a una guerra civil, y eso había sido avisado por el propio Pentágono a mediados de 2014 (https://www.theguardian.com/environment/earth-insight/2014/jun/12/pentagon-mass-civil-breakdown). Cuando la élite supo las

---

1. http://www.bolsamania.com/noticias/internacional/donald-trump-cierra-la-version-en-espanol-de-la-web-de-la-casa-blanca--2470684.html

verdaderas intenciones de Trump comenzaron a cerrarle las puertas, atacarlo, desprestigiarlo y poner a la prensa en su contra.

El programa de control de prisiones e inmigración en realidad ya había sido establecido oficialmente por Ronald Reagan en 1984, fue reactivado por Donald Trump (se llama '1033 Program' (https://en.wikipedia.org/wiki/1033_program), parte del aparato 'FEMA REX-84' que establece 800 campos de prisioneros en los EE.UU., incluido Alaska y centros en México, Canadá y otros centros más en otras partes del mundo donde el Complejo Militar-Industrial estadounidense tiene bases (http://www.hispantv.com/noticias/ee-uu-/331346/trump-carceles-prisiones-secretas-cia-torturas), y que comenzó a ser legislada por FDR en la Orden Ejecutiva 9066 del 19 de febrero de 1942 (los primeros campos eran para japoneses, y existieron antes de los campos de los nazis: https://es.wikipedia.org/wiki/Campos_de_concentración_para_japoneses_en_los_Estados_Unidos)). Los hispanos y negros son mayoría en EE.UU., y tristemente la élite ha conseguido mantener estas familias en un estado general de pobreza, bajos recursos y educación, de modo que la mayoría de las bandas organizadas, contrabandistas y delincuentes sean de estas comunidades. Es más que racismo. Cuando empiece la nueva guerra civil americana, los barrios controlados por los traficantes de armas y drogas serán los principales puntos en las ciudades en donde se desatarán los tiroteos (de hecho, muchos de los tiroteos escolares, para muchos expertos, son obra del propio gobierno para alimentar el miedo y la inseguridad). Esto es parte de la reducción de la capacidad de fuerza de la retaliación civil. La fuerza policial está aumentando en EE.UU. La libertad del uso de la fuerza está aumentando para el aparato policial.

Las regulaciones que estipulan un límite entendible para el significado que engloba "terrorismo" se ha ampliado y se está ampliando, incluyendo a activistas, veteranos de guerra, teóricos de la conspiración, musulmanes, negros, hispanos, cristianos, survivalistas, portadores de armas y cualquiera que diga cosa alguna púbicamente o en las redes en contra del gobierno (https://www.theguardian.com/commentisfree/2014/aug/30/terrorist-watch-list-rules-innocent-people o https://theintercept.com/2014/07/23/blacklisted/). Eso es realmente lo que ocurre. Y dado el momento – dentro de nada – ya no serán los inmigrantes indocumentados, sino todas las personas con supuestos antecedentes penales, arrestados en la acera de la calle y en sus casas entrando a la fuerza soldados de la ONU encargados de esto (http://internacional.elpais.com/internacional/2017/01/25/actualidad/1485372859_073422.html).

Unos piensan que Donald Trump fue elegido por la élite al menos 3 años antes para que finalizase este plan de auto-destrucción de la llamada "gran ramera" o "gran Babilonia" (EE.UU.), pero eso contradeciría la versión del plan de Hilary Clinton. Ya lo he comentado muchas veces, prácticamente todo está dispuesto, y la jugada maestra es tirar abajo la economía de los EE.UU., hacer morir definitivamente el dólar estadounidense, y da igual que Trump tuviese excelentes intenciones e intentase salvar la economía de los Estados Unidos de América. Muchos en las altas esferas han sido conscientes de que había que asumir que sí o sí esto acarrearía una guerra civil en la cual la élite no está dispuesta a que ocurra lo mismo que en la Guerra de Secesión. Por ello decidieron que no quedaría otra opción que "sacrificar a la reina" para ganar el juego. Esta nación es pro libertad y derechos y tiene muchos opositores al Deep State. El pueblo sabe mucho del Nuevo Orden Mundial y se le opone, y aunque Obama trató de quitar las armas al pueblo para lograr esta transición exitosa, ese proyecto Orión no funcionó.

Los estadounidenses, gracias a la Segunda Enmienda de su Constitución, tienen derecho a portar armas y a disparar a quien entre a su casa (allanamiento de morada). Hay demasiadas organizaciones de veteranos de guerra, pandillas organizadas, mafias, barrios bajo control no gubernamental... esto haría muy difícil la imposición de la ley marcial (que es el objetivo principal para destruir EE.UU. mientras su ejército es mandado al extranjero a luchar con la OTAN contra Rusia: https://actualidad.rt.com/actualidad/229185-ejercito-britanico-temer-rusia-destruir). Para el éxito de esto debe quitar a la oposición y asegurarse a las personas y gobiernos completamente leales a su propósito, sea en la dirección de Inmigración (http://www.abc.es/internacional/abci-democratas-reclaman-trump-revoque-orden-migratoria-201701310225_noticia.html), la Fiscalía (http://www.abc.es/internacional/abci-trump-fulmina-fiscal-general-funciones-ordeno-no-defender-veto-migratorio-201701310336_noticia.html), la farándula (http://canal44.com/donald-trump-madonna-lo-amenaza-y-servicio-secreto-la-investigara/), los Medios de Comunicación (http://internacional.elpais.com/internacional/2017/01/25/actualidad/1485372859_073422.html), o hasta la ONU (http://www.elperiodico.com/es/noticias/internacional/nikk-haley-embajadora-trump-onu-debuta-con-tono-amenazante-5770025) y, por el contrario, asegurarse de quiénes están enteramente de su lado, como Israel e Inglaterra (https://actualidad.rt.com/actualidad/229626-trump-decreto-reconstruir-fuerzas-armadas-eeuu o https://actualidad.rt.com/actualidad/229185-ejercito-britanico-temer-rusia-destruir).

**El Primer Caballo**

<<Y ahora vosotros sabéis lo que lo detiene, a fin de que a su debido tiempo se manifieste.>> (2ª Tesalonicenses 2:6, RVA 60) Al decir 'manifieste' o 'revele', nótese que el vocablo griego reza 'Apocalipsthinai'. Podemos también estructurar esta frase como, "vendrá el Apocalipsis cuando seamos incapacitados", porque los que somos parte de la resistencia terminaremos atados de manos a la hora de vivir en las ciudades así como a la hora de seguir profetizando. El

concepto de Apocalipsis no significa "fin del mundo" o "destrucción", sino revelación. Y debido a que esto ha ido tomando otra forma de comprenderse, apocalipsis viene a denotar una identificación ambivalente: una gran tribulación y destrucción, y algo que es manifestado. Es por eso que este pasaje contiene un código detrás de bambalinas, que se refiere al hecho de que cuando dicha persona que ahora está frenando al gobierno de la Bestia sea quitado, empezará a "manifestarse" la hora de la iniquidad, el imperio de la Bestia. Lo mismo es si dijera que el "apocalipsis" comenzará cuando aquel que se opone a la manifestación del Anticristo ya no esté. Somos muchos, y algunos de la resistencia se hallan en la política, respaldan la Constitución de los EE.UU., la cual es el último baluarte que queda en pie antes de la dictadura planetaria.

El libro del Apocalipsis es el más famoso a la hora de hablar de profecías sobre el final de esta era y el comienzo de la venidera, un tiempo de paz, armonía, unión, prosperidad, abundancia, longevidad y felicidad. Esa transición de eventos se ha querido ver en muchas épocas, pero estaremos de acuerdo con que solo detalles pequeños y aislados calzaban en el contexto. El orden de eventos de la cronología de ese misterioso libro de la Biblia no suelen se comprendidos, pro tras más de una década de estudio puedo explicártelo así: 1° el capítulo 6; 2° el inicio de cuyo final se describe en el capítulo 17; 3° los capítulos 8, 12 y 18; 4° el capítulo 7; 5° los capítulos 9, 11, 13 y 14; 6° el capítulo 16; 7° los capítulos 19, 20, 21 y 22, consecutivamente. Esta primera parte, que corresponde con las descripciones del capítulo 6 hablan de 7 sellos, y es mi interpretación que lo concluido en el capítulo 17 son acontecimientos que tienen que ver con el inicio de lo descrito en el capítulo 6. Diría que es el desencadenante, y es una serie de sucesos que se extienden por todo ese tiempo que se menciona en los sellos, terminando de colapsar justo antes de que lo haga el sistema/gobierno de la Bestia. Los puntos 3 al 7 no atañen a este libro, siendo temática que, como ya he dicho, han sido abordados por este investigador en tres obras anteriores.

Para proseguir quiero asimismo aclarar un error común en la jerga teológica y escatológica, en lo que concierne a las definiciones sobre estos eventos a suceder. Lo que se describe en la primera sección de acontecimientos suele recibir el nombre de 'Los Siete Sellos', 'La Gran Tribulación' o 'Los Dolores de Parto'; Lo que concierne al segundo punto es la 'Caída de Babilonia la Grande'; Lo tercero se suele denominar 'La Ira de Dios', 'La Ira del Cordero' o 'Las Siete Trompetas', e incluye el famoso 'Arrebatamiento de los Escogidos'; Lo cuarto es el estado inmediatamente posterior de esos Elegidos, que son llevados lejos por 3 años y medio, como también se menciona en el capítulo 12; lo quinto es llamado 'El Reinado de la Bestia', 'La Caída de Satanás a la Tierra', 'El Regreso de los Dos Olivos' o 'Los Tres Años y Medio'; lo sexto se conoce como 'La Consumación de la Ira'; lo último se denomina 'El Milenio Mesiánico', 'El Regreso de Cristo', 'El Reino Milenial' o 'La Segunda Venida'. Si bien, estas solamente son designaciones, mayormente de índole religioso, pero sirven para ubicar estos elementos en su sección adecuada. Hay otra referencia utilizada en la escatología cristiana, que es, 'Abominación Desoladora'. No es aceptada por todos, pero sí por algunos, y es en realidad una confusión conceptual y estructural de ciertos eventos ya pasados: las guerras judeo-romanas.

El inicio de la gran tribulación comienza con un "caballo blanco", en griego 'Ippos Leukos', y en hebreo 'Sus Laban'. El caballo es símbolo de poder, fuerza, vigor, buena salud, autoridad, liderazgo y victoria militar. El blanco es símbolo de pureza, conciencia, paz y moral. El capítulo 6 describe 4 caballos, luego la persecución a los Escogidos y seguidamente las "señales del cielo" que preceden el afamado "Arrebatamiento" y el "Fuego del Cielo", que marca el final de la Gran Tribulación y el comienzo de la "Ira de Dios", como se conoce en el argot popular de la teología y escatología cristianas. Los cuatro caballos son blanco, rojo, negro y amarillo, en este orden. De los tres últimos mucho se advirtió, y en bastante detalle, pero sobre el blanco ha sido motivo de gran análisis, especulación y conjeturas. Existen diversos juegos de palabras con estos conceptos. Por ejemplo, el nombre Jesús se asocia al sonido francés 'Je Suis' (yo soy) o el hebreo 'Iéh Sus' (seré caballo). Otro sonido interesante se asocia al griego 'Zeus' (dador de vida) con el hebreo Sus. Pero de entre estas curiosidades se encuentra que la numeración griega de Ippos Leukós suma 777, característica del cristianismo para referirse al número "del bien", en contraposición con la malinterpretación del significado del '666'. El 777 se encuentra en la Torah en otras palabras como 'Zeraj' (tu semilla, tu simiente), que aparece en 19 casos, empezando por el de Barashit (Génesis) 3:15, cuando se habla de "la mujer" y "la serpiente". Se usa este vocablo para referirse a la descendencia, aunque semilla y semen son la misma cosa en el significado antiguo. Otra palabra que suma 777 es Ezraj (tu ayuda, tu socorro), que aparece en Dbarim (Deuteronomio) 33:29.

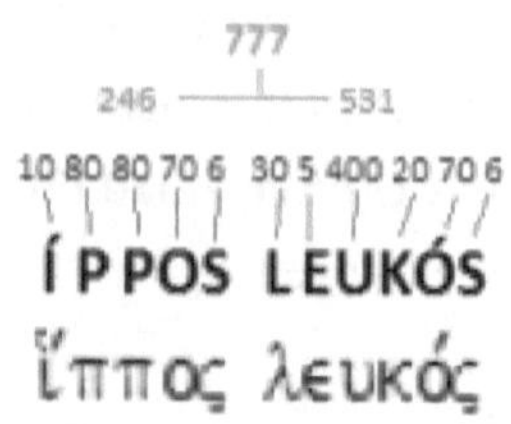


Según el capítulo 6 de Apocalipsis, verso 2, el que monta dicho caballo tiene un Tóxon, o arco – se asume que es del tipo que es para lanzar flechas -, y lleva un 'stéfanos', que se traduce por "corona". Hay que considerar que igual que en español, la palabra arco se usa tanto para el instrumento que se utiliza para lanzar flechas, como para la curvatura prismática denominada arco iris. Aunque tanto arco como corona son símbolos de reinado y poder, si los aplicamos a un significado cultural actual podemos encontrar una hipotética relación con el símbolo LGTB (el arco [iris]) y el covid (corona [virus]). La descripción no es enfática respecto de los detalles del portador, por lo que no veo descabellada la posibilidad de llegar siquiera a especular que quien entra antes del Caballo Rojo toma escena dentro del contexto de los acontecimientos del movimiento LGTB a nivel mundial, y del coronavirus. De hecho, a diferencia de otros casos, acá no se determinan características de los materiales ni el color de los mismos, como en otros casos, donde se especifica que son de oro o dorados, por ejemplo.

Esto puede sonar descabellado y forzado, mas conociendo cómo la Kabalah puede descifrar profundos mensajes encriptados en pasajes y conceptos de las Escrituras, esto no es del todo incoherente. Ergo, si miramos las características del individuo que va montado sobre dicho caballo, se dice de él: <<kai exilthen nikon, kai ina nikísi>>, que se ha traducido como, <<salió venciendo y para vencer>>. Mas, ¿qué significa que "sale venciendo" y "para vencer", si eso es una redundancia? Puede que haya vencido y va a vencer otra vez. Otra traducción alternativa es "salió victorioso, y para vencer". Pero, ¿de qué salió victorioso? Y ¿sobre quién o qué va a vencer? Si esto es previo al Caballo Rojo que trae lo que se entiende como la Tercera Guerra Mundial, ¿quién ese ese individuo que arrastra el preludio a la Gran Tribulación? Si decimos que ha salido victorioso o triunfante, y que va a vencer en un sentido amplio del término, como por ejemplo, sobre un gran enemigo, una potencia o sobre el mundo, hemos de volver a los principios de la Kabalah, donde los nombres de las personas guardan relación con su dharma (propósito de vida) o shem (destino).

καὶ εἶδον, καὶ ἰδοὺ ἵππος λευκός, καὶ ὁ καθήμενος ἐπ' αὐτὸν ἔχων τόξον καὶ
ἐδόθη αὐτῷ στέφανος καὶ ἐξῆλθεν νικῶν καὶ ἵνα νικήσῃ.　BGT **Revelation 6:2**

Καὶ ἰδού, ἵππος λευκός, καὶ ὁ καθήμενος ἐπ' αὐτὸν ἔχων τόξον· καὶ ἐδόθη αὐτῷ
στέφανος, καὶ ἐξῆλθεν νικῶν, καὶ ἵνα νικήσῃ.　BYZ **Revelation 6:2**

kai exilthen nikon, kai ina nikísi

et vidi et ecce equus albus et qui sedebat super illum habebat arcum et data est ei corona
et exivit vincens ut vinceret　VUL **Revelation 6:2**

Y miré, y he aquí un caballo blanco; y el que lo montaba tenía un arco; y le fue dada una
corona, y salió venciendo, y para vencer.　R60 **Revelation 6:2**

Juzgue cada cual si esto es mera casualidad, si lo he forzado o si es consistente: world ruler (gobernante del mundo) es el significado del nombre 'Donald'; en realidad, 'Triunfo', es el significado del apellido 'Trump'. Es una traducción alternativa de "gobernante del mundo que sale triunfante". Mas, ¿triunfante sobre qué cosa, si la guerra le precede? Haciendo uso del sistema kabalístico notarikon, encontré en la frase del texto griego de Apocalipsis 6,2, <<kai <u>exilthen nikon, kai ina n</u>ikísi>>, la estructuración acrónima variable de los vocablos koiné 'kinísis' y 'kineo', en la forma 'kinen', apoyados animismo del sistema temura. Kinísis quiere decir mover, remover o agitar, mientras Kineo significa conmoción, sedición o tumulto. Ambas apreciaciones se corresponden con el contexto profetizado para la Gran Tribulación. A nivel geológico los terremotos, y a nivel social las protestas, manifestaciones, guerra civil, sedición e inicio de conmociones. Algunos teóricos de la conspiración dirían que además el nombre del dios sumerio 'Enki' (cuyo significado es cielo-tierra) está codificado en estas iniciales.

La idea de que Donald Trump sea un Abraham Lincoln o un Martin Luther King de nuestra época no debería sorprendernos. La sorpresa sería confiar en ellos o idealizarlos, porque son meramente seres humanos, y como todos y cada uno de nosotros, cumplen su papel en la historia y el momento histórico que nos fue dado. Tienen, además, sus defectos y sus virtudes. Y para agregar a esta teoría que propongo, de que Donald Trump puede ser el jinete del Caballo Blanco del Apocalipsis, busqué el apellido 'Trump' en el Código B - o código secreto de la Biblia - en la sección de la Torah (Pentateuco), y donde me ha aparecido 4 veces. Esta aparición del apellido del presidente de los EE.UU. se halla de atrás para adelante en 3 de esas 4 ocasiones, y la hallé en una búsqueda de 1 a 50 letras equidistantes.

En la primera se encuentra en el libro del Éxodo, capítulo 37,9, donde Mashah (Moisés) escribe: <<Y los querubines extendían sus alas por encima, cubriendo con sus alas el propiciatorio; y sus rostros el uno enfrente del otro miraban hacia el propiciatorio.>> (traducción de Reina Valera del año 1960). El nombre atraviesa todo el capítulo 9 con 19 letras de distancia entre letra y letra del apellido Trump. La letra Tet (T) cruza la palabra Shitim, plural de Shitah (acacia) en el verso 10, mientras que la Resih (R) atraviesa el título 'Kerubim', plural de Kerub, que es de quien habla el pasaje. Por su parte, la Mem (M) atraviesa la referencia 'Ba.knafihem', que quiere decir, "en sus alas". Y finalmente, la letra Pe (P) vuelve a cruzar la palabra 'Knapim', o Canafim, en hebreo moderno, que significa "alas". Acorde a la interpretación cabalística, esta "coincidencia" solo podría atribuirse a una premeditación profética que alude a este individuo como alguien "protector" enviado por el dios de los hebreos. Por cierto, otra palabra que se entrecruza acá es Kimah (Pléyades), vinculada estrechamente con los ángeles. Otrosí, supongamos que todo esto es una mera invención. Voy a la segunda correspondencia del apellido Trump que aparece nuevamente de atrás adelante en la Torah, apareciendo, con 8 letras de distancia, en Levítico 13,45, donde RVA traduce, <<Y el leproso en quien hubiere llaga llevará vestidos rasgados y su cabeza descubierta, y embozado pregonará: ¡Inmundo! ¡Inmundo!>> Así como en Shemot (Éxodo) 37 hablaba de los kerub protegiendo el Propiciatorio, acá en Va.Ikrá (Levítico) habla de la "lepra" (Tzarúa, que para nuestro caso es una analogía de enfermedad). Ahora bien, ¿qué es eso de 'embozado'? En hebreo dice Sapam. Embozar viene del mismo cognado de la palabra 'bozal'. Es cubrir la parte inferior de la cara, concretamente el área de la boca, con un tipo de prenda o tela. En esa palabra aparece la letra 'P' de Trump que atraviesa el texto. Exacto, es inequívocamente una referencia a las mascarillas o tapabocas. Está hablando de la lepra como símil del coronavirus, y tal es así que la palabra Nagip (virus) aparece también en el mismo verso. Esto es porque en lengua hebrea Nagah quiere decir, no solamente llaga, sino golpe, marca, enfermedad o virus.

Pero antes de proseguir con este punto quiero hacer un paréntesis. La palabra hebrea Nagah (N.G.H) asumo que deriva del mismo cognado que da lugar sánscrito de Nagas, el nombre de unos seres reptiles antropomorfos de la cultura vedanta. De ahí justamente procede el vocablo hebreo 'Najash' (serpiente [cobriza]), referida en muchos pasajes bíblicos, como el del Barashit (Génesis), en la metáfora-mito del "pecado original". ¿Qué pretendo con esta asociación? Vincular la idea que viene a mi cabeza. Cuando llevas muchos años en un ámbito de estudio, terminas teniendo una erudición intuitiva sobre ese campo. Por ello, una palabra en tu idioma o cultura puede parecer una simple e ingenua palabra, pero para mí no lo es. Nagah-Nagap-Najash, las tres definiciones parten de la letra 'N' (Nun semítica), que para el caso designa algo que viene de arriba, cae o se precipita. El mitologema de los Nefilim, o "ángeles caídos" es un clásico en la teología abrahámica. Como vez, empieza con la letra Nun. Pero esto no designa un descenso como quien baja unas escaleras a darte un chocolate, sino algo que en un sentido moral es lanzado de una posición superior a una inferior, o quien interviene abrupta e injustificadamente de un sitio de superioridad y hace uso de su supremacía para someter a los que están en ese otro escaño de inferioridad de condiciones.

EJEMPLOS DE LOS SISTEMAS KABALÍSTICOS NOTARICON, TEMURA Y TORAH CODE


Entonces estaba diciendo que el apellido Trump aparece en Va.Ikra 13,45, y que las letras que lo componen se cruzan con determinadas definiciones. Ahora bien, la palabra Temá (no limpio), tiene la 'T', de Trump, así como igualmente está cruzada con la 'M'. O sea, dos veces cruzado, lo cual, en análisis kabalístico se considera una reafirmación del concepto, como cuando en Shemot habíamos visto hace un momento que el mismo apellido tenía dos letras que atravesaban Kanaf (ala) y Kanafim (alas). ¿Sugiere esto que Trump es impuro o no apto? Lo que sugiere se basa en el contexto de la temática: un agente infeccioso o enfermedad. Ubicándolo en su correspondiente espacio-tiempo, la localización del concepto 'TRUMP' en los códigos bíblicos lo sitúan en una circunstancia de un virus, de una victoria y un avance hacia la victoria, y una protección divina. ¿Entonces Trump va a vencer al mal en el mundo? Tal como se ve con el siguiente caballo del Apocalipsis, no es así.

Más bien lo que parece deducirse es que va salir puntualmente ganando la guerra que han hecho contra él, y va salir a luchar contra quienes vinieron contra él, a quienes ha estado enfrentando previamente y quienes le han querido destruir y arruinar, y quitar de en medio. Este no es un relato sobre la victoria de una guerra, sino la victoria de una batalla. La siguiente batalla entonces se libraría en el terreno militar internacional, y a partir de ahí ya no está clara la cosa en favor de Trump. Puede que esto no de mucha luz al respecto de esta "investigación" kabalística, pero revisando Va.Ikra (Levítico) 13,45 con notaricon se encuentran algunas palabras que dejaré acá para que el lector mire si, igual que yo, encuentra analogías, o sí, por el contrario, ve esto como mero albur. Notaricon es el uso de las letras iniciales (acrónimos) o las últimas (bacrónimos) de las letras de una frase. Se combinan con el método temura (anagrama) para armar nuevas palabras ahí codificadas.

En acrónimos se encuentran acá las palabras: Ab (padre, retoño), Ahab (amor), Abib (de su padre), Boá (llegar, venir, entrar), Shup (herir, aplastar), Ishú (salva), Pi (su boca), Shiv (el cordero), y en lengua aramea se aprecia Ab como 'fruto'. Como había dicho, la letra 'Pe' (P), de Trump, estaba en la definición Sapam, del antiguo Shpem, o Shepem, que es mostacho, bozal o mascarilla que cubre la parte inferior del rostro. Es justo la inicial de Sapam (la letra Shin), de la que se arman dos acrónimos: Ishú (su salvación) y Sheiv (su cordero, el cordero). De hecho, de todas las anteriores, solamente estas dos palabras aparecen en la extensión de texto desde la cual está ubicada la designación de dicho presidente. Este tipo de palabras, así como quien tiene puesta la corona, quien va de blanco, el que es ungido, etc., son designaciones únicamente otorgadas a personas elegidas por parte de la deidad, y que ostentan una importante consagración para una misión trascendental.

Pero el apellido Trump no está simplemente en el verso 45, atraviesa éste y abarca gran parte del verso 46: <<*Todo el tiempo que la llaga estuviere en él, será inmundo*; [estará impuro, y habitará solo; fuera del campamento será su morada].>> Recuerdo al lector que el uso del término Nagah no es simplemente "llaga", sino cualquier síntoma o asociación de epidemia, enfermedad o virus. Donde lees en el verso 46 "que la", es del término hebreo Asher, donde cuya 'Reish' (R) se interseca con la de Trump. Asimismo, 'inmundo', que realmente en hebreo es 'Itema', se refiere a "hacerse no limpio", no apto, sucio, inadecuado. Hay dos postulados que veo acá: por un lado una fama pública que designa a tal persona de manera despectiva, ridiculizándolo como individuo y difamándolo. Por otra, el contexto de las circunstancias, donde habla de que "por ese tiempo" se designará como "enfermos" a los que se vean dentro del concepto de la enfermedad.

Dicho de otra manera, dice 'Kol-iamei' (todos los días), en referencia a todo el periodo de tiempo en que se promueva la enfermedad y/o por el tiempo de su presidencia. Por ese periodo, será criticado Trump, y por ese periodo, seguirá categorizando a la gente como enferma del virus. Esto, a mi juicio, coincide con el pasaje del apóstol Pablo de Tarso, al decir "hasta que él mismo en su momento sea quitado". Pero de esto hablaré más adelante.

Ojo, yo no soy "trumpista", no tengo intereses políticos, ni siquiera he votado una sola vez en mi vida. Este análisis es meramente neutral. Por su parte, con bacrónimos, en el verso 45 encuentro definiciones tales como: Ar (adversario), Ir (despierto), Aver (ciego, cegar, cegar los ojos, ceguera; despertar; tamo; piel, cuero), Alah (subir), Milah (palabra, habla), Al (arriba; yugo), Alam (muchachos; esconder), La (garganta), Mahal (adulterar [una sustancia]), Amal (el que sufre, el que se afana; miseria), Hem (ellos), Lemah (¿para qué?). Sin embargo, de todas estas definiciones del verso 45, las que se entrecruzan con las letras 'M' y 'P' que finalizan Trump, son relativas a la manipulación, el afanarse, la miseria, el individuo que está sufriendo, el que está hablando, el del razonamiento 'por qué' y el de los jóvenes y el esconderse. Un ex agente de la CIA decía en una entrevista a inicios de enero de 2021 que Trump "no quiere ser presidente", y que lo que hace es más un deber que se ha propuesto hacer, una misión más de corte "espiritual", así que, "¿por qué... por qué prestarse para ser humillado y ridiculizado, o empujar todo este movimiento mundial contra el Deep State?" Esa es la respuesta.

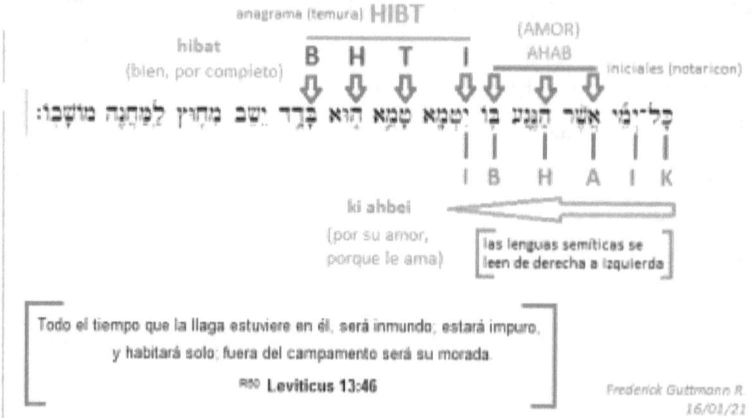


En el verso 46, con acrónimos, pueden hallarse términos tales como Iaah (apropiado), Iteb (convenir, conveniente o irle bien) y Ahab (amor), al principio del verso, donde se entrecruzan las primeras letras del apellido Trump. Otras palabras, que se descubren en la misma sección del verso 46, con el uso anexo del sistema anagramático, son: Ií (isla) y Abah (junco; consentir). Y en la segunda sección del verso hay otros vocablos, a saber: Behat (alabastro), Hibat (bien, por completo) o Iba (cuñada). Mas he de recalcar que hay mayor relevancia en un acrónimo al que no se le haya aplicado el temura, y en ese sentido, la parte donde empieza el verso tiene además el artículo 'Ki' (porque, debido a), y en Ahab se halla asimismo la letra Yud, como reforzamiento. Dicho de otra manera, se lee, literalmente: 'K.I A.H.B.I.' (<u>porque le amo</u>). Con el método bacrónimo las definiciones que se pueden descubrir son, primeramente, y ya con temura, en razón de las letras T y R: Raa (feo, malo; amigo; grito; pensamiento), Rai (pasto), Raiv (en conflicto (como raíz de 'Raiván')), Ria (vuestro amigo). En la segunda sección del verso ya aparecen definiciones tales como: Daab (languidecer), Ed (vapor), Batz (lodo), Batzad (pantano) Badá (inventar) y Abad (perder, perecer, morir, desaparecer). Este puzle tiene mucho para sacarle, pero si lo aplicamos al contexto de dicho presidente, gritar es algo por lo que se le conoce, vive en conflicto, no es un enemigo, es la persona adecuada para el trabajo que está realizando y ha elegido esta labor por voluntad propia.

Pero aún hay más, el texto dice, <<Todo el tiempo que la llaga estuviere en él, será inmundo; <u>estará impuro</u>, y **habitará solo**; <u>**fuera del campamento será su morada**</u>.>> Es sabido que desde que Donald Trump vio que la casa Blanca no era un lugar seguro para él, decidió realizar sus operaciones desde su propia residencia. En mayo un apagón en la Casa Blanca dejó aquel sitio sin luz por varias horas. Nunca se había visto en la historia de los EE.UU. Cámaras internas aparte de las externas, micrófonos. Trump eligió un equipo de seguridad no estadounidense: israelí. Es patente que Trump no confía en los suyos hace tiempo. Los MassMedia vinieron contra él, incluso gente de su partido y amigos le dieron la espalda. Parecía tener la cruz sobre él, una mala suerte o caerle mal a medio mundo. El hecho es que esto puede estar revelado en las palabras codificadas de esta parte final del verso de Va.Ikra 13,46. Por otra parte, el texto hebreo usa el vocablo 'Isheb' (sentarse), en el sentido de asentarse o establecerse, y el concepto de silla (Kisé) es lo mismo que trono, y se usa aún en la actualidad para identificar el puesto del presidente: asiento.

Realizando otro estudio, mucho más amplio, con el uso del Torah Code, encontré otra aparición de Trump en la Torah. En tres ocasiones el nombre se lee de atrás para adelante, y en el otro caso hay 37 letras de separación. Llamo a este caso "el antagonismo de Hitler". Adolf Hitler levantó el Tercer Reich, y escribió una primera obra titulada 'Mein Kampf' (Mi Lucha) en 1925. La obra refleja un "amor" de Hitler hacia "su pueblo" y acepta los Protocolos de los Sabios de Sión (un complot mundial judío), haciendo hincapié en la amenaza de dicho régimen para dominar al mundo. Enfatizó asimismo en la libertad de su territorio. Si hacemos una analogía, esto es similar a las palabras y políticas de Donald Trump: ama a su patria, quiere volver a hacer libre a EE.UU. y se opone al complot mundial del Deep State sionista. Si traducimos el concepto alemán 'Mein Kampf' al hebreo, como un nombre, nos da 'Naptalim' (Neftalí). Es sobre la descendencia del patriarca israelita Neftalí que gira la aparición del apellido Trump una vez más en la Torah: <<Éstas son las familias de Neftalí por sus familias; y fueron contados de ellas 45.400.

Éstos son los contados de los hijos de Israel, 601.730. Y habló Jehová a Moisés, diciendo: A éstos se repartirá la tierra en heredad, por la cuenta de los nombres. A los más darás mayor heredad, y a los menos menor; y a cada uno se le dará su heredad conforme a sus contados.>> (Números 26:50-54, RVA 60) En estos 4 versículos, aparte de mencionar a Neftalí, nos da dos patrones numéricos, uno de la familia de Neftalí (quien tiene su propia lucha), y otra de los "hijos de Israel", los cuales se "repartirán" la tierra en herencia, según su "edad". Hay que comprender que cuando se lee la Biblia, no se deben tomar las cosas literales en el ámbito geográfico, temporal, literario, científico o de nomenclatura. Se trata del trasfondo del mensaje por parte de quienes mandaron a escribir estos libros. Hablamos de CODIFICACIÓN, y es eso lo que nos debe importar. Así, cuando leemos que habla de unos tales "hijos de Israel", el código se refiere a los Elegidos, a todos aquellos que han alcanzado los Misterios de la Luz y van hacia la trascendencia, en cuyo camino están los que profesan la "fe" en Jesús de Nazaret (por eso se habla de prioridad de los "ancianos", o de mayor experiencia-psique, y de heredar la tierra, es decir, el Reino Futuro). ¿Quién era Neftali? Era una de las 12 tribus de Israel. De estas 12, al menos 10 se repartieron por el mundo, según se dice, tras haber sido capturadas y llevadas cautivas por el imperio asirio, estableciéndolas en Nínive en el 722 a. C. Es, empero, el código de Neftali acá, una referencia a una ascendencia hebrea, lo cual designa, en el contexto, una conexión con los principios del dios de los israelitas y sus mandamientos. De manera que este grupo de personas devotas o fieles pertenecen a un conjunto mayor global, y la numeración que se da designa a los 3 sujetos del pasaje: Naptali, sus hijos y el pueblo completo de Israel (los del Pacto).

Tenemos 2 secuencias numéricas: 45400 y 601730. Para el primer conteo, el texto en lengua hebrea se fracciona así: 5-40-1-4-100. El 5 y el 40 arman el 45, y se puede anexar el 1: 46; el 4 y el 100 multiplican el 400. Podemos ver aquí tanto un 45-401 como un 46-400, o simplemente eliminar el adicional Elef/Alef (1000/1). Uno de los ejercicios a realizar acá es ver que el 45 (número del hombre, es decir, del hebreo Adam) responde a las letras Mem (40) y He (5). El 400, por su parte, corresponde con la letra Tau (T). Al tomar las letras subsecuentes de estos 3 valores, sale: H (5), M (40), A (1), T (400). Estas 4 letras forman 'Ha.Met' (el muerto). Mot era la manera que posteriormente se volvió alternativa y seguidamente fija para Mevet (muerte), pero en principio se trataba del nombre propio del dios semita-cananeo de la muerte. ¿Quién está muerto o estará muerto? El código está hablando de los "hijos de Neftali", cuya analogía acá sería el pueblo estadounidense.

Comparemos esto con una de las profecías que habla de los EE.UU. (cuyo código oculto en la Biblia es 'B.B.L.' (Babel), transliterado al griego como 'Babylonos', o Babilonia): <<por lo cual en un solo día vendrán sus plagas; muerte, llanto y hambre, y será quemada con fuego; porque poderoso es Dios el Señor, que la juzga.>> (Apoc. 18:8, RVA 60). Prosigo. Así como el número 45 se refiere a la humanidad, al ser humano, el 400 se refiere al fin de un periodo de tiempo, un ciclo completo. Este era llamado Baktun por los mayas, mas en la obra Oahspe (1882) recibe el nombre de Dan, que asimismo es el apelativo de una de las 12 tribus de Israel, y la única que no aparece en la cosmovisión milenial abrahámica descrita en el libro llamado Apocalipsis. El número 400 me ha resultado de sumar la frase de Barashit (Génesis) 49,10, que reza, "hasta que venga Shiló", es decir, el Enviado-Pacífico, el Mesías. Curiosamente el nombre

Shiló – que alternativamente aparece en el texto hebreo junto con Shiloah – acompaña el nombre Trump en este mismo pasaje de Ma.Midbar (Números) 26,50, con 7 letras de separación.

¿Te habías parado a pensar que durante el primer mandato de Donald Trump se dio la única ocasión conocida en décadas donde el Complejo Militar-Industrial de los EE.UU. no estuvo ni invadiendo ni atacando ninguna nación extranjera? No hubo más guerra en Siria, ni siquiera se volvió a hablar de ataques terroristas. Aun así, si mi suposición es correcta, y Trump identifica al Caballo Blanco de Apocalipsis, esa paz aparente será seguida de una terrible guerra como nunca la ha habido en nuestro planeta. El número 400 también resulta del vocablo hebreo Katzir ([la] siega), que es usado frecuentemente para referirse a la limpieza finmundista del planeta por medio de la guerra: <<Y del templo salió otro ángel, clamando a gran voz al que estaba sentado sobre la nube: Mete tu hoz, y siega; porque la hora de segar ha llegado, pues la mies de la tierra está madura.>> (Apoc. 14:15, RVA 60)

Números 26,50-54

Tomaré otra referencia bíblica para cotejar esta, como aquella donde Yeshua (Jesús) hace una alusión descriptiva a propósito del fin de esta era (que los traductores denominan 'siglo') en la que nos encontramos: <<El enemigo que la sembró es el diablo; la siega es el fin del siglo; y los segadores son los ángeles.>> (Mat. 13:39, RVA

60). Lo sembrado era la cizaña de la parábola que les refirió. Por si fuera poco, el 400 también es el cómputo resultante de la primera porción de un capítulo del libro del profeta Daniel, que dice: <<Mas el príncipe del reino de Persia se me opuso durante veintiún días...>> (Dan. 10:13, RVA 60). Los persas son los actuales iraníes, o antiguos iranios. Sabemos que hay tensión con el gobierno iraní, amenazas de ambos lados entre Irán e Israel, e Irán y los EE.UU. de América. El profeta proto-hebreo Henoc lo supo por revelación ya hace miles de años atrás: <<En aquellos días los malajím* regresarán y se lanzarán hacia el oriente, sobre los hijos de los partos y medos y sacudirán a los reyes, y un espíritu de desasosiego los invadirá y los derrocarán de sus tronos (sillas), de manera que huirán como leones de sus guaridas y como lobos hambrientos entre su manada.>> (1ª Henoc 56,5) Malajim es lo que traducen como "ángeles". El imperio parto, también conocido como imperio arsácida, fue una de las principales potencias políticas y culturales iranias del antiguo Irán. Todas estas referencias no pueden ser una casualidad.

Desde el 03 de enero de 2020, cuando un dron habría asesinado al general iraní Qasem Soleimani, las tensiones entre EE.UU. e Irán aumentaron. Aunque Donald Trump se atribuyó el ataque, información filtrada del servicio secreto israelí definió el ataque como una operación israelí. Trump se habría atribuido la orden de ataque para no dañar la estrategia del Tratado de Paz que se firmaría posteriormente en septiembre entre el Estado de Israel – por decisión del Primer Ministro Benjamin Netanyahu - y los Emiratos Árabes y Bahréin. Ya en su momento, profecías atribuidas a Sara Hoffman en 1979, describían un ataque nuclear de Irán contra Israel desde una posición secreta en Libia. Y bien, Persia (Irán) vuelve a aparecen acá. El pasaje de Ba.Midbar (Números) 26 nos había dado otro cómputo cifrado, ¿recuerdas? 601.730. Tal como en el caso anterior, desarmamos el código por secciones, según la referencia del texto hebreo original: 6-100-1-1-7-100-30. Armo la secuencia como

600-1-700-30, como 601-730 y como 600-731. Si te preguntas por qué no uso la cifra "mil", es porque en lengua original mil y uno tiene la misma raíz, solo cambia su locación en una descripción numérica. Con todo, igualmente se puede considerar el patrón 601-731. Acá está una vez más Irán, y una vez más del libro profetizo de Daniel: <<y yo quedé allí con los reyes de Persia.>> (Dan 10:13, RVA 60). Este pasaje suma 731, y es la tercera parte de la estructura del mismo verso del mismo capítulo antes mencionado.

Este tipo de afirmaciones podría dar explicación a las profecías del suizo Billy Meier, como la denominada número 120, donde afirmó – en los años 80 – que <<será el tiempo en que los seres humanos tengan miedo al futuro>>, agregando, <<ya que la situación mundial, política, militar y referente a la naturaleza será muy precaria>>, y añade, <<porque **los mandatarios de EE.UU. e Israel amenazarán con guerra y destrucción**, al igual que también los harán los terroristas revolucionarios por todas partes>>, y finaliza diciendo, <<que el ser humano ha explotado, violado y arruinado la naturaleza de tal terrible manera que será contraatacado con poderosos terremotos y maremotos, con enormes diluvios y tormentas, propios de los tiempos más remotos de la Tierra>>. Meier ya había hecho una predicción similar antes de esa, afirmando: <<sobre la Tierra estallarán amenazantes truenos y habrá miles de muertos cuando poderosos criminales del gobierno de EE.UU. desencadenen guerras por todo el mundo>> Esto es notorio si vemos cómo los Bush lanzaron una campaña de conquistas sobre Medio Oriente, motivadas por el Deep State.

Pero agrega Meier algo más: <<cuando los violentos mandatarios de Israel también difundan el terror, el crimen, la muerte y la ruina tal como los mismos palestinos...>> (profecía 84) Esto podría ser algo futuro, o no, ya que ciertamente los poderes corruptos del gobierno de Israel han movido al Mossad para participar, junto con la CIA y el MI6, en el adiestramiento de líderes revolucionarios, para incentivar las guerras en Oriente Próximo. Me decanto por pensar que la profecía 84 ya se ha cumplido, pero la 120 está por cumplirse en algún momento entre 2021 y 2025.

Ya he explicado anteriormente en 'Visión Remota' que el Caballo Rojo se refiera a la Tercera Guerra Mundial - o Guerra Nuclear - y lo que para mí es la prueba inequívoca de ello es que en hebreo 'Sus Adom' (**Caballo Rojo**), suma 731, y es exactamente la misma cifra que la definición hebrea 'petzatzah atomit' (**bomba atómica**). Respecto de los otros números, 730 es la suma de Caporet (cubierta, propiciatorio), que es lo que cubre o protege algo que es sagrado. El solo 700 se arma de la curiosa palabra Shet (nalga, fundamento; lo relativo a 'beber', o 'seis', en lengua aramea). El 701 suma Rosh (cabeza), símbolo de un líder, y Shaat (levantarse; hinchazón; desolación; majestad, eminencia). El 732 da como resultado de suma las letras hebreas de 'Seder Olamei Jadash', o 'Nuevo Orden Mundial'. El 600 es la suma de la frase griega de Apocalipsis 13,16, <<que se les pusiese una marca en la mano derecha>> (RVA 60), que he de recordar – como ya expliqué en obras como Visión Remota II, Reconociendo el Tiempo del Fin o Armagedón E-5 – que se trata de una **'incisión subcutánea' o 'pinchazo'**, <u>no una "marca"</u>, como se puede verter en sus diversas acepciones en lengua castellana. Por eso muchos anti-vacuna cristianos relacionan las "vacunas" con la llamada Marca de la Bestia, o como un preludio a la misma.

Ahora haré mayor hincapié en otro método kabalístico, el de los números. En gematría hebrea Trump es 330, y en la griega es 741, mientras que Donald Trump es 425 en hebreo y 1592 en griego. Las correspondencias entre números, con otras palabras, y especialmente con pasajes o contextos llevan al esclarecimiento de mayores valores. Lo mismo números cercanos, y aquí es donde la cosa se torna "peculiar". El número 425 aparece en el libro del profeta Daniel al profetizar sobre quien posteriormente se conocería como Iehoshua ha.Notzri, es decir, Jesús de Nazaret. Ahí lo definen como 'Mashiaj

Nagid', que suma 425, y está justo encima de Mashiaj ben Dauid (Mesías hijo de David, 424). Otro detalle con el número 425 es que aparece en la Torah diversas veces, como con las palabras Naaséh (hacer), Haiit (estar), Takah (aplastar), Shelem (sacrificio de paz, paces), Ve.Shpatij (y juzgar), y variables de estas definiciones.

Pero además de esto, el cómputo resultante del valor griego de Trump (741) corresponde con la suma de los valores hebreos de 'Ieshua ha.Notzi' (Jesús de Nazaret), y con la frase del libro del profeta Malaquías (1,6), <<el hijo honra al padre>>. Pero si esto no es curioso en sí mismo, tomemos el número 741 y miremos qué asociación tiene con vocablos de la Torah: Lebanhem (emblanquécelos, emblanquecerlos), Amen (así sea, lo creo), Meaminim (creyentes), Ve.Naartiah (las doncellas), Tzaanam (sus ovejas), Ve.Tarainah (y pacían), Meán (endurecido, rehusar), Ve.Ikehan (y ejercer sacerdocio), Ve.Naskahem (y sus libaciones) o Lekaraatei (proclamar). No he filtrado ninguna palabra que no me interesase, así que es patente que el 741 tiene un componente de consagración a una misión relacionada con la deidad. Ah, y por cierto, en hebreo el nombre Donald es 95, igual que la definición Garanit (nuclear).

Hay otro aspecto a considerar acá. El número 6 se observa recurrentemente en muchas partes del libro del Apocalipsis. En Kabalah el número del hombre es el 6, así como adicionalmente en el aspecto hebreo el 18 y el 45 - o en el griego el 46 -. Trump es el presidente número 45 de los EE.UU., sí, el 45, igual que el versículo que mencioné del libro de Levítico 13. Si miramos en hebreo, el término caballo es 'Sus', que numéricamente es 60-6-60. Los 4 caballos del Apocalipsis son escritos en lengua hebrea con 6 letras: S.U.S L.B.N, S.U.S A.D.M, S.U.S SH.J.R, S.U.S I.R.K. Apocalipsis se divide en 3 grupos de 7 eventos, pero el séptimo incorpora los siguientes 6 y 7. Es decir, tiene 7 sellos donde en realidad el 7° posee las trompetas, donde la 7ª posee las 7 copas. Además de esto, el relato "apocalíptico" de este libro no comienza sino hasta el capítulo '6', y es en el versículo 6 de dicho capítulo donde parece empezar a esclarecerse este misterio: <<oí una voz de en medio de los cuatro seres vivientes, que decía: 2 libras de trigo por un denario, y 6 libras de cebada por un denario; pero no dañes el aceite ni el vino.>> (RVA 60). Si miramos más adelante, el capítulo 13,18 nos dice que la numeración que identifica al sistema Thirion (de la Bestia) es el computo de las letras griegas Ji, Xi y Stigma, que corresponden con el 600, el 60 y el 6, aparte de también con el 24, el 15 y el 6. Como vemos, ambos cómputos nos llevan al 6 y sus variables, así como al 45. En lengua hebrea el cómputo es diferente al griego, y aunque la numeración se toma de las letras Tau, Reish, Samej y Vav para resultar en el infame 666, en la suma de las letras da 63, el mismo que 'Israel' o 'Bilderberg'.

Podría seguir y seguir. A donde quiero ir es que hay una estrecha relación entre los conceptos de lo que es el contexto apocalíptico y el número 6 conectando los "cómputos" y "códigos", la guerra, el hombre y el gobierno del Thirion. Asimismo, el hecho de que según el profeta Edgar Cayce, se suponía que el 44° presidente de los EE.UU. sería el último, pero no fue así, sino que podría ser el 45°, que representa a la humanidad, o el destino de la humanidad. A pesar de que todo esto ya lo he abordado con detenimiento en obras anteriores (especialmente 'Visión Remota'), lo trascendente a enfatizar aquí estriba en que el enlace entre el evento del Caballo Blanco y los siguientes tres caballos está supeditado a un plan de control global por medio del reconocimiento biométrico, la tecnología de identificación y registro de la población y la reducción de la población, y la transición para lograr eso subyace en un colapso de los mercados, la escasez de suministros alimentarios y una guerra mundial. Es la secuencia que siempre sigue a una caída estrepitosa de la economía y que acompaña a una gran guerra mundial o le precede. Siempre que un sistema elitista desea rediseñar el modelo social global introducen una conflagración que restituiría los mercados y el sistema financiero para preparar las pautas a una nueva falsa democracia.

Antes de proseguir quiero dejarte acá algunas otras curiosidades que no quisiera que se quedasen en el tintero.

1. Habrás visto que el nombre Obama estaba en el verso 44 de Levítico 13. El presidente que antecedió a Trump.

2. Otro detalle, mencioné que la palabra acacia estaba entrecruzada con el nombre Trump, y la acacia es un símbolo de inmortalidad y esperanza.

3. El nombre Trump es de donde deriva el término anglosajón 'Trumpet' (**trompeta**), del significado de "trompa". Si algo se ha difundido en la escatología bíblica es el arquetipo de la trompeta, un sonido de Shofar (cuerno de carnero) o sonido atronador que anuncia lo que se viene.

4. El libro primero de Adolf Hitler, <u>Mi Lucha</u>, fue escrito en <u>1925</u>, y no estamos lejos de cumplirse 100 años desde entonces.

5. Otro detalle, que no he puesto debido a que era muy grande para caber en la gráfica, es que Levítico 13 tiene otras palabras más adelante, que son contextuales: **Gog, EE.UU., Disturbios, Sacudida, Babilonia, Deportación, Roma.**

Todas estas palabras están relacionadas y se hallan en los versos 49, 51, 54-56 y 59, y continúan en el capítulo 14, donde, del verso 7 al 12 hay más palabras que giran en torno a la temática: torre, carnero (Aries), la Bestia, y una vez más, TRUMP. La conexión de Lev. 13,45 al 14,7 empieza con Trump y termina con Trump. Levítico 14,11 tiene el nombre Trump con solo 2 letras de separación: <<[Y se presentará al sacerdote que le limpia/purifica el varón que [*se*]] <u>ha de limpiar/purificar y con aquellas [*cosas*] ante/delante el rostro</u> [de IHVH...]>> Lo que pongo subrayado son las definiciones ya traducidas donde aparece Trump, y que en hebreo se translitera como "Ha.Mitahir ve.Otam La.Pnei". Pero si eso no llama tu atención, hay algo que sí lo hará. He tomado los bacrónimos (letras finales de las palabras) de este verso buscando un significado oculto y se ha armado lo siguiente: N.R.T. (iluminar, <u>ser lámpara</u>, brillar sobre), H.SH.R.I.M (<u>los cabros</u>, los dragones, los señores, los demonios), J.L.D. (<u>existentes</u>, que viven, del mundo). Una amplitud de este análisis, retrocediendo hacia el verso 10 descubre las letras T.R. (explorar, <u>turno</u>, toro), D.N (<u>juicio, ciclo</u>), H.G.N (del huerto). Esto se puede traducir como "deslumbrar a los demonios del mundo, su turno de juicio".

Para principios de marzo de 2021 – cuando escribo esto – los partidarios de Trump esperan que de una vez por todas salga con el ejército y sigan la lucha contra el Deep State. Trump pudo imponer la ley marcial (https://cnnespanol.cnn.com/2020/12/21/trump-menciona-la-ley-marcial-y-alarma-a-empleados-de-la-casa-blanca/), o ampararse de la Ley de Insurrección (https://www.nytimes.com/es/2021/01/11/espanol/estados-unidos/ley-de-insurreccion-usa.html), sabiendo que realmente hubo fraude electoral (https://tierrapura.org/2021/01/09/italia-habria-usado-guerra-cibernetica-tipo-militar-para-desviar-votos-de-trump-a-biden/), con todo, él y su familia terminaron por animar a sus compatriotas a "esperar". Los defensores del movimiento 'Q' han aguardado y aguardado desde que tuvieron lugar las elecciones presidenciales en noviembre de 2020. Esperaban que algo pasase el día de la toma de posesión (20 de enero de 2021), y claro, ocurrió, pero no exactamente lo que tenían en mente. Al menos 6 horas antes del evento, y en un lugar distinto al que debía ser, se realizó el juramento de toma de poder de Joe Biden. Un completo montaje anticonstitucional. La Guardia Nacional se quedó en Washington, supuestamente para la protección del estado. El FBI habría avisado al Capitolio que se iba a dar un golpe de estado. Biden ni siquiera tomó el AirForce One, y en cambio, Trump se largó alegremente y montó su "nueva oficina" en su lugar de residencia (https://www.msn.com/es-us/noticias/otras/trump-abre-su-oficina-del-expresidente-en-florida/ar-BB1d6V97).

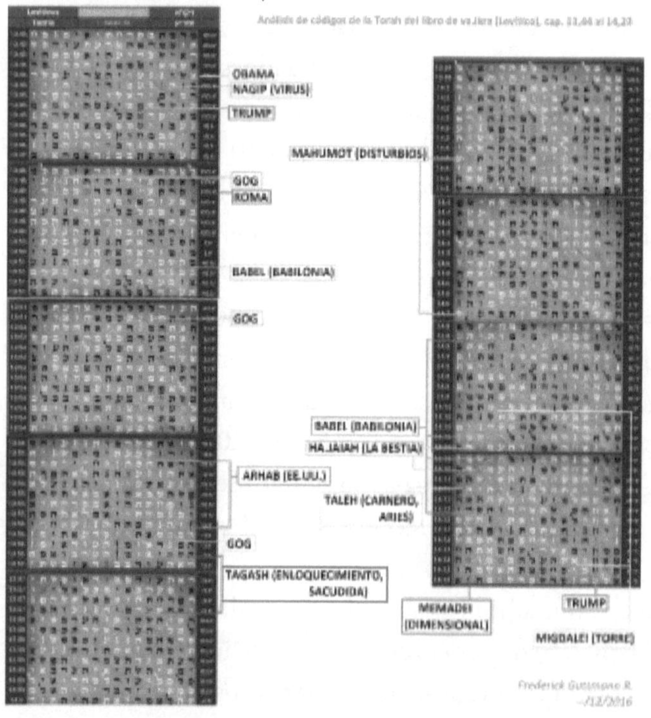



Extrañamente, parecía que Biden no estaba realmente en la Casa Blanca, sino en un edificio que es una réplica, diseñado con otros fines, entre los cuales está el rodaje de películas de Hollywood, cuando filman sobre la Casa Blanca. En tanto, la verdadera Casa Blanca estaba con las luces apagadas y el candado de las rejas puesto. Se estuvieron viendo todo tipo de presentaciones de Biden en escenarios de grabación, no en los edificios oficiales. Bueno, todo esto lo podrán investigar ustedes mismos. A lo que quiero ir es que, si mi teoría es correcta, la victoria de Trump a finales de 2016 simbolizó ese Caballo Blanco, y su "conquista" fueron las tantas victorias que tuvo sobre el Deep State en sus 4 años de mandato. De ser así,

¿cuánto tiempo se supone que debiera transcurrir entre el Caballo Blanco y el Rojo (la guerra nuclear)? Con Joe Biden – o su clon (porque el Biden de hoy no tiene parecido alguno con el de años atrás) - todo volvió al punto donde dejó puestas las cosas Barack Obama.

Si es así los cristianos que oraron por un presidente de su agrado, vieron manifestadas sus oraciones, pero, ¿y entonces? ¿Qué es lo relevante, pedir por un presidente cristiano que haga lo que los cristianos anhelan, o "cumplir la voluntad de Dios"? el destino está marcado, y orar una mujer encinta para que no le duelan las contracciones o el bebé no salga es un tanto absurdo, ¿no? ¿Dónde está la visión de los cristianos? ¿Quieren que Dios se adapte a ellos, o ellos aceptar los designios que han sido marcados para traer el verdadero "reino de Dios"? Hay dos cosas que deseo agregar en este capítulo del libro antes de proseguir con la siguiente sección. No he abordado la cuestión del movimiento Q, y quisiera darles espacio para que expongan la parte que se ha empujado con todo esto. Para finalizar agregaré las descripciones de las llamadas 'Profecías de Henoc', que no son del compendio de Henoc, sino del profeta suizo Billy Meier (famoso por informar de sus contactos con los alien plejaren). Pero, ¿qué es el "movimiento Q"? Si escuchaste en su momento nombres o palabras como Anonymous, Panama Papers, WikiLeaks, Edward Snowden, Julian Assange, PizzaGate o Jeffrey Epstein, entonces no será necesario que te dé detalles.

No obstante, si no llegaste a enterarte de estos escándalos de divulgación, 'Q' probablemente te resulte asimismo algo nuevo. El 'QAnon', o 'Q' es un movimiento que dice apoyar a Donald Trump en su lucha contra el Deep State. Acorde a QAnon, <<hay actores progresistas de Hollywood, políticos del partido demócrata y funcionarios de alto rango que participan en una red internacional de tráfico sexual de niños y realizan actos pedófilos; y que Trump les está investigando y persiguiendo para prevenir un supuesto golpe

de Estado orquestado por Barack Obama, Hillary Clinton y George Soros.>> (Wikipedia) La versión de Wikipedia en inglés agrega que los implicados son "pedófilos cabalistas" y el "cabal secreto que adora a Satán". Los partidarios de QAnon son un número muy elevado en los EE.UU., y se extendieron desde 2020 a masas enormes en Inglaterra, Francia y, especialmente en Alemania y Japón.

**El sistema Capitalista no resiste más**

Según QAnon <<la Pandemia del Virus Corona fue un acto final destinado a retrasar la liberación del GCR / RV después de las acrobacias de Nancy Pelosi (portavoz de la Cámara), la investigación falsa de Mueller sobre las relaciones rusas y el intento de Acusación han fallado y no logró detener a Trump y su Agenda para GESARA.>> Y <<Es por eso que Trump dijo el lunes 6 de abril de 2020 durante una conferencia de prensa que: "Esta es una operación militar". Lo mismo fue confirmado por el Vicepresidente Pence y el Asistente Sec. Del Almirante Brett Giroir. El sábado 21 de marzo [de 2020], el presidente dijo: "Ganaremos y habrá muchas celebraciones cuando ganemos. Y ganaremos con la menor cantidad de vidas perdidas posible. Es un enemigo difícil. Es un asesino duro, mucho más grande, mucho más cruel que nunca". Desde finales de marzo, Trump ha comenzado a aludir a una guerra contra el Estado Profundo, "los creadores del virus".>> Ellos sostienen que <<Los Demócratas del Estado Profundo liberaron deliberadamente el virus en el próximo año electoral para forzar a la economía estadounidense a una recesión bajo la vigilancia del presidente Trump. El bloqueo de los ciudadanos también sería su excusa para introducir la votación por correo digital en las próximas elecciones de noviembre. Tal voto le permitiría falsificar millones de votos usando inmigrantes ilegales y las identidades de los muertos.>>

<<Todo les fue bien hasta que el mejor virólogo del planeta, el Dr. Raoult, bajo la protección de Putin, anunció al mundo, el sábado 28 de marzo, su poción mágica para matar el Virus Corona, basada en la

medicina "cloroquina". Que ya estaba siendo utilizado por los chinos con resultados espectaculares para tratar a pacientes que mejoró al agregar un antibacteriano pulmonar llamado "azitromicina", salvando cada uno de sus primeros 1000 casos (excepto uno).>> Y asimismo afirman <<Putin, con su actividad de rescate, en la última semana de marzo envió 15 aviones militares llenos de médicos y suministros directamente al norte de Italia (después de que la República Checa bloqueó un avión de rescate de China). Los países europeos temen que China o Rusia encuentren la verdad en la Región de Lombardía, donde las personas no mueren por el Virus Corona, sino probablemente por un cóctel híbrido mortal de dos vacunas anteriores inyectadas en la población con campañas de vacunación separadas para la meningitis y La gripe, que combinada con la radiación tomada por 5G, provoca la aparición de virus letales. Sepa que las armas EMF utilizadas para el control mental de la población incluyen 5G, Bluetooth, radiación de teléfonos celulares, WiFi. Visite el artículo publicado en este sitio publicado por CNN en 1985 en relación con las armas EMF utilizadas para el control mental (https://eraoflight.com/2020/04/12/cnn-in-1985-emf-weapons-being-used-for-mind-control-emfs-include-5g-bluetooth-cell-phone-radiation-wifi/). El 19 de febrero de 2020, el presidente Trump creó una fuerza espacial para combatir estas tecnologías armadas (https://www.whitehouse.gov/briefings-statements/president-trump-establishing-americas-space-force/). No muy lejos en Alemania, el Dr. Wolfgand Wodarg elogió internacionalmente el hecho de que el pánico de la ingeniería era totalmente innecesario, ya que este virus no es diferente de los otros que nos afectan cada año.>>

Es muy amplia la cantidad que información que se ha filtrado por parte de lo movimiento Q, especialemnte gracias a la alyuda de personal de inteligenca, muhcos de los cuales pasaron primero por WikiLeaks. Ellos fueorn los primeros en informar que <<El Dr.

Fauci fue contratado por el Centro para el Control de Enfermedades, propiedad de Bill Gates, que tiene la intención de ganar miles de millones con vacunas para Covid 19 gracias a la patente que obtuvo hace años bajo la administración de Obama.>> Hicieron conocer que <<Según las fuentes, Anthony Fauci también participó en la creación del virus: http://www.paulstramer.net/2020/04/welcome-to-Boer-guerra-antony-Fauci-and.html. Esto permitió a Bill Gates, Anthony Fauci, Tedros Adhanom, George Soros, Jared Kushner, Jiang Zemin y otros continuar sus planes globales de vacunación y bloqueos de 18 meses. Bill Gates siempre ha sido el autor intelectual detrás de esto y siempre ha tratado de introducir microchips a la población: https://21stcenturywire.com/2019/12/23/bill-gates-sviluppa-new-id-tattoo-to-check- por vacunas. Todas las personas mencionadas anteriormente tienen un gran interés financiero en propagar el virus y desarrollar una vacuna: https://www.armstrongeconomics.com/world-news/corruption/did-bill-gates-buy-the-cdc. Sin embargo, existe una fuerte oposición a sus planes y Robert Kennedy Jr., un miembro de la línea de sangre de la nobleza blanca Kennedy, fue indirectamente amenazado por el asesinato de dos de sus familiares encontrados muertos y asesinados para hacerle detener su trabajo antivacunas: https://www.rumormillnews.com/cgi-bin/forum.cgi?read=143670.>>

<<En cambio, Robert F. Kennedy Jr. está exponiendo y continuando su lucha contra Bill Gates. https://childrenshealthdefense.org/news/government-corruption/gates-globalist-vaccine-agenda-a-win-win-for-pharma-and-mandatory-vaccination/. La administración Trump se ha opuesto al sistema de seguimiento de vacunas de Bill Gates desde el principio por razones de limitaciones de "libertad personal". Sepa que si lo desea, puede unirse a la petición de la Casa Blanca, que se ha vuelto viral por la eliminación de estos actos criminales. https://petitions.whitehouse.gov/petition/we-call-

investigations-bill-melinda-gates-foundation-medical-malpractice-crimes-against-humanity. Las vacunas, para Bill Gates, son una fachada de filantropía estratégica que alimenta sus muchas actividades relacionadas con las vacunas (incluida la ambición de Microsoft de controlar una empresa global de identificación de vacunas) para implementar el control dictatorial sobre la política de salud global: el consejo de diamante del neoimperialismo corporativo. La obsesión de Gates con las vacunas parece alimentarse de su creencia mesiánica de que se le ordena salvar el mundo con tecnología (reemplazando al humano con robots humanoides) y por esta razón tiene el derecho divino de experimentar la vida de los humanos considerados " menores de edad ". Ya prometiendo erradicar la poliomielitis con $ 1.2 mil millones, Gates tomó el control de la Junta Asesora Nacional (NAB) de la India e impuso 50 vacunas contra la poliomielitis a todos los niños antes de los 5 años. Los médicos indios ahora culpan a la campaña de Gates por una devastadora epidemia de cepas de la vacuna contra la poliomielitis que paralizó a 496,000 niños entre 2000 y 2017.>>

<<En 2017, el gobierno indio tomó medidas enérgicas contra el régimen de la vacuna de Gates y desalojó a Gates y sus compinches de la NAB por lo que las tasas de parálisis de la polio cayeron precipitadamente. En 2017, la Organización Mundial de la Salud tuvo que admitir a regañadientes que la explosión mundial de la poliomielitis es predominantemente en una variedad de vacunas, lo que significa que proviene del programa de vacunas Gates. Las epidemias más aterradoras en el Congo, Filipinas y Afganistán están relacionadas con las vacunas de Gates. Para 2018, ¾ de los casos mundiales de polio provenían de las vacunas de Gates. En 2014, la Fundación Gates financió pruebas experimentales de vacuna contra el VPH (virus del papiloma), desarrolladas por GSK y Merck, en 23,000 niñas en provincias indias remotas. Alrededor de 1.200 sufrieron efectos secundarios graves, incluidos trastornos

autoinmunes y de fertilidad. Siete murieron. Las investigaciones del gobierno indio han acusado a los investigadores financiados por Gates de cometer violaciones éticas generalizadas: empujar a las niñas de las aldeas vulnerables al proceso, oprimir a los padres, falsificar los formularios de consentimiento y rechazar el tratamiento médico para las niñas lesionadas. El caso está ahora en la Corte Suprema de los Estados Unidos. En 2010, la Fundación Gates financió una vacuna experimental GSK contra la vacuna contra la malaria, matando a 151 niños africanos y causando efectos adversos graves, como parálisis, convulsiones y convulsiones con estados febriles en 1.048 de 5.049 niños. Durante la campaña Gates 2002 Men Afri Vac en África subsahariana, los agentes de Gates vacunaron por la fuerza a miles de niños africanos contra la meningitis. Entre 50 y 500 niños desarrollaron parálisis. Los periódicos sudafricanos se quejaron de que "somos conejillos de indias para los fabricantes de drogas". El ex economista de Nelson Mandela, el profesor Patrick Bond, describe las prácticas filantrópicas de Gates como "despiadadas" e "inmorales". Bill y Melinda Gates ya han sido acusados de paralizar a 490,000 niños africanos con sus vacunas.>>
<<En 2010, Gates prometió $ 10 mil millones a la OMS prometiendo reducir la población, en parte, a través de nuevas vacunas. Un mes después, Gates le dijo a Ted Talk que las nuevas vacunas "podrían reducir la población". En 2014, la Asociación de Médicos Católicos de Kenia acusó a la OMS de esterilizar químicamente a millones de mujeres keniatas que no querían con una campaña de vacunación falsa contra el "tétanos". Laboratorios independientes han encontrado la fórmula de esterilidad en cada vacuna probada. Después de negar las acusaciones, la OMS finalmente admitió que ha desarrollado vacunas contra la infertilidad durante más de una década. Acusaciones similares vinieron de Tanzania, Nicaragua, México y Filipinas. Un estudio de 2017 (Morgensen et 2017) mostró que el famoso DTP de la OMS está

matando a más africanos que la enfermedad que dice prevenir. Las niñas vacunadas sufrieron tasas de mortalidad 10 veces más altas que los niños no vacunados. Gates y la OMS se han negado a revelar la vacuna letal que la OMS impone a millones de niños africanos cada año. Los defensores mundiales de la salud pública en todo el mundo acusan a Gates de desviar la Agenda de la OMS de proyectos que han demostrado contener enfermedades infecciosas; agua limpia, higiene, alimentación y desarrollo económico. Dicen que desvió los recursos de la agencia para servir a su sistema criminal fetichista y que, según él, la buena salud solo proviene de una jeringa ("asesino"). Además de utilizar su filantropía para controlar a la OMS, UNICEF, GAVI y PATH, Gates financia a compañías farmacéuticas privadas que producen vacunas y una vasta red de grupos de fachada de la industria farmacéutica que transmiten propaganda engañosa, desarrollando estudios fraudulentos, realizando operaciones de vigilancia y psicológicas contra la vacilación de la vacuna y el uso del poder y el dinero de Gates para silenciar la disidencia y forzar el cumplimiento.>>

<<Según las fuentes, la creación real del virus involucró equipos supervisados por Bill Gates. Frank Plummer, un ex director de biolab canadiense que estuvo directamente involucrado en la creación del virus, fue víctima del Cabal controlado por MK-Ultra, que estaba desarrollando el virus contra su voluntad y fue asesinado por el Cabal antes de que pudiera hablar demasiado ( https://www.sciencemag.org/news/2019/07/mystery-surrounds-ouster-chinese-researchers-canadian-laboratory; https://phiquyenchinh.org/2020/02/23/tb-in-hiv-cov-cierra-abajo-el-cerebro-más-el-culto-coreano-role-in-wuhan-pt-10/ https://phiquyenchinh.org/2020/02/20/hiv-laced-covid-19-targets-human-testicles-its-tb-strand-blocks-the-mune-system/) Trump siempre se ha declarado contrario a la agenda de Bill Gates y a un sistema de rastreo digital que podría informar a las autoridades

sobre la historia de todas estas cosas. vacunas de un individuo. Por esta razón, durante semanas Trump ha promovido sus informes diarios en la prensa declarando que era inútil esperar una vacuna si ya había una cura para el Virus Corona. Justo esta semana, retiró todo el dinero de la Organización Mundial de la Salud para una colusión entre la Fundación Bill Gates y la Fundación Clinton, China y la Fundación Soros. Estaban usando su colaboración con la "Fuerza de Paz" de las Naciones Unidas (que no tiene nada que ver con la paz) para cruzar las fronteras bajo esta pandemia de miedo. Continuó siguiendo la barrera de tanques en la frontera sur contra la llamada "fuerza de mantenimiento de la paz" de las Naciones Unidas y luego bloqueó todo "jugando", incluidos los soldados de infantería de la MS13.>>

<<Sepa que la mafia jázara no quiere rendirse sin luchar. La White Dragon Society envió el siguiente mensaje la semana pasada: "Hemos gobernado este planeta durante miles de años y lo destruiremos en lugar de abandonarlo".>> Agregan que <<la epidemia en China se remonta a la compañía farmacéutica Wuxi en Wuhan, China. ¿Pero adivina quién es el dueño de Wuxi? La Fundación Soros. Si se desplaza por la lista de compañías que posee en la base de datos de la SEC a continuación, encontrará el nombre de "Wuxi Pharmatech Cayman Inc". La propagación de la infección en los Estados Unidos también es predominante en áreas donde la sede del laboratorio estadounidense de Wuxi se encuentra en Texas, Maryland, Nueva Jersey, California, Minnesota, etc. Ver en los archivos: https://www.sec.gov/Archives/edgar/data/1029160/ 000101143811000207/form_13f-soros.txt. El científico chino llamado Li Chen desertó a los Estados Unidos y trajo con él un disco de la nueva arma biológica más peligrosa de China, llamada "Stuff Wuhan-400" porque fue desarrollada en sus laboratorios RDNA en las afueras de la ciudad de Wuhan. El arma biológica tiene cuatro centésimas de cepas vitales de microorganismos artificiales creados

en ese centro de investigación. Wuhan-400 es, por lo tanto, un arma perfecta. Afecta solo a humanos y, por lo tanto, se llama virus Zombie.>>

Su estrategia evidentemente vende una pantalla de falacias y engaño y distracción, detrás de lo cual sí hay un virus, el cual aún no ha sido dispersado realmente, pero lo será cuando la resistencia a la vacunación obligatoria termine tomando las calles de las principales ciudades del mundo. <<La fundación Soros apoya a la familia Rothschild y otras familias de la mafia jázara, muchas de las cuales se esconden en Suiza, Nueva Zelanda y las Islas Vírgenes Británicas. El archivero cabalista y "bagman" de Rockefeller, Henry Kissinger, dijo: "Las instituciones de muchos países se percibirán en bancarrota ... La realidad es que el mundo nunca será el mismo después del Virus Corona ... su propagación es exponencial: los casos estadounidenses se duplican cada quinto día. Al momento de escribir, no hay cura. Los suministros médicos no son suficientes para hacer frente a la creciente ola de casos. Las unidades de cuidados intensivos están al borde y más allá de ser abrumadas. El esfuerzo de crisis, por extenso y necesario que sea, no debe excluir la tarea urgente de lanzar una empresa paralela para la transición al orden posterior al Virus Corona para una visión global de colaboración del Pian Virus Marshall y el Proyecto Manhattan. La contracción provocada por el Virus Corona es, en su velocidad y escala global, diferente a todo lo que se haya conocido en la historia. El fracaso podría incendiar el mundo" (https://www.wsj.com/articles/the-coronavirus-pandemic-will-forever-alter-the-world-order-11585953005).>>

<<El Virus Corona se originó en la ciudad de Wuhan en China y ahora ha llegado a todos los rincones del mundo. Pero este virus no llegó a Beijing, la capital de China y la capital económica de Shanghai cerca de Wuhan, ¿por qué? Porque Beijing es la ciudad donde viven todos los líderes de China, los líderes militares, los que manejan el poder de China, los que aún trabajan para el Estado

Profundo. Se informó a los chinos que el Coronavirus había sido encontrado en sus instalaciones en "666 Gaoxin Road" (número relacionado con el Diablo), en Wuhan, China (https://www.wuxiapptec.com/about/location). En el fondo, estas personas del "Estado Profundo" son personas sin moral y ética. Estas personas mienten y engañan y prefieren la intimidación a la negociación y el pago justo de nuestros productos. Su método operativo es demandarnos para destruirlo financiera y emocionalmente. Los juicios son muy caros y estas personas de Deep State controlan la mayoría de las grandes firmas de abogados. Estas personas de Deep State están bien financiadas y son malas para la médula ósea. También quieren controlarnos y destruirnos porque no usan medios furtivos y legales. Sin embargo, Trump y la Alianza han utilizado esta pandemia de "bombeo" contra el Estado Profundo para cubrir el lanzamiento del GCR / RV y los inspectores del Pentágono están supervisando cuidadosamente la ayuda de $ 2 billones que se lanzará al mercado para el Virus Corona en para evitar más acciones criminales.>>

<<El antiguo sistema financiero Fiat administrado por Cabal ahora está implosionando también gracias a la última emisión fuerte de dinero que conducirá a una gran hiperinflación debido al molde de demasiado papel moneda, lo que causará el colapso definitivo del sistema. Básicamente, la moneda fiduciaria ilimitada se imprime en deuda para sobrecargar el sistema y poder bloquear todo en la Reserva Federal, que luego se pondrá a cero durante el jubileo de la deuda global. El viernes 27 de marzo de 2020, se implementó la incorporación de la Reserva Federal al Tesoro, una de las noticias más sorprendentes del siglo. Por lo tanto, Trump tomó el control de la Reserva Federal, que ahora está dirigida por dos representantes del Tesoro. Después de tres años en el poder, Trump finalmente cumplió su promesa electoral de sacar a los bancos privados de los asuntos públicos de EE.UU., Poniendo fin a un siglo de explotación

de los ciudadanos estadounidenses y del mundo. Nombró al famoso grupo de inversión Blackrock para implementar la compra de las principales empresas dedicadas a la economía real, lo que se traduce en el hecho de que está nacionalizando los bloqueos de la economía real, al tiempo que evita el colapso del mercado al involucrar a importantes inversores privados en el mercado. 'acuerdo. La Fed también comenzó a comprar paquetes hipotecarios de Fannie Mae y Freddie para tratar de apoyar el mercado de préstamos para que no se bloquee. El Banco de la Reserva Federal, Keizer Report, Max y Stacy, ahora también están comprando bonos basura para ahorrar fondos de capital privado y fondos de cobertura que, una vez más, han hecho muchas malas apuestas.>>

<<El Departamento del Tesoro de EE.UU. Ahora determinará qué mercados / segmentos necesitan capital (podrían ser acciones, municipios, sectores específicos, incluso deuda corporativa; parece que no hay restricciones). Es el Departamento del Tesoro el que ahora le dice a la Fed cuánto dinero imprimir. Todo lo que hace la Fed es imprimir el dinero. Ya no hay ningún proceso de toma de decisiones o control autorizado. Un tercero (Blackrock) realiza las operaciones dictadas por el Departamento del Tesoro. Esto quita todo de las manos de la Reserva Federal, excepto la impresión de dinero. En las últimas semanas, la Reserva Federal ha reducido repetidamente e inesperadamente el costo del dinero, presentando también grandes noticias en el frente de la Facilitación Cuantitativa (QE). El objetivo era detener el shock económico causado por la pandemia, que, sin embargo, sabemos que ya no es posible. La Fed también ha anunciado que tiene la intención de ofrecer dólares a los otros bancos centrales que dependen de él mediante el lanzamiento de un nuevo sistema de préstamos temporales que, por primera vez en la historia, permitirá a los bancos centrales extranjeros convertir sus tenencias en dólares (a través de líneas de intercambio). bonos del gobierno. El nuevo programa no solo se dirigirá a bancos centrales

extranjeros, sino que también se extenderá a instituciones financieras internacionales con cuentas de la Fed de Nueva York (https://www.federalreserve.gov/newsevents/pressreleases/monetary20200319b.htm).>>

<<De hecho, esta es una nueva estructura de acuerdo de recompra de FIMA. En esencia, esto permite a cualquier Banco Central, incluidos los mercados emergentes, intercambiar sus tenencias del Tesoro de los Estados Unidos por USD, que luego pueden ponerse a disposición de las instituciones financieras locales para hacer frente a la crisis de liquidez. Para decirlo sin rodeos, esta instalación de recompra es como una línea de intercambio. El último movimiento posible de la Reserva Federal fue apoyar a los mercados financieros mundiales ofreciendo dinero a los otros bancos centrales para mantener su sistema criminal fiduciario, que de hecho ya se ha derrumbado. El Banco de Canadá, el Banco de Inglaterra, el Banco Central Europeo, el Banco Nacional Suizo y otros nueve países ya han tenido acceso a las líneas de intercambio de la Fed con Australia, Brasil, Corea del Sur, México, Singapur y Suecia, todo en capaz de extraer hasta $ 60 mil millones y $ 30 mil millones disponibles para Dinamarca, Noruega y Nueva Zelanda. A pesar de todas las acciones de la Fed implementadas hasta ahora, el USD continúa aumentando en relación con los precios de los mercados emergentes, esto se debe a que la crisis actual difiere de la GFC de 2008 y requiere políticas directas para los usuarios finales que van más allá del sector bancario. Estas empresas, especialmente aquellas involucradas en cadenas de suministro globales, necesitan constantemente capital de trabajo, principalmente dólares. Preservar el flujo de pagos a lo largo de estas cadenas es esencial si desea evitar una mayor crisis económica. Es por eso que nos estamos moviendo rápidamente hacia el "Fin del juego" donde, de hecho, la Fed, incluso apoyando al sistema financiero global, colapsará sobre sí misma.>>

<<Si la Fed no respaldara el mercado ahora, habría un colapso parcial del Eurodólar, que sin embargo ya es previsible porque la Fed no tiene interés en salvar a todas las empresas extranjeras. Y la mayoría de los países en desarrollo aún no tienen suficientes dólares para hacer frente a los períodos de estrés de liquidez del euro-dólar. La única excepción es Arabia Saudita, cuya moneda está vinculada al USD, aunque Taiwán y Rusia mantienen el USD cerca de lo que se necesitaría en caso de emergencia. En resumen, la magnitud de la demanda de USD fuera de los Estados Unidos es clara, y hasta ahora la Fed está respondiendo emitiendo nueva moneda. Continuó expandiendo su balance general para proporcionar liquidez a los mercados a una tasa nunca vista en el pasado. ¡Básicamente hemos visto casi cinco años de QE1-3 en cinco semanas! Sin embargo, nunca será suficiente, porque una cosa ahora está clara: que el comercio mundial de bienes y servicios se verá afectado por esta crisis y que las importaciones estadounidenses colapsarán. Esto amenazará a uno de los principales canales de liquidez del USD en el sistema de eurodólares y acelerará su caída porque si ya existía un déficit fiscal de $ 1 billón antes de COVID-19, ahora con esta pandemia el déficit de liquidez del USD se ha extendido alrededor de $ 3.2 billones. Como hemos argumentado recientemente, este es un nivel máximo que tuvimos durante la Segunda Guerra Mundial. Así que ahora ya no estamos conspirando al anunciar el colapso del sistema y la zona del euro durante años, pero la situación es clara para todos los que se dan cuenta de que nos enfrentamos a un sistema que ya se ha derrumbado por algún tiempo.>>

<<El "informe Atlantis" se anticipó el 9 de abril de 2020 y se anunció que el mercado había ido mal con las acciones de compra de la Fed. La normalización ha desaparecido hace mucho tiempo y nunca volverá. Es por eso que ahora todos saben que este paradigma está muerto. La FED después de 107 años de dominación (a partir de 1913, el año de su constitución) ha cesado su trabajo de esclavitud

en las personas. Con ello también cesa la economía neoliberal o neokeynesiana. Este es el final de la teoría económica del consumidor porque el estándar de moneda fiduciaria cargado de deuda ha fallado. El renacimiento de Estados Unidos y el mundo entero comenzó con la recuperación del control de la oferta monetaria, el sistema financiero y la moneda que ahora se ha eliminado de los banqueros globalistas (que dominan el mercado con sus empresas privadas internacionales) para devolverlo al Tesoro, bajo el gobierno de la "República", que pronto será totalmente restaurado. El Tesoro de los Estados Unidos ahora tiene activos e intereses garantizados en una deuda federal de alrededor de $ 22 billones y la Reserva Federal deberá todos esos $ 22 billones.>>

<<Básicamente, la Reserva Federal comprará más de 2 billones de deudas de los Estados Unidos al mes para sacar a los Estados Unidos de la deuda hacia la fecha de elección (noviembre) 2020. Después de que la Reserva Federal podría declararse en bancarrota y desaparecer, junto con su IRS de propiedad privada que también conducirá a la eliminación de los impuestos sobre la renta. No más crédito de los banqueros debido al sistema monetario criminal basado en la deuda. Esto será reemplazado por una moneda revaluada por el oro y el nuevo sistema financiero cuántico. Recuerde que Trump y la Alianza nos han dicho que el oro reducirá la Fed. La transición puede llevar algunos meses, pero actualmente la Fed se ha reducido a un mero banco privado limitado por la deuda que por un tiempo simplemente procesará transacciones como una empresa de corretaje de Wall Street con pequeñas tarifas de transacción. Mientras tanto, el Tesoro de los Estados Unidos mantendrá la garantía de esa deuda, ya no la Fed, y esto hace que la deuda sea una ventaja en este momento. En esencia, el Tesoro está utilizando los instrumentos de la Fed contra ellos. Gracias a Dios, el proceso ha sido revertido. Debemos recordar que Lincoln persiguió al Banco Central (Fed) con la emisión del billete verde. JFK lanzó EO11110 dando un golpe a la

Fed y Reagan recibió una bala después de desviarse de la política de la Fed. Pero ahora ha llegado el momento de hacer justicia a estos grandes hombres que nos precedieron y que trabajaron para la gente. Porque el poder, paso a paso, será restaurado a la gente. La recuperación del control del sistema de la Reserva Federal es parte del "Restablecimiento financiero global" (lo que llama la atención no es el "Restablecimiento global de divisas" vinculado a las monedas que se anunciarán después de la reestructuración del sistema, sino su precursor).>>

<<El Tesoro anunció que la liberación de fondos para todos los niveles programados para la próxima semana era la forma en que el "Stimulus Bill", el paquete de estímulo aprobado por el gobierno para familias estadounidenses de $ 2 billones, habría tenido ayudó a la gente y a la economía. De hecho, los fondos liberados en virtud de la Ley de estímulo llegaron el miércoles 15 de abril inmediatamente después de Pascua. La ley se convirtió en la cuenta de estímulo económico más grande en la historia moderna, más del doble en comparación con la ley de estímulo aprobada durante la crisis financiera de 2009. El gobierno de los Estados Unidos está distribuyendo el llamado "dinero en helicóptero" a través de pagos directos. en efectivo a particulares y familias. La pieza central de este plan es un pago directo de $ 1,200 para aquellos que ganan hasta $ 75,000 al año. Para mayores ganancias, los montos de pago se eliminarán gradualmente, terminando en general en el nivel de ingresos de $ 99,000. Las familias también recibirán $ 500 por niño. Los primeros fondos de estímulo están destinados a personas y pequeñas empresas. Otra ronda saldrá en breve. La financiación del estímulo es esencialmente el precursor de un ingreso básico universal para todos los que nunca caerán por debajo de $ 1,200 por adulto. Los cheques de estímulo son emitidos por el Tesoro de los Estados Unidos y enviados por el Servicio de Impuestos Internos (IRS) a todos los ciudadanos estadounidenses. El IRS dijo el sábado que

los primeros cheques de estímulo fueron depositados en las cuentas bancarias de los contribuyentes.>>

<<Mnuchin (Ministro del Tesoro de EE.UU.) Y Trump han dicho que los pagos y cheques electrónicos directos están en progreso. Hubo 80 millones de pagos destinados a llegar a las cuentas bancarias de los destinatarios a mediados de semana. Los fondos de estímulo brindan otras facilidades, a saber: (1) una suspensión temporal de cualquier préstamo estudiantil que tenga el gobierno federal. Esto significa que no se requieren pagos ni intereses devengados hasta finales de septiembre de 2020; (2) la posibilidad de tener una tolerancia a los pagos de la hipoteca de hasta seis meses para los prestatarios con préstamos garantizados por la Confederación; (3) una expansión de los beneficios de desempleo, incluido un aumento de cuatro meses en los beneficios. Estos planes incluyen trabajadores independientes, trabajadores de economía concertada y empleados con experiencia. Los otros países del mundo pronto lo seguirán al emitir fondos de emergencia y luego a plena capacidad para el sustento de las personas para alcanzar un ingreso universal para todos. Italia, al igual que otros países, será apoyado monetariamente en esta actividad por los Estados Unidos, que aprobó el otorgamiento de fondos el sábado pasado para ayudar al país aliado en gran dificultad.>>

<<Los arrestos masivos en todo el mundo del Estado Profundo están sucediendo ahora mismo detrás de escena sin que la Ley Marcial se haga pública, aunque la Ley Marcial Médica se ha activado en varios países del mundo que han declarado el Estado de Emergencia Nacional. Con la declaración del estado de emergencia médica, el presidente Trump pudo congelar las cuentas financieras de cualquier persona involucrada en el tráfico de seres humanos, pornografía infantil, tráfico de niños con fines de pedofilia o sacrificio humano. Y esto incluye políticos y actores estatales, funcionarios gubernamentales actuales o anteriores, o una persona que actúe en

representación de dicho funcionario. Recuerde que el 21 de diciembre de 2017, Trump emitió una orden ejecutiva que le permitió bloquear las propiedades de personas de todo el mundo involucradas en graves violaciones de derechos humanos o corrupción. La Orden afecta a cualquiera que se haga culpable de violaciones de derechos humanos y corrupción, no solo en los Estados Unidos sino también en el resto del mundo. Por lo tanto, afecta a todos, incluidos los gobiernos extranjeros y sus funcionarios también, al proporcionar el bloqueo y la confiscación. Es con este acto que el presidente Trump pudo iniciar arrestos de criminales en todo el mundo (https://www.whitehouse.gov/presidential-actions/executive-order-blocking-property-persons-involved-serious-human-rights-abuse-corruption/). El presidente Trump, el Departamento de Defensa, la Alianza y los responsables de la toma de decisiones creen que ha habido suficientes arrestos y contenciones del Estado Profundo a nivel mundial bajo el ejército y las operaciones de la Alianza en Europa, Estados Unidos y China, lo que no ocurriría. La ley marcial debe ser declarada públicamente. Sin embargo, Trump atrajo un millón de reservas y recientes militares retirados de servicio.>>

<<Se ha librado una guerra contra los carteles mexicanos de la droga, las redes 5G (que se han desactivado) y FEMA, que se ha puesto bajo control militar. Algunos objetivos son muy violentos y se espera que reaccionen, por lo que por la seguridad de las personas durante un corto período, Trump ha consentido a los gobiernos criminales que nos impusieron el encarcelamiento. En 90 días, planean arrestar a unas 160,000 personas, incluidos miembros de Media Mainstream y Barry Soetoro. Ahora están empezando a derribar a Antifa, MS-13, la mafia, las bandas de narcotraficantes y otros mercenarios contratados por Soros y utilizados por los demócratas y el Estado Profundo. El Estado Profundo, aunque lanzó el Virus Corona, está perdiendo la guerra. Su plan de 16 años para destruir a Estados

Unidos, iniciado por Obama y con la intención de continuar por Hilary Clinton, que había planeado destruir la infraestructura de los Estados Unidos, ha fracasado. Su plan incluía específicamente reducir el ejército de los EE. UU. Y agotar sus recursos, financiando activamente a Irán y Corea del Norte con armas nucleares. El objetivo era comenzar una tercera guerra mundial nuclear que causaría la muerte y la destrucción a escala mundial. La tercera guerra mundial habría sido una "guerra falsa" patrocinada por Mainstream Media controlada por el gobierno.>>

<<El Plan también estipuló que las élites globales de Rothchild, los banqueros de Wall Street, Obama y Hillary Clinton tuvieron que colapsar la economía estadounidense para volver a comprar unos centavos de dólar, de modo que el mundo permaneciera bajo el control del complejo industrial globalista del estado profundo. Bajo estos términos del Estado Profundo, la clase media estadounidense habría sido completamente destruida y la población estadounidense (como la población del resto del mundo más tarde) se habría reducido a un estado de esclavitud, hambre, muerte y enfermedad. Estados Unidos no tenía que tener fronteras, la Constitución tuvo que ser revisada para eliminar la Carta de Derechos y todas las libertades fundamentales y la población habría sido desarmada al eliminar la segunda enmienda relacionada con el derecho a portar armas. Después del brutal asesinato del presidente Kennedy, el estado profundo se convirtió en la estructura predominante de poder sobre todos los gobiernos. Como los cambistas descubrieron hace mucho tiempo que el control sobre un suministro de dinero fraudulento no solo les dio control sobre los activos del pueblo, sino que también, de una manera muy real, también control sobre el gobierno del pueblo, aprendieron a ganar dinero a sus espaldas de personas que extienden cada vez más su control aplicando la secuencia de ciclos fáciles de dinero seguidos de restricciones sucesivas para lanzar su trampa.>>

<<En un sistema monetario donde el dinero se "crea" de la nada en deuda, nunca habrá armonía. Si vamos a un banco y pedimos prestados $ 250,000 para una nueva casa, el banco no hace nada más que registrarse en el libro mayor para crear los $ 250,000 desde cero y simplemente en virtud del hecho de que firmamos nuestro nombre en una pieza. de papel que promete pagar esa suma de dinero, el banco recibe como garantía por su préstamo falso, nuestro activo real, nuestra casa, que luego confiscarán en el momento en que caigamos en su trampa durante los ciclos restrictivos. Entonces, las funciones del Banco Mundial o el FMI, destinadas a resolver el caos económico mediante la restauración del orden y el préstamo de dinero creado de la nada, sirven exclusivamente para resolver los problemas creados por el Nuevo Orden Mundial que intenta crear un mundo, sin fronteras nacionales, bajo un único sistema de gestión, con una única economía global planificada, para restaurar la estabilidad, prometido engañosamente "por el bien de todos" y durar para siempre, mientras que el proceso ha derribado al 90% de la población mundial. Sin embargo, no hay necesidad de preocuparse, porque el pueblo soberano ahora tendrá el poder de restaurar su gobierno nacional, reclamar su estatus político de su derecho de nacimiento y restaurar su jurisdicción sobre la tierra. Nuestros países, sin su propia personalidad jurídica, todavía están en funcionamiento y pueden restaurarse a su estado legal original al exigir la devolución de todas las identidades y propiedades robadas que deben las naciones y las personas.>>

<<En este momento hay más de 170,000 cargos sellados presentados en tribunales federales en todo el país estadounidense (la mayoría con acusaciones de pedofilia), mientras continúan los arrestos masivos de las élites globales que deberían terminar en arrestos de las élites políticas. otoño. En enero de 2016, la mañana en que el presidente Trump asumió el cargo, visitó la sede de la CIA para declarar la guerra contra la trata de personas. Desde entonces, se han

presentado más de 170,000 cargos sellados en tribunales federales en todo el país, la mayoría con cargos de pedofilia. Dos semanas después de asumir el cargo, este último anunció la formación de una "fuerza especial de pedofilia" del Pentágono en una conferencia de prensa que Mainstream Media no había cubierto. Ver enlace: extensión-cromo: https://media.defense.gov/2017/Nov/15/2001843802/-1/-1/1/ DODIG-2018-018_CHILD_SEXUAL_ABUSE_V2_508_R_REDAC The Task Force. ha estado involucrado en operaciones de rescate de niños desde 2017 mientras también ataca el tráfico de drogas, niños en América del Sur, México y el Caribe. Los arrestados serán deportados a GITMO, el campo de prisioneros en Guantánamo, Cuba. Los principales obstáculos para arrestar y condenar a estos criminales siempre han sido los jueces porque muchos de ellos son corruptos y están en el sistema judicial. Es por eso que GESARA solicita volver a un estado de derecho ante la Corte Suprema que regrese a juzgar de acuerdo con la ley y no de acuerdo con un "intento" de seguir otras leyes.>>

<<La semana pasada se descubrió un gran túnel que conecta México con Estados Unidos. Ahora nos estamos centrando en las operaciones en el Caribe, donde también llegamos a los hogares de élite en estos lugares, como en la Isla de Epstein, Richard Branson, Nexus Sex Cult, Haití niños y la Fundación Clinton. Bill Gates fue arrestado por sus crímenes de abuso infantil y participación con Epstein luego de su renuncia como CEO de Microsoft. Uno de sus imitadores se utiliza para apariciones públicas esporádicas (https://www.nytimes.com/201910/12/business/jeffrey-epstein-bill-gates.html). Bill Gates siempre tuvo una fuerte conexión con Jeffrey Epstein: https://www.dailymail.co.uk/news/article-7350469/Bill-Gates-havolato-Jeffrey-Epstein-Loliota-Express-2013-anni-pedofilo-carcere-stay. Aquí Bill Gates elogia al pedófilo Jeffrey Epstein: https://www.mysterious-times.com/2020/04/16b-

gates—pedófilos-Jeffrey-Epsteinslodato-vita-tipo-di-intriganti/[2]. Las tropas militares de la Guardia Nacional y la Operación Especial ahora están rescatando a niños y víctimas del tráfico de túneles en algunas de las ciudades más grandes de los Estados Unidos. La trata de niños, esclavas sexuales, motines y canibalismo es la industria más grande del planeta y el presidente Trump y su equipo heroico la están deteniendo. El 1 de abril de 2020 hubo un anuncio público de un asalto masivo bajo el general Milley, presidente del Pentágono, quien envió sus tropas para salvar a los niños y arrestar a los traficantes del Estado Profundo, por lo tanto, no es casualidad que el El presidente Trump, como comandante en jefe, financió deliberadamente el Pentágono con los fondos más importantes de la historia. Porque, el Pentágono acordó ejecutar arrestos militares de traidores estatales, bajo la dirección de Trump, quien ahora está secretamente protegido.>>

<<Los Illuminati usan la pedofilia para chantajear y controlar a sus miembros títeres. Mientras tanto, la corrupción y el abuso sexual son abundantes y nadie menciona la participación de los jesuitas y la masonería. El sistema legal y la policía son entendidos y cómplices en la subversión de la civilización. Los estudios de Hollywood están empapados en la sangre de niños inocentes. El consumo de sangre para los bebés es tan popular en Hollywood que básicamente funciona como una moneda por derecho propio. El "Project Paperclip", "Project Mockingbird", "MKULTRA" son parte de experimentos en humanos realizados por científicos nazis y la CIA. Consulte el documento Experimentos de control mental de la CIA: https://www.politico.eu/article/the-secret-history-of-fort-Detrick-the-CIAS-base-of-controllomental-experiment. "Out of the Shadows" es un documental/video publicado por "Q" (Alianza de la Luz) entre los más buscados que hemos visto en los últimos años

---

2. https://www.mysterious-times.com/2020/04/16b-gates--pedófilos-Jeffrey-Epsteinslodato-vita-tipo-di-intriganti/

sobre cómo Mainstream y Hollywood Media manipulan y controlan a las masas usando la propaganda de Control Mental de la CIA. Le recomendamos que lo vea en el siguiente enlace: https://www.youtube.com/watch?v=MY8Nfzcn1qQ. La CIA es la primera en transmitir información a Hollywood, que luego controla a la población con su programación de televisión y cine. Hacen cualquier tipo de propaganda que quieran sobre la población. En cada película de Disney matan a una figura paterna. Temas ocultos que se presentan a niños vulnerables de seis años o menos. Las élites de Hollywood son enemigas de la humanidad porque continuamente actúan en contra de la moral y las leyes al romper todos los tabúes de Dios conocidos por el hombre, incluida la santidad mental de los niños.>>

<<[En] Hollywood lamentablemente se institucionalizó la pedofilia. Estas pseudoestrellas recogen la sangre de los niños y comen su carne creyendo que esto les da fuerza vital. Si los niños sufren de dolor corporal y mental antes de morir, creen que esto les da una fuerza vital extra. Estas personas no tienen fuerza amorosa y propensión a la vida. Se alegran de causar dolor, trauma, estrés, abuso y sufrimiento porque a través de la sangre traumatizada de los niños derivan una sustancia que llaman "Adrenocromo", que sería precisamente su fuerza vital. Sin embargo, estas atrocidades satánicas ya no se pueden tolerar y es por eso que ahora muchos políticos, directores generales, actores, músicos, etc. están siendo arrestados en todo el mundo. Muchas élites en Washington DC, Hollywood, Wall Street, Silicon Valley y otras han sido arrestadas o detenidas bajo arresto domiciliario. Los arrestos domiciliarios que la Alianza está llevando a cabo detrás de escena no están expuestos públicamente en este momento por razones de seguridad. Algunas celebridades hicieron llamamientos públicos para recaudar fondos, sin embargo, su ropa parecía barata, su "decoración" decepcionante y su aspecto descuidado sin maquillaje. Si te das cuenta, se ven hechos jirones,

sin afeitar y obligados a tomar lecturas no deseadas. En resumen, no parecen hablar en circunstancias normales de su estado, por lo que pueden estar de alguna manera bajo arresto domiciliario.>>

<<La última celebridad que aparentemente se enamoró de Corona Virus fue el presentador de CNN Chris Cuomo, el enemigo abierto del presidente Trump. Cuomo es el hermano del gobernador de Nueva York Andrew Cuomo. La propia Oprah Winfrey fue arrestada por tráfico sexual relacionado con Harvey Weinstein y Bill Clinton (https://youtu.be/AZ5QohE3nPc). Tom Hanks también ha sido arrestado y está listo para ser ejecutado. Rita Wilson y el primer ministro canadiense Trudeau han sido arrestados y están en prisión en cuarentena. Ellen DeGeneres ha sido, o pronto será arrestada, junto con muchos, muchos, muchos otros. Todos afirmaron haber sido afectados por el Virus Corona. En cambio, es probable que se hayan retirado de Adrenochrome, la sustancia liberada en la sangre por las glándulas suprarrenales de los niños traumatizados, lo que parece decir que es horrible y causa la muerte de aquellos que lo tomaron por un tiempo y no pueden volver a tomarlo. Se cree que Weinstein ya murió por la crisis de retirada de Adrenochrome. Los próximos arrestos de celebridades serán de Celine Dion, Madonna, Charles Barkley y Kevin Spacey. Algunos líderes religiosos de alto rango serán arrestados u obligados a renunciar y algunos de repente caerán enfermos. El Vaticano será el primero y el Papa será removido en 2020. La producción de adrenocromo extraído de los humanos será revelada y Hollywood y el Vaticano serán expuestos como responsables directos de esto. Sepa que la mayoría de los arrestos tienen lugar en el hogar y con liberaciones posteriores para verificar incluso después de la situación. Todos los arrestos importantes serán descritos en los medios como teorías accidentales o de conspiración. Todos los arrestados recibirán "la muerte de Rommel", lo que significa que tendrán la opción de elegir entre su muerte presentada al público como suicidio o muerte

accidental a cambio de garantías de que su reputación permanecerá intacta o, como alternativa, pueden optar por enfrentar un juicio penal que causaría desgracias públicas.>>

<<El domingo de Pascua [de 2020], el Papa Francisco dijo que la carga de la deuda de los países más pobres debería haber sido perdonada (en esencia, hizo un llamado al "Jubileo de la Deuda"). El "Jubileo" mundial se avecina en todo el mundo, mientras que el G20 ha finalizado el programa de reducción de la deuda para los países más pobres. El grupo G20 aprobó un "plan de acción" crítico para congelar los pagos del servicio de la deuda de los países más pobres para evitar una crisis en los mercados emergentes. El nuevo programa de ayuda finalizó el 15 de abril durante una video conferencia de ministros de finanzas y gobernadores de bancos centrales del G20. El FMI ha cancelado toda la deuda contraída por muchos países, en particular al abordar países con deuda media-baja. Su deuda será perdonada en los 76 bancos centrales del mundo. Los 27 países originales en la peor forma financiera serán bienvenidos primero. Entonces 111 países recibirían una reducción de la deuda. Finalmente, todos los países recibirían condonación de la deuda (https://www.imf2020.org). La intención es mitigar la interrupción de la cadena de suministro de materias primas esenciales. El FMI se originó en 1913 como una cámara de compensación central para todos los bienes internacionales y se formó con el propósito explícito de acelerar el comercio entre las naciones. El anuncio se realizó después de la reunión de la video conferencia el 15 de abril: caribbeanbusinessreport.com. La semana pasada, Sarah-Jayne Clifton, directora de la Campaña de Deuda del Jubileo Británico, pidió un jubileo de la deuda global para evitar que algunos de los países más pobres del mundo colapsen en el caos en medio de la crisis de COVID-19.>>

<<Daniel Lacalle, CEO del administrador de fondos Tressis Gestión, dijo recientemente: "QE no resolverá este problema. Las

líneas de intercambio no resolverán este problema. Un jubileo de la deuda arreglará este más billones de billones de amortizaciones y incumplimientos". Anteriormente, Trump había insinuado que llegaría un anuncio de NESARA "Freedom from Debt" esta semana: https://www.youtube.com/watch?V=yW4NmsQ21Gw. Al 31 de marzo de 2020, la condonación de la condonación de hipotecas se aplica a aproximadamente 23,000 hipotecas, sin embargo, el programa de condonación de deudas continuará y se completará a fines de abril de 2020. Mientras tanto, el domingo de Pascua, el "Saint Germain World Trust" ha lanzado los fondos de prosperidad para un próximo anuncio del "patrón oro" y el "Restablecimiento" que tendrá lugar después de las noticias en los periódicos sobre la implosión de la moneda fiduciaria y el jubileo de la deuda. El sábado 11 de abril de 2020, el presidente Trump hizo una primera declaración de desastre para los 50 estados, que en realidad fue la admisión "velada" de la existencia de la ley marcial. https://www.msn.com/en-us/news/politics/coronavirus-trump-has-declared-major-disaster-in-all-50-states-at-once-first-time-in-history/>> Hasta aquí un extracto de las palabras de un reporte de QAnon de 2020. En el capítulo 2,3 de mi documental 'El Fin del Siglo' (https://youtube.com/playlist?list=PLdE1yrli2g3JLzr9O95HF4RuSEfCwmBWc) puedes hacerte una idea de los cómo funcionan los programas de control mental dentro de Hollywood.

# IX.

# EL CONTACTADO Y LAS PROFECÍAS DE HENOC

Por último, por acá, pero no menos importante, una información dada por 'Quetzal', un informante que da el Contacto 215 del grupo ufológico de Billy Meier el sábado 28 de febrero de 1987. Recuerda que las profecías varían en función de las decisiones que toman todos y cada uno de los implicados, en nuestro caso, de nuestro planeta. Algunas cosas cambian, otras no, depende de cómo la conciencia planetaria es predecible, y tiende a evocarse siempre en la misma dirección si la mente no cambia. Una profecía no es algo que un dios arbitrario decide porque le da la gana, sino una información dada por quienes conocen las variables del futuro, predicen el comportamiento y/o quienes ya conocen lo que va a ocurrir por su tecnología. Es como decir, *"según mis cálculos, si continúas por la vía de la derecha a 120 km/h, sin detenerte, y otro vehículo te intercepta a la altura del kilómetro 3 a 85 km/h de bajada, según el ángulo por el que viene, que no tiene visión tuya, ni tú lo puedes ver a él por unos árboles, la probabilidad de impacto entre ambos es de un 96%"*. Eso es una profecía.

Pero si el destino es que haya un cambio de conciencia y el mundo sea purificado, habrá variables. Entre ellas que los que están en la Luz sean salvados. Ajustando esta variable se crean nuevas líneas de probabilidad y posibilidad, se ajusta el tiempo u hora de impacto, las consecuencias del choque, las víctimas, etc. A más tiempo falte por ocurrir pueden intervenir múltiples variables, ya que hay asimismo múltiples actores involucrados. Sus decisiones aceleran o atrasan ese resultado.

Quetzal: Antes de darles un relato claro de las profecías de Henoch, me gustaría señalar que las profecías siempre son cambiantes y pueden cambiarse para mejor si el hombre hace cambios positivos en sus pensamientos, sentimientos y acciones, lo que lleva a lo mejor. Y positivamente progresivo. Las profecías siempre descansan sobre causas específicas; estos también dan como resultado ciertos efectos, por lo que estos efectos pueden cambiarse en cualquier momento si sólo se cambian de forma las causas precedentes. Por lo tanto, es posible que las profecías negativas o malvadas no tengan que cumplirse si las causas anteriores se cambian intencionalmente de manera que la positividad y el bien se desarrollen en lugar de la negatividad y el mal. Sin embargo, esto no se aplica a las predicciones, ya que se basan en eventos que no se pueden cambiar, son inevitables y seguramente y definitivamente ocurrirán en el futuro.

Las predicciones se basan en una vista previa y, por tanto, en una visión directa del futuro, y no tienen que ver con la profecía ni con el cálculo de la probabilidad. Entonces, cuando te hago conocer una parte de las profecías de Henoch para el tercer milenio, no significa que tengan que cumplirse, porque el prerrequisito para el cumplimiento en cada caso sería que las causas ya existentes sigan existiendo como también sigan existiendo. Ser creado en el futuro para que se cumpla el cumplimiento de las profecías. Así, siempre que los seres humanos de la Tierra se vuelvan razonables, existe la posibilidad de que mediante un cambio razonable en la forma de pensar así como un desarrollo razonable en el sentimiento y una forma igualmente razonable de actuar, todo cambie para mejor y positivo, por lo que las profecías no tienen que cumplirse. Sin embargo, si esta transformación no ocurre, se avecina una época muy maligna, perversa y negativa para la Tierra y toda su población en el próximo nuevo milenio.

Billy Meier: Desde la Segunda Guerra Mundial, los pensamientos, sentimientos y acciones del ser humano de la Tierra han cambiado mucho hacia lo positivo y lo bueno, pero todo lo logrado no es suficiente en mi opinión, pues aún no se ha logrado la gran transformación hacia lo mejor, ni por los poderosos de este mundo ni por toda la humanidad de la Tierra misma. En los años pasados, usted ha hecho muchas predicciones y cálculos de probabilidad, así como también ha mencionado hechos proféticos sobre la situación económica, militar y política de la Tierra, por lo que se me pidió que difundiera esta información, lo cual de hecho lo hice. Los gobiernos y los periódicos, las estaciones de radio y las estaciones de televisión y muchas personas privadas en todo el mundo fueron informados por mí. Pero todo el esfuerzo no logró nada, y lo mismo ocurrirá probablemente en el futuro, cuando reciba su permiso en el tiempo venidero para difundir las profecías de Henoch para el tercer milenio. Sin embargo, siento que el mensaje de Henoch para el futuro debe darse a conocer y distribuirse, porque de alguna manera aún puede dar frutos.

Quetzal: Aparentemente, nunca pierdes la esperanza. Su optimismo es honorable y merece ser escuchado por los seres humanos, pero tal como se han desarrollado las cosas a lo largo de este siglo, no hay demasiadas esperanzas de que los seres humanos de la Tierra entren en razón y escuchen sus palabras. Este será el caso solo cuando las profecías resulten ser ciertas o, lo que es peor, ya se hayan cumplido. Probablemente sólo entonces llegará el momento en que cesen las difamaciones en su contra en lo que respecta a sus contactos con nosotros, aunque durante mucho tiempo seguirán siendo disputadas con vehemencia por sus enemigos, así como por sabelotodos y críticos patológicos que los descartan como estafa, mentira y fraude. La verdad completa sobre nuestros contactos con usted se demostrará en un futuro lejano, y entonces la humanidad aceptará nuestra ayuda que le ofrecemos a través de usted, incluso cuando asuma erróneamente que venimos del sistema de siete estrellas conocido por los seres humanos de la Tierra como las Pléyades. [Los Plejaren afirman vivir en los Plejares, una configuración espacio-temporal alterada a unos 80 años luz más allá de las Pléyades. MH]

Billy: Semjase y Ptaah ya me lo explicaron. Pero cuéntanos ahora qué traerá el nuevo milenio a los seres humanos de la Tierra y al planeta Tierra según las profecías de Henoch.

Quetzal: Lo haré en un momento, pero antes de comenzar me gustaría explicar que no estoy autorizado a dar una indicación exacta de los años de manera oficial. Si el ser humano de la Tierra continúa viviendo de la misma manera que lo ha hecho hasta ahora, formando sus pensamientos y sentimientos de la misma manera, entregándose a las mismas acciones que hasta ahora, entonces las palabras de las profecías de Henoch podrían no ser más claras. El momento en el que estas profecías comenzarán a cumplirse será cuando un Papa deje de residir en Roma. Entonces, toda Europa será víctima de un terrible castigo por parte de los poderes del mal. La religión cristiana colapsará y las iglesias y monasterios terminarán en ruinas y cenizas. Las fuerzas monstruosas serán creadas por la ciencia y serán liberadas por las fuerzas militares y ejércitos, así como por los terroristas, causando una gran destrucción. Millones e incluso miles de millones de personas serán asesinadas por actos de terrorismo, por guerras y guerras civiles; y finalmente, en algunas partes del mundo, uno de cada tres seres humanos y, en otros lugares, uno de cada cuatro seres humanos, perderá la vida. Las naciones de Oriente se levantarán contra las naciones de Occidente, Occidente contra Oriente. Muchas muertes serán infligidas a la gente por aviones de combate y bombarderos, y bombas y cohetes destruirán y aniquilarán pueblos y ciudades cada vez más grandes.

La gente será completamente impotente contra todo esto y vivirá 888 días de Infierno en la Tierra, sufriendo hambre y plagas que cobrarán más vidas que la guerra misma. El tiempo será severo como nunca antes en la Tierra. En última instancia, ya no se podrá comprar ni vender nada. Todas las provisiones serán racionadas; y si un ser humano roba aunque sea un pedacito de pan, tendrá que pagarlo con su vida. Muchas aguas se mezclarán con sangre humana y se volverán rojas, como una vez en el pasado el Nilo en Egipto se volvió rojo de sangre. Y será que los fanáticos del Islam se levantarán contra los países de Europa y todos se estremecerán y temblarán. Todo en Occidente será destruido; Inglaterra será conquistada y arrojada al nivel más bajo de miseria. Y los fanáticos y guerreros del Islam conservarán su poder durante mucho tiempo. Sin embargo, no solo Europa se verá afectada, sino en última instancia todos los países y pueblos de la Tierra, ya que el gran horror se expandirá a una guerra que abarcará al mundo entero.

Después del cambio de milenio, el papado existirá solo por un corto período. El Papa Juan Pablo II es el tercero desde el último en esta posición. Después de él, solo seguirá un pontificado adicional. Luego sigue un Pontifex Maximus que será conocido como Petrus Romanus. Bajo su gobierno religioso, llegará el fin de la Iglesia Católica, un colapso total se hará inevitable. Ese será el comienzo de la peor catástrofe que jamás habrá sufrido los seres humanos y la Tierra. Muchos clérigos, sacerdotes, obispos, cardenales y muchos otros católicos serán asesinados y su sangre fluirá a raudales. Pero también la versión reformada del cristianismo será tan infinitamente pequeña como el catolicismo. Debido a la culpa de los científicos, los hambrientos de poder y sus militares, sus guerreros y terroristas se apoderarán de un poder enorme, y el poder se tomará también mediante armas láser de muchos tipos, pero también mediante armas atómicas, químicas y biológicas. También en lo que respecta a la tecnología genética, se producirá un enorme uso indebido, porque será explotado sin restricciones con fines bélicos, y no por último debido a la clonación de seres humanos con fines bélicos, ya que esto se practicaba en la antigüedad con los descendientes de Henoch en las regiones de Sirius.

Sin embargo, estos no serán todos los horrores; ya que además de la tecnología genética y las armas químicas, se producirán y se utilizarán armas de destrucción masiva mucho peores, más peligrosas y más mortíferas. Los políticos irresponsables ejercerán sin escrúpulos su poder, asistidos por científicos y fuerzas militares obedientes que los sirven, quienes juntos sostienen un cetro mortal y crearán seres parecidos a clones que serán criados en una total falta de conciencia y serán manipulados científicamente para convertirse en máquinas asesinas. División por división y desprovistos de cualquier sentimiento, destruirán, asesinarán y aniquilarán todo. Estados Unidos se enfrentará a los países del Este por delante de todos los demás estados financieros y, simultáneamente, tendrá que defenderse de los intrusos del Este. En total, América jugará el papel más decisivo, cuando con el pretexto de luchar por la paz y luchar contra el terrorismo invade muchos países de la Tierra, bombardea y destruye todo y trae miles de muertes a las poblaciones. La política militar de los EE.UU. tampoco conocerá límites, como tampoco lo harán sus instituciones económicas y políticas, que se centrarán en construir y operar una fuerza policial mundial, como es el caso desde hace mucho tiempo [sic]. Pero eso no será suficiente y, bajo la apariencia de una llamada globalización pacífica, la política estadounidense aspirará a obtener el control absoluto del mundo en lo que respecta a la supremacía en la economía.

Y esto apuntará hacia la posibilidad de que una Tercera Guerra Mundial pueda desarrollarse a partir de ella, si los seres humanos en su conjunto no finalmente reflexionan sobre la razón, se vuelven razonables y toman las medidas necesarias contra las locas maquinaciones de sus gobiernos y poderes militares, así como sus servicios secretos, y poner fin al poder de los irresponsables que han abandonado su responsabilidad en todos los ámbitos. Si esto no sucede, muchas naciones pequeñas y grandes perderán su independencia y su identidad cultural y serán derribadas, porque Estados Unidos ganará el predominio sobre ellas y con fuerza maligna las someterá a su dominio. Al principio, muchos países aullarán con los lobos de los Estados Unidos, en parte debido al temor a las agresiones y sanciones estadounidenses, como será el caso de muchos, muchos [los] irresponsables en Suiza y Alemania, pero también en otros países. En parte, otros se unirán porque de alguna manera se verán obligados a hacerlo o serán engañados por promotores irresponsables de la propaganda estadounidense.

Finalmente, muchos estados asiáticos, africanos y europeos se levantarán contra la hegemonía estadounidense, una vez que reconozcan que los Estados Unidos de América solo se aprovechan de ellos con fines de guerra, conquista y explotación. De esta manera, muchos países se convertirán en estados títeres de América [del Norte] antes de que surja la razón y la realización en los gobiernos responsables y en gran parte de la población, lo que resultará en un alejamiento de los Estados Unidos. Sin embargo, la gran guerra difícilmente será evitable porque los seres humanos de la Tierra probablemente no aceptarán las direcciones hacia lo mejor, con ello hacia el amor verdadero, la verdadera libertad y la paz real, esforzándose en cambio solo por la riqueza, el placer y la riqueza y por toda forma de vida. Valores materiales y poder irrestricto. Así...

Si la Tercera Guerra Mundial realmente ocurre, como los cálculos y las observaciones parecen indicar que es probable ahora y también durante las próximas décadas, entonces, como ahora, la población civil tendrá que soportar sobre todo la peor parte del enorme sufrimiento en tremendos números en toda esta catástrofe y, por último, pero no menos importante, la culpa de los científicos irresponsables que mediante la clonación crearán máquinas humanas con fines militares, desprovistas de conciencia y sentimientos, y crearán armas similares a computadoras inmensamente mortales y aniquiladoras. Al mismo tiempo, podría hacerse realidad el peligro de que las máquinas de combate humanas, los clones militares, ganarán su independencia y bajo su propia dirección traerán muerte, devastación, destrucción y aniquilación a los seres humanos de la Tierra y al planeta. El planeta entero se convertirá en un escenario de sufrimiento incomparable, que nunca antes había existido en la Tierra hasta ese momento. Los crueles sucesos durarán unos 888 días y provocarán el colapso de la civilización. Sin embargo, el terrible escenario continuará y las epidemias y diversas enfermedades, así como una enorme hambruna, se extenderán entre la gente, mientras que la economía del mundo colapsará totalmente y no habrá posibilidad de producir ningún bien. Se racionarán todos los alimentos y medicamentos.

La locura de la guerra se extenderá no solo por la tierra, sino que el desastre se extenderá igualmente a los océanos, a la atmósfera e incluso al espacio exterior. Pero también habrá asentamientos bajo el océano que se desarrollarán en el futuro y serán atacados y destruidos, cobrando la vida de muchos miles de personas. Sin embargo, una cierta vorágine de destrucción también se originará en las instalaciones submarinas; porque en las ciudades del fondo del océano se formarán grupos de piratas submarinos que estallarán hacia arriba desde las profundidades del océano y se verán envueltos en acciones destructivas de combate con unidades navales en la superficie. Y en este momento, podría hacerse realidad la posibilidad de que fuerzas extraterrestres intervengan contra los países industrializados occidentales, porque estos serán los responsables del desastre extremo y enorme de los malos tiempos venideros. Estas fuerzas extraterrestres abandonarán su anonimato y su estado de secreto y ayudarán a aquellos que están siendo aterrorizados por los países occidentales que actúan de manera irresponsable, en caso de que esta posibilidad se convierta en realidad. Además, se producirán catástrofes naturales apocalípticas que harán temblar y temblar a toda Europa; pero Europa seguirá existiendo, incluso después de haber sufrido una enorme destrucción.

Lejos en Occidente, será diferente; los Estados Unidos de América serán un país de destrucción total. La causa de esto será múltiple. Con sus conflictos globales que son instigados continuamente por ella y que continuarán en el futuro, Estados Unidos está creando un odio enorme contra ella, en todo el mundo, en muchos países. Como resultado, Estados Unidos experimentará enormes catástrofes que alcanzarán proporciones apenas imaginables para la gente de la Tierra. La destrucción del WTC, es decir, el World Trade Center, por terroristas será sólo el comienzo. Sin embargo, todos los eventos apocalípticos no solo se producirán debido al uso de armas increíblemente letales y destructivas, como químicas, láser y otras, y por máquinas asesinas clonadas; sino que además de esto, la Tierra y la naturaleza, maltratadas en lo más profundo por los irresponsables seres humanos de la Tierra, se levantará y causará destrucción y traerán la muerte a la Tierra. Enormes tormentas de fuego y gigantescos huracanes arrasarán los Estados Unidos y traerán devastación, destrucción y aniquilación, ya que esto desde tiempos inmemoriales nunca antes habrá sucedido [sic].

No solo Estados Unidos, sino también todos los demás países industriales occidentales que todavía viven al comienzo del nuevo milenio en el engaño de que podrían dominar y gobernar naciones subdesarrolladas, es decir, los países del Tercer Mundo, no solo perderán pronto influencia sobre ellos sino deben defenderse de ellos. Según las profecías de Henoch, la verdad sobre los países industrializados es que solo parecen parecer verdaderas civilizaciones, pero en realidad no lo son; porque cada vez más, a finales del siglo XX y principios del tercer milenio, ignorarán todo el amor verdadero, la verdadera libertad y la verdadera sabiduría, así como la verdadera paz junto con todos los valores de humanidad y todos los valores de los hombres y el verdadero ser de la mujer. Pero ni siquiera todos los terribles sucesos impedirán que Estados Unidos continúe con sus acciones contra todos los países. Incluso cuando el continente norteamericano se vea afectado por la catástrofe más terrible que jamás se haya registrado, las potencias militares malignas causarán estragos con armas informáticas, nucleares, biológicas y químicas, por lo que también sucederá que las armas informáticas se independicen y no puedan controlarse ya por los seres humanos. En general, esta es la parte más importante de las profecías de Henoch.

Billy: Aún hay más; al menos eso es lo que me dijiste.

Quetzal: Eres incansable; así que señalaré algunos hechos más importantes de las profecías. A partir de ahora, se han extendido nuevas epidemias entre la gente de la Tierra; sin embargo, como profetizó Henoch, seguirán un buen número de epidemias. No sólo el SIDA se producirá en todo el mundo en la década de 1990, sino también epidemias como la llamada "enfermedad de las vacas locas", es decir, la EEB, de la cual se desarrollarán diferentes cepas del síndrome de Creutzfeldt-Jakob, que durarán hasta bien entrado el nuevo milenio. Además, una epidemia conocida como Ébola provocará muchas muertes, así como otras epidemias y enfermedades desconocidas que surgirán esporádicamente en proporciones epidémicas y serán nuevas para el ser humano, causando gran preocupación.

Sin embargo, la política provocará la mayor parte del mal. Francia y España se involucran entre sí en conflictos armados, e incluso antes de que estalle la Tercera Guerra Mundial. Sin embargo, Francia no sólo se involucrará en conflictos armados con España, ya que dentro de ella surgirán grandes disturbios que conducirán a levantamientos y guerras civiles, como [será] el caso en Rusia y Suecia. Especialmente en Francia y Suecia, las maquinaciones y las regulaciones dictatoriales de la Unión Europea causarán muchos disturbios y muchos levantamientos; pero también los delitos cometidos por pandillas y elementos del crimen organizado en estos países provocarán guerras civiles inevitables. Además, surgirán tensiones importantes entre los ciudadanos nativos y los inmigrantes de países extranjeros, quienes por regla general también observan creencias religiosas diferentes a las de la población nativa. Y en el fin, esto dará lugar a graves conflictos. El odio contra los extraños, los extranjeros y las personas de diferentes creencias religiosas estará a la orden del día, así como el auge del neonazismo, el terrorismo y el extremismo de derecha. Condiciones similares a la guerra civil se producirán en Inglaterra, Gales e Irlanda del Norte y se cobrarán muchas vidas.

La Unión Soviética se disolverá en esta década o, a más tardar, a principios de la próxima. El hombre decisivo para esta acción será Mikhail Gorbachev. Pero esto no llevará al descanso, porque la nueva Rusia continuará su conflicto de larga data con China por Mongolia Interior, con el resultado de que Rusia perderá una parte de este territorio ante China. Y China se vuelve peligrosa, especialmente para India, ya que también en este momento China mantiene relaciones incómodas con ella. China atacará a la India; y si se utilizan armas biológicas, alrededor de 30 millones de seres humanos serán asesinados solo en el área de Nueva Delhi y sus alrededores. Sin embargo, este no será el final todavía, porque el efecto de las bombas biológicas y los misiles, etc., utilizados no se puede controlar en ese momento, y surgirán terribles epidemias desconocidas hasta ese momento y se extenderán rápidamente a muchas áreas. También Pakistán se dejará engañar para instigar una guerra contra la India, que será especialmente peligrosa en vista de que ambos países están desarrollando armas atómicas.

Sin embargo, Rusia no descansará y atacará a Escandinavia, y al hacerlo involucrará a toda Europa. Y meses antes de eso, un terrible tornado habrá azotado el norte de Europa, causando una gran devastación y destrucción. Aún debe decirse que el ataque ruso ocurrirá durante el verano, de hecho, a partir de Arhangelsk. Dinamarca no será arrastrada a la guerra, debido a la insignificancia de este país. Sin embargo, Rusia no estará satisfecha con esta acción de guerra, ya que su voluntad de expansión será voraz. Y en consecuencia Rusia lanzará un ataque militar contra Irán y Turquía y conquistará estos dos países en sangrientos combates, causando una enorme destrucción. En la mentalidad expansionista rusa también se incluirá el impulso para hacerse con el control de los depósitos de petróleo de Oriente Medio, así como para hacerse con el control de la región sureste de Europa. Por lo tanto, también invadirá los Balcanes y conquistará estos países en enormes batallas, causando una destrucción despiadada y devastadora con muchas muertes. Esto será en el momento en que tremendas catástrofes naturales afectarán a Italia y su población, causando graves dificultades. Pero esto también será en el momento en que el Vesubio podría volver a activarse y podría causar enormes estragos. Al mismo tiempo, una guerra sacudirá a Italia y se cobrará muchas vidas humanas, además de causar una gran destrucción.

La destrucción de la guerra descenderá sobre los países del norte a medida que fuertes fuerzas militares los invadirán desde el este y saquearán y asesinarán, así como utilizarán bombas y misiles, como el granizo que cae, y armas hasta ahora desconocidas de tipos controlados por láser y computadoras que destruirá y aniquilará todo, por lo que el primer objetivo será Hungría y luego seguirá a Austria y el norte de Italia. Suiza también se verá gravemente afectada, pero no será el objetivo real; esto será Francia y España. Sin embargo, el principal objetivo de los agresores será poner a toda Europa bajo su control militar, y para ello se seleccionará a Francia como cuartel general. Francia no solo será invadida por los agresores del exterior, sino que también será conquistada desde dentro como resultado de fuerzas colaborativas y otras fuerzas. Esto se puede imaginar cómo los muchos extranjeros de una religión diferente que viven en Francia en ese momento, y específicamente el Islam, que será esta fuerza que trabajará desde adentro. Una vez que Francia haya caído, tendrá lugar una guerra para conquistar España e Inglaterra. Posteriormente, se formará una alianza con las fuerzas de los agresores, que invadirá Escandinavia.

Para todas estas operaciones militares con base en Francia, las armas de destrucción masiva almacenadas en los arsenales de Francia serán utilizadas y causarán devastación, destrucción y aniquilación perversas. Los agresores del Este obligarán al Ejército francés a unir sus fuerzas militares y liderar una guerra de conquista contra los países del norte de Europa, invadiendo y conquistando Suecia y Noruega. Posteriormente, estos países del norte serán anexados por Rusia. Las fuerzas militares también atacarán Finlandia, por lo que muchos serán asesinados y se causará una enorme destrucción. Al mismo tiempo, mientras se desata una guerra civil en Alemania, estallará una revolución enormemente sangrienta en Inglaterra que se cobrará más vidas de las que cobrará la guerra civil en Alemania. Y debido a que Inglaterra e Irlanda han estado en guerra durante mucho tiempo, debido al IRA y las fuerzas policiales y militares de Inglaterra, el resultado será (porque esta enemistad continuará hasta ese momento) que esta revolución se extenderá a toda Irlanda, afectando especialmente a Irlanda del Norte. Se perderán muchas vidas durante una guerra civil en Gales, donde surgirán diferencias entre las distintas partes antes de la Tercera Guerra Mundial. Las fuerzas galesas e inglesas chocarán especialmente cerca de Cymru, cobrarán muchas vidas y causarán una gran destrucción.

Pero la muerte, la destrucción y la aniquilación no solo harán estragos en Europa sino también en América, donde habrá que soportar mucho sufrimiento y habrá muchas muertes, así como destrucción y aniquilación. Estados Unidos y Rusia tendrán a su disposición las armas de destrucción masiva más terribles, un hecho que ya es el caso hasta cierto punto en la actualidad, y chocarán con fuerza violenta entre sí en ese momento de conflicto, por lo que Canadá también será arrastrado en este conflicto. La fuente de este conflicto fundamentará será el ataque ruso al estado estadounidense de Alaska y contra Canadá. Este conflicto resultará en matanzas masivas de seres humanos, así como destrucción devastadora, aniquilación y epidemias, etc., que la humanidad de la Tierra nunca habrá visto y experimentado hasta ese momento. No sólo se utilizarán en masa armas nucleares, biológicas y químicas, sino también sistemas enormemente letales de armas controladas por computadora que se encuentran apenas en las etapas iniciales de desarrollo en la actualidad, o que se inventarán y construirán durante el tercer milenio.

Como ya se mencionó, enormes catástrofes naturales y muros rodantes de fuego y violentos huracanes arrasarán en todo Estados Unidos, mientras que, además, todos los terribles efectos de la guerra traerán miles de muertes, destrucción y aniquilación. Las ciudades más grandes de Estados Unidos quedarán absolutamente destruidas y las tormentas de fuego causarán grandes desastres y miseria. A esa época también pertenecerán severos terremotos y erupciones volcánicas, y estos causarán mucho sufrimiento y miseria y muertes además de una enorme destrucción y devastación, ya que toda la naturaleza y el planeta mismo se levantará contra la locura de los seres humanos en la Tierra. Sin embargo, tornados, terremotos y erupciones volcánicas no solo harán estragos en América, sino también en Europa y en el resto del mundo.

Estas actividades ya han comenzado en la actualidad, también durante las últimas décadas, con la excepción de que serán cada vez más devastadoras en el futuro. Y el hombre de la Tierra es culpable en su mayor parte hoy, ya que también en el futuro es el hombre quien destruirá todo el medio ambiente: toda la naturaleza, la atmósfera, el agua y todos los recursos del planeta. Y a través de esto, se produce un cambio de peso dentro de la Tierra, provocado por ejemplo por la creación de lagos gigantes mediante la construcción de represas y la creación de cavernas huecas debido a la explotación de petróleo y gas, etc. Y por lo tanto se crean movimientos antinaturales dentro de la Tierra, que también provocan efectos tectónicos antinaturales y provocan terremotos y erupciones volcánicas, que también a su vez provocan enormes cambios climáticos, resultando en tornados horrendos de proporciones devastadoras que al final liberarán sus energías destructivas en el mundo entero. Todo esto conducirá a inundaciones cada vez más horribles y nevadas inusualmente masivas que avanzarán a los países del sur y finalmente incluso a las regiones ecuatoriales, porque a través de la locura de los seres humanos la Tierra ha comenzado a girar inadvertidamente [extrañamente] como consecuencia de los efectos atómicos. Explosiones dentro y sobre la superficie de la Tierra. Y esta será la razón por la que el planeta entrará lenta pero seguramente en una extraordinaria órbita giratoria alrededor del Sol, mientras que la primera fase ya está ocurriendo, lo que provoca un cambio en el clima, lo que lleva a una nueva edad de hielo.

Sin embargo, la miseria en la Tierra continuará, ya que estallarán dos terribles guerras civiles en América, en las que una seguirá a la otra. Luego, los Estados Unidos de América se romperán y prevalecerá una hostilidad mortal entre ella, que luego conducirá a la división en cinco territorios diferentes; y no se puede evitar que los fanáticos sectarios jueguen un papel dictatorial. La anarquía será la condición mundial que prevalecerá y atormentará al ser humano durante un largo período de tiempo, ya que el ser humano también será atormentado por las múltiples epidemias y enfermedades, muchas de ellas nuevas y desconocidas para el ser humano y por ello incurables. Debido a este hecho, los cuerpos de muchos seres humanos se descompondrán lenta y miserablemente, mientras que también se producirán dolores insoportables, ceguera y terribles problemas respiratorios que conducen a la asfixia.

La conciencia de muchos seres humanos se deteriorará y sucumbirá a la debilidad mental y la locura. Y todos estos sucesos espantosos serán atribuibles a armas biológicas y químicas, que son la causa de muertes no rápidas, sino espantosas y lentas; y esto también ocurrirá debido al uso de armas de rayos y frecuencia que ya se están desarrollando en la actualidad. Finalmente, las palabras de Henoch pueden mencionarse específicamente, que incluyen que la humanidad de la Tierra, en busca de tecnología para la destrucción masiva y la codicia por el poder, el odio, la venganza y las riquezas, ignorará todos los valores de la Creación y pisoteará todos los valores del amor, la sabiduría, libertad y paz, como lo han hecho antes los antepasados del linaje Henoch, para sumergir al mundo en la miseria, la muerte, la destrucción y la aniquilación, y en las catástrofes más graves que jamás haya experimentado la humanidad en la Tierra. [Final del relato]. *Nota: cuando el diálogo dice, "América", hay que considerar que existe el modismo de decir en inglés 'América' para referirse a los EE.UU., que lógicamente es un error contextual, pero se sigue utilizando.

# X.

# C-O-V-I-D Y LA INTELIGENCIA ARTIFICIAL

Para la mayoría de personas la palabra 'COVID' es el nombre de una enfermedad, y eso les han hecho creen los políticos, organismos supranacionales y noticieros desde finales de 2019, debido a que todos ellos responden a la OMS, que a su vez responde a los elitistas Bill Gates y los Rockefeller. Lo cierto es que la definición 'COVID-19' existe hace años. La idea de una supuesta pandemia para quitar a la humanidad sus derechos y libertades dentro de otro tipo de agendas globalistas estaba ya completamente diseñada en el año 2009. COVID19 es en realidad un programa que pertenece a la Agenda 2030, donde se incluye directamente la Agenda ID2020. Empero, se trata de las siglas de 'Identificación Digital de Certificado de Vacunación por Inteligencia Artificial'.

- La letra 'C' es del inglés 'Certificate' (certificado), y su código oculto corresponde con el símbolo del carbono, relativo a los organismos biológicos y aeróbicos.

- La letra 'O' es del inglés 'of', pero asimismo puede usarse como 'on', ya que el certificado quiere implementarse como un dispositivo wearable (portable, implantable en el cuerpo), siendo a su vez el símbolo atómico del oxígeno. Tanto el carbono como el oxígeno son la base de la estructura y la vida de los seres que respiran.

- La letra 'V' es del inglés 'Vaccine' (vacuna), en el sentido de la aplicación de una inyección con determinado contenido, no estrictamente una vacuna como tal (dado que la llamada "vacuna covid" no es realmente una vacuna per se).

- La letra 'I' es del inglés 'Identification', que incluso puede verse como 'ID'.

- La letra 'D' es de 'Digital'.

- El número 19 no es solo el año de la puesta en marcha del proyecto sino un código alfanumérico: el 1 es la 'A', y el 9 es la 'I', en orden anglosajón. De esta manera arma 'I.A.', siglas de Artificial Inteligence.

• [*Tanto el CO (monóxido de carbono) como el CO2 (dióxido de carbono) son combinaciones de carbono y oxígeno. Un cuerpo humano es primeramente carbono (C), y vive por oxígeno (O). Respiramos oxígeno y soltamos al exhalar ese oxígeno ahora cargado de desecho celular, que los árboles y micro plancton absorberán, tomando el carbono y desechando nuevamente oxígeno para nuestra respiración. Ese es el ciclo de la vida. Irónicamente podemos dejar de comer por semanas, dejar de beber algún líquido por días, podemos dejar de tomar sol por años, pero no podemos dejar de respirar más de varios minutos. Si se afecta nuestra respiración – por ejemplo, respirando mal o de forma carente de suficiente oxígeno -, se daña nuestro sistema, empezando por nuestro cerebro. Por ello es esencial dentro de la Agenda COVID que la humanidad lleve una máscara en la cara que cubra nariz y boca con la excusa de unas supuestas partículas que solo un irresponsable lanzaría en la cara de otra persona con un estornudo (en vez de taparse la cara, como todos hacemos)*].

La mal llamada pandemia del coronavirus fue planificada tan atrás como el año 2009, lo cual aparece en protocolos y memorandos de la élite. El objetivo de la misma era implantar un certificado de identificación personal digital a nivel global, que en último término sea controlado y centralizado por inteligencia artificial. Pero, ¿qué tiene que ver una vacuna, o pseudo-vacuna? Bien, el punto no es simplemente que todas las personas tengan un registro numérico de "salud" en formato digital, sino que el mismo permita a la inteligencia artificial controlar a la persona. ¿Cómo controlas a un organismo de carbono y oxígeno? Su oxígeno ahora se lo controlan, pues previamente ya nos privatizaron el Sol, el agua, los alimentos, las tierras, la electricidad, el tiempo, etc. Hablamos del control absoluto sobre la humanidad. La máscara que persuaden a que todos lleven no sólo nos quita un 20% de oxígeno necesario para el correcto funcionamiento del organismo y su sistema inmunológico, sino que es un símbolo indoctrinado al subconsciente de sometimiento y censura consentida.

De manera que, ¿cómo nos controlan como seres vivos, como seres de carbono? Convirtiéndonos en algo distinto a lo que somos. Al dañar las funciones del cerebro por tantos meses con un bozal puesto, contaminar el aire con toxinas, contaminar el agua con flúor, contaminar los alimentos, solo falta contaminar el Sol y nuestro ADN. [Por cierto, lo del Sol ya lo está tratando de hacer Bill Gates (pretende tapar el Sol)]. Respecto de nuestro ADN no es tan fácil, para ello se requiere inyectar una serie amplia de cosas. El cuerpo humano es un perfecto diseño, y se sabe defender muy bien. En consecuencia, para que una computadora con inteligencia artificial pudiese controlarnos necesitaría que nuestro cuerpo tuviese una cantidad alta de material conductor eléctrico y receptor de ondas. Ya que no es viable que estemos conectados a una base de datos por un cable, lo lógico es hacerlo de manera inalámbrica, y la forma en que los sistemas Wireless funcionen es por transmisión de ondas de corta y larga distancia, opera un receptor y un emisor.

Los satélites para ello ya están colocándose en órbita por miles desde los años 80, y especialmente desde 2019 con el proyecto SpaceX de NASA. Respecto de antenas que realicen este trabajo, ya se logra con sistemas 4G, y especialmente con tecnología 5G (imagina lo que lograrán con tecnología militar: la 6G). Mas volvemos al hecho de que a pesar de que nuestro cuerpo biológico responde a ondas, solo pueden impactar en nosotros - desde el punto de vista bélico - con propagación de microondas. En casos pueden inducir palabras, sensaciones, emociones, dolor, cansancio y otros elementos con un nivel de onda específico disparado desde una antena (cosa que se viene haciendo desde la Guerra Fría). Con todo, falta mayor precisión, a la luz de los intereses de la Agenda ID2020, que entra en la Agenda 2030.

La implementación de metales se viene realizando desde los años 70 por medio de las innecesarias campañas de vacunación. Se promueven inyecciones en vez de infundir en la sociedad el hábito de tomar luz solar, aire fresco, baños en el mar, hacer actividad física y comer de manera alcalina para potenciar la salud, porque las llamadas vacunas son la forma en que se daña al ADN incorporando partículas de órganos de otros animales y de fetos abortados, y de metales pesados, tales como el timerosal (mercurio), el aluminio y hasta quelatos como el cobre. Ahora bien, hay materiales más conductores que el cobre, como el grafeno (200 veces más conductor), que es el componente esencial de las pseudo-vacunas COVID en formato de óxido de grafeno. Así sí pueden transmitir señales claras y concisas a la mente desde satélites y antenas. Pero ahí no queda la cosa.

• [*Si tomamos las letras de COVID con los valores atómicos de la Tabla de Elementos, 'C' es carbono, 'O' es oxígeno, 'V' es vanadio, 'I' es yodo, y 'D' es deuterium, uno de los dos isótopos estables de hidrógeno. El grafeno es un componente derivado de carbono, en unión con oxígeno e hidrógeno, y de ahí sale el óxido de grafeno que está en las pseudo-vacunas COVID, que son asimismo magnéticas*].

Aparte de dañar nuestro organismo biológico con vacunas innecesarias y tóxicas, también alteran nuestro ADN con ARN mensajero, y asimismo nos esterilizan con la supuesta codificante de proteína Espiga, que en realidad es un neutralizador de Synsitina (encargada de la reproducción sexual masculina y femenina). Esto es para reducir la población mundial. Progresivamente tendrán un ejército de zombis y robots. Pero les acompaña otro factor aún más macabro. Las mal llamadas vacunas contienen luciferasa, que es parte de diversos nano dispositivos que se están metiendo en el organismo de los que ponen al hombro para ser inyectados de un producto experimental. Se trata de nano cristales, que son mejores de microchips para almacenar información. ¿Y qué sacan con eso? Ellos solos, no mucho. Un sistema lleno de grafeno y luciferasa puede ser controlado desde una central de manera remota, e incluso permanentemente dirigir el comportamiento de la persona, saber qué piensa e introducir todo lo que se desee en su mente. Pero para hacer esto 100% efectivo faltaría un microchip que centralice el sistema y haga de conexión, por ejemplo, por radiofrecuencia.

Llegamos al final de este artículo. El certificado COVID en papel es la primera parte. Lo pondrán como tarjeta y posteriormente lo digitalizarán con sistemas de reconocimiento biométrico. No obstante, la obligatoriedad será total a pesar de las marchas, protestas y guerra civil que esto va a provocar a nivel mundial. Cuando la obligatoriedad se combine con la crisis financiera se impondrá el uso de un tatuaje de punto cuántico en el dorso de la mano derecha, o un dispositivo implantable de RFID, donde solo los que posean el certificado, su registro por nombre o su numeración podrán recibir ayudas del Estado. Eso es porque no habrá dinero. Empero, si no tienes el chip, su certificado digital o su numeración, estarás fuera del sistema y no podrás comprar nada ni te podrán pagar.

Este sistema se conoce hace mucho tiempo entre la élite como el objetivo '666', o '600-60-6'. Es el sistema de registro de control humano por numeración y bajo control de la inteligencia artificial. Si miras las letras COVID puedes observar que la 'C' es 100 en números romanos, la 'D' es 500, que suman 600. Si tomas la 'V' y la 'I' tienes el 6. Por su parte, en el alfabeto pitagórico y copto la 'O' es 60 (además de que en lengua hebrea y egipcia la forma gráfica o pictograma 'O' representa asimismo la cifra 60). Empero, si cuentas pues el número de esta Bestia (el Súper Estado Global emergente) encuentras cuál es el código que lo representa, ese infame 666 que nada tiene que ver con mitos religiosos.

<u>Nota 1</u>: puedes observar que aparte de las letras 'CO' en función del cuerpo biológico, las letras 'VI' existen como nombre de un nuevo sistema de carga para dispositivos móviles. Ten presente que progresivamente todos los elementos eléctricos se van sincronizando. Puedes usar tu teléfono inteligente con tu Smart watch, tu Smart tv, tu computadora por bluetooth o Wireless, y ya algunos la empiezan a usar en chips RFID (identificación por radiofrecuencia). De hecho, las personas no inyectadas con placebo o solución salina para el tal coronavirus SARS-CoV-2, ya son rastreables y sincronizables por Wireless (compruébalo tú mismo con alguien pinchado usando el sistema Bluetooth de tu teléfono).

<u>Nota 2</u>: las siglas 'OV' corresponden con un sistema de control de maniobras, recursos y manejos del Departamento de Defensa de los EE.UU., llamado 'Operation View', dentro del marco de DoDAF. Este sistema en realidad busca una sincronicidad completa de todos los sistemas.

<u>Nota 3</u>: otro dato que debes conocer es que la élite tiene preferencia por lenguas antiguas, especialmente de origen sumerio, de donde proceden las semíticas, e incluso sonidos sánscritos. Por ende, puedes encontrar mensajes ocultos con el hebreo, el egipcio o el griego antiguo, entre otros. En el caso de las lenguas del Creciente Fértil, se leen de derecha a izquierda, y en su caso, COVID, escrito con caracteres latinos se leería como 'DIBOK' o 'DYBUC'. En el folclore judío, un dibok es una posesión demoníaca, la toma del cuerpo por parte de un ente oscuro ajeno que lo somete.

<u>Nota 4</u>: si COVID se lee a modo semítico (DIBOK) hay otros elementos ocultos con sus letras, como ocurre si investigas el 666. Corresponde con lo mismo, directamente asociado a tecnologías y transhumanismo. Ejemplos anagramáticos son: 'DI', siglas de 'digital'; 'DC', corriente continua (conductividad por impulso, si se asocia con la funcionalidad de un microchip implantado); 'OC', es

jefe en inglés; 'IV', es un aparato para administrar un fluido de forma intravenosa.

## El virus que rompe la red

Miremos la programación infantil, que es la de los más vulnerables. Por ejemplo, por mirar uno de infinidad de casos, te hablaré de la película de animación favorita de mi hija y yo, 'Wreck It Ralph' (Rompe Ralf), de Disney, del año 2012. Ya desde finales de 2020 venía encontrando mucho parentesco entre Anthony Fauci y el personaje ahí llamado 'Fix It Felix' (Arréglalo Félix), que encarna la figura del avatar que arregla el juego de Wreck It Ralph. Es primado negativo. La gente no lo reconoce directamente pero su subconsciente sí, y ven a alguien que viene a solucionar un problema y su mente les dice "sí, él lo arregla", porque hubo una preparación previa de acondicionamiento por medio de una imagen. Eso se llama Programación de Sigilo. Otro detalle curioso es que el trabajo de 'Félix Junior' es evitar la propagación de un virus que desencadenó Ralph porque "no quería ser más el malo", estaba cansado de la monotonía, de no conocer mundo, de que su vida fuese robótica, predecible y limitada a un espacio pequeño, y, por encima de todo, ser el que recibía la humillación constante. Quiere ser ganador y ser reconocido, entonces busca una medalla que le honre. En un accidente en otro juego se escapa un virus que se infiltra en Sugar Rush (Carrera de Azar) y que amenaza con destruir toda la sala de juegos. Quien ayuda a Felix Junior es una "militar" de operaciones secretas, y su futura esposa. Para aceptar con buenos ojos la intervención de esta soldado la ponen muy atractiva y en alta definición, aun con su temperamento dictatorial. Es interesante que a pesar del caos, no hay ninguna junta directiva general para tomar cartas en el asunto, sino que Félix y su "amiga" (la sargento Tamora Jean Calhoun, del juego Hero's Duty (Deber de Héroes)) se toman el trabajo de salvadores por sí mismos.

La analogía acá con el 'coronaplan' es evidente: no es el gobierno quien en realidad está al mando, sino el cartel médico y el militar, dirigidos por la OMS (similar al posterior metraje 'The Emoji Movie' (2017), donde el foco son los "fallos informáticos" (avatares que actúan diferente a los estándares, como tú y yo), la era digital, los virus, el imperialismo corporativo y la dictadura policial al servicio tecnocrático). Ahora veamos, Vanellope, la niña del juego en peligro, fue víctima de programación mental, que en el juego definen como "borrado su programa matriz", para que ella no sepa quién es, y la tratan como "un fallo" que debe ser eliminado. Todos en ese juego son víctimas de lavado de cerebro por parte de su gobernante, y viven en un mundo de "fantasía" y "caramelos", y distraídos con carreras de autos - como hace la televisión, los deportes, el cine - hasta que el problema ya es imparable. No recuerdan quiénes son ni saben que están siendo manipulados. De hecho, atacan a Vanellope y no la dejan ganar el juego para evitar que se "reinicie" el sistema. El 'Reset' del juego es clave para salvar la sala de máquinas (de videojuegos), que es analogía de nuestro mundo. Lo que introducen acá es un elemento clave que pretende decir que la crisis del virus solo podrá ser resuelta con un completo "reset" (reinicio) de todo el sistema. Y dado que no puede arrancar Vanellope son la "medalla de oro", es menester asumir que se trata de la economía. Todos deben pagar, pero ella pone la medalla de "oro", símbolo financiero por naturaleza. Curiosamente a través de la película 'Zootopía', Disney presentó en 2016 otro anticipo sobre un "suero" (virus) que se inyecta a los "potenciales enemigos" de la sociedad en las SmartCities, haciéndolos "peligrosos". Ahora bien, en Wreck It Ralph, tanto Vanellope como Ralph sufren del menosprecio y la crítica y se pretende que sean eliminados por parte de quien controla el juego. Turbo, quien causa problemas de un juego (país, sistema) se infiltra en "otro" – como Bill Gates - corrompiendo los datos de todos los avatares – como un buen conocedor de informática y troyanos sabe

-, y poniéndose él como el "rey" (King Candy, o Rey Caramelo). Solamente el "caramelo amargo" – el resignado - sabe de la conspiración y suelta la verdad a Ralph a base de amenazas. Todos usan nombres tan bonitos, para ser aceptados por el subconsciente, aunque el área consciente los vea como malos. Otro aspecto del programa mental acá es que todas las personas deben aceptar sus roles y limitarse a "no salir de sus juegos" correspondientes (como es el caso de 'Emoji, La Película', donde ser "diferente" implica la tácita eliminación).

La frase clave acá la dice Sonic en un anuncio publicitario: "recuérdalo, no salgas de tu juego, porque si mueres fuera de tu juego, no te regeneras, adiós". Acá vemos a los noticiarios representados en la famosa figura de Sonic, y qué amante del Arcade no le haría caso a Sonic. Claro, los noticieros se presentan siempre como "ahora, toda la información", "en segundos, tendrás todos los hechos que acontecen", etc., dando a entender al subconsciente de que conocerás el mundo exterior y la verdad de lo que acontece por medio de la "verdad" que ellos te presentan, y tal como te la presentan.

Veamos además cómo Sonic introduce la idea de que si sales de tu juego (tu casa), morirás. La idea del juego es que "puedes morir dentro de él", porque te regeneras, pero si mueres fuera, no te regeneras. Podría aventurarme a interpretar que esto puede ser incluso una insinuación a las ideas globalistas de presentar el transhumanismo y ciertas drogas en el futuro, que evitarán que las personas envejezcan o enfermen (compárese con Apoc. 9,6), pero claro, las que hayan quedado al final de la "purificación planetaria de la especie". Por otra parte te adoctrinan, "haz vida en casa, porque ahí estás seguro, pase lo que pase, pero fuera no". Eh ahí la misiva que 8 años antes Disney había incorporado en este film. Vemos también cómo el bulling es esencial contra los detractores y los que no se dejan lavar el cerebro, minando aún su creatividad y libre pensamiento, como ya decía que hacían con Ralph y Vanellope. Pero volviendo con el "reset", como dije, Ralph toma una medalla de oro (símbolo de riqueza, prosperidad, economía) del juego Hero's Duty, y la lleva a Sugar Rush donde Vanellope la introduce a la carrera.

La medalla se descompone y pasa a convertirse en "data", cuyo valor se traduce en el registro para competir (en el futuro, una mera criptomoneda, sin la cual no podrás "correr", o tener lugar en la sociedad). Acá interpreto que claramente dejan entrever un cambio de la divisa física a la virtual, sin la cual "no puedes correr", y correr, es, en Sugar Rush, el único propósito. Solo si corres puedes ser elegido nuevamente, y si ganas quedas entre los que pueden gozar de los beneficios de los avatares del juego. Esto es una analogía al chip que reemplazaría el dinero en efectivo, y sin el cual no serás nadie dentro del sistema, que se volverá una completa red digital.

Algo un tanto más críptico en toda esta historia es el hecho de que todos los habitantes de Sugar Rush, salvo el caramelo ácido (portavoz del rey Candy), el rey y la policía, son niños, "niños caramelo" (claramente una referencia a la pedofilia, la vulnerabilidad infantil). Los avatares sirven a los intereses de los humanos que juegan en la sala de máquinas Arcade, tal como los amos del mundo usan a nuestra raza, o los reptilianos y orianos usan a todos los demás bajo ellos. Este tipo de mensajes subliminales sexuales se encuentran por muchas partes, especialmente en anuncios publicitarios, y Disney ya ha tenido en el pasado denuncias, y ha tenido que pagar millonarias multas en tribunales de justicia por las pruebas en su contra que muestran el bombardeo despiadado de mensajes subliminales y sigilos sexuales en sus películas, especialmente en 'La Sirenita', 'El Rey León' y 'Pocahontas'.

Este tipo de conceptos no se ven a simple vista y muchas veces se esconden detrás de representaciones sólo entendidas entre los adeptos, entre los que se hallan bajo control mental Monarca, o quienes comprenden ideas picarescas. Ese es el caso de una escena donde Ralph sale del juego de PacMan comiéndose unas cerezas y al ver a avatares huérfanos (sin juego) se los da, ya mordidos. Así como quedó reflejado en el escándalo del PizzaGate, estas ideas tiene un significado mayor detrás, pero no hace falta ser un genio para aducir que dos cerezas se usan comúnmente en SexShops como representación cultural a los testículos. El mismo ejemplo vemos con una manzana mordida, como el eslogan de la empresa Apple, que se usa para referirse al "pecado original", que son igualmente ideas sexuales y de tentación erótica o pasional (adulterio, fornicación, prostitución, etc.). Solo agrego que nadie está satanizando el sexo en sí, en absoluto, sino la perversión y la degradación de los valores.

En 2018 Disney sacó la segunda parte de Wreck It Ralph, con el nombre de 'Ralph Breaks the Internet' (Ralf Rompe la Red Interna). Como si fuera una casualidad, el film salió exactamente un año antes de la decisión de las elecciones de los EE.UU. entre Trump y madame Clinton. La trama gira en torno a cómo Vanellope se aburre del juego y Ralph se crea una nueva pista de conducir. El jugador "rompe el volante" al estar "luchando contra la rebeldía de la conductora" y ahora deben encontrar un manubrio en Ebay que lo sustituya, o quede fuera de juego. El mensaje acá evoca a cómo hay un choque entre la resistencia y la élite, lo cual obliga a un reseteo (si no se sustituye el timón se retirará el juego). Ralph y Vanellope llevan la contraria a la élite y esto supone la amenaza a la seguridad y subsistencia del juego Arcade.

El director de la sala (sr. Litwack) instala el internet (el mundo digital, el Internet de las Cosas) y estos dos rebeldes se escapan para buscar cómo arreglar el problema, hallar una "cura". En tanto, Fauci y el estado policial... perdón, quise decir, Fix It Felix y la sargento Calhoun, se encargan de "cuidar" a todos los "niños del juego caramelo", ahora "sin hogar". A partir de ese punto todo gira en torno a "recaudar la mayor cantidad de dinero" para "sufragar los costos" del volante. Traducido a nuestro idioma, mover todos hilos y hacer uso de todos medios "digitales" para "pagar" la "solución", que acá se traduce esencialmente en el problema de la deuda mundial impagable. La idea digital del mundo del internet deja entrever cómo la sociedad se embarca hacia una realidad completamente virtual y del entretenimiento.

Vanellope conoce a las feministas sin padre: las princesas Disney. Se entienden a la perfección, independientes de los hombres, sin relación paternal, sin hijos, sin familia, sin esposo, en su propia burbuja y carentes de cultura general. Todas coinciden en una belleza exterior y un vacío intelectual interior, no habiendo crecido con una figura paterna, ya que esta es una estrategia importante de Walt Disney para introducir en la mente de los niños, y parte de la agenda feminista de la Fundación Rockefeller. Vanellope entonces conoce a otra chica, una corredora audaz, representada por la actriz israelí Gal Gadot, y quiere quedarse en su juego de carreras de autos de alta resolución y múltiples peligros, pero Ralph tiene celos y mete un virus en ese juego. Sí, a nosotros nos representan con el aguafiestas de Ralf, que no quiere ese nuevo mundo digital mejorado. Acá es donde se pone interesante. Una vez más un virus amenaza la seguridad, pero esta vez ya no es local sino global.

Nuevamente la solución es un reset, ahora a escala mundial y total. Si lo comparamos con la agenda covid, primero hubo una cuarentena de descapitalización para empezar a desestabilizar al planeta, y luego viene un verdadero virus, tanto biológico como cibernético, para reiniciar la estructura planetaria, primero financiero, y luego global y contextual. El virus en realidad se propaga por las "inseguridades", es decir, **los miedos de las personas**. Y he aquí el as de esta baraja: el verdadero virus que ataca al mundo es el miedo, y gracias a este miedo se propaga y logra los fines del creador del "gusano". Gana el independentismo feminista (la filosofía anti-familiar y excluyente del valor del hombre), y la red se salva. ¿Qué significa en lenguaje Illuminati? Reducción de la población mundial, con virus, esterilización y eugenesia. Una vez más, la sociedad puede seguir en su mundo virtual y los amos dirigir a sus avatares, pero ahora en un sistema "renovado".

Si una manera puede usar la élite para decirte todo lo que le venga en gana y no te darás cuenta, es a través de dibujos animados, y ahora con animación. Y si te das cuenta, ¿qué vas a decir? ¿Les dirás a tus amigos que ves las intenciones del Illuminati por "un dibujo animado"? No suena muy creíble. De eso se trata. Las princesas Disney, por ejemplo, están representadas en prácticamente todos los films, y siempre están inculcando la misma idea: culto a la monarquía. Es la "princesa" la que presenta la cara amable y aceptable de algún tipo de realeza o casta. Esto es un éxito en Inglaterra, donde la casa real es casi que ícono de farándula, más famosos y admirados que estrellas del cine o de la música. Así se hacen intocables, y su imagen permanece bien vista. ¿Cómo es que en pleno siglo XXI se sigue alimentando a parásitos? ¿Qué finalidad tienen las monarquías? Pero ahí están, vistas como un ídolo a quien amar, cuidar y respetar.

Es tan sencillo meter estas ideas en niños que ha habido debates por años sobre el uso de los mensajes subliminales en los más jóvenes, porque se sabe de lo susceptibles y vulnerables que son a ellos. Los anuncios publicitarios son un claro ejemplo, y el que es padre lo sabe bien: viene su hijo tras ver un spot y le dice que quiere ese juguete que acaban de presentar. Ahora imagínate un Disney Channel metiendo a diario a las niñas la tendencia de la serie Barbie, y los muchachos adictos a sus aficiones, en una burbuja y sin interés por el mundo exterior o la cultura (conocimiento). Los niños son el objetivo de la élite de forma descabellada, y por ello es tan común en las realizaciones Disney ver huérfanos o niños/as sin alguno o ambos de sus progenitores (partiendo de la impronta emocional del desarraigo de alguno de ellos). En 2016 DreamWorks sacó el metraje 'Trolls', que va de unas gentes horrendas y grandes que quieren "comerse" a los "más pequeños", esos divinos cielitos de amor y colores. Pero no centraré este libro en la estrategia oscura de la pedofilia, solo pretendo darte una idea de lo que no se ve a simple vista. Continuemos.

# XI.

# GATES Y SOROS: LOS DOS CUERNOS DE LA BESTIA

El meollo de la mayoría de cosas que lees en este libro han sido abordados en mis obras anteriores, tales como 'Armagedón, Encuentros Cercanos en la Quinta Fase', 'Reconociendo el Tiempo del Fin', 'Apocalipsis, Visión Remota I, La Gran Tribulación', 'Apocalipsis, Visión Remota II, El Fin del Siglo' y 'C-O-V-I-D, La Mayor Conspiración de la Historia', pero he querido acá abordar asunto más concretos y tocantes a la situación de los EE.UU., debido a que desde 1870 ha sido una gran potencia y ha sido utilizada como plataforma de control internacional. Es justamente por ello por lo que está determinado que ha de venirse abajo, y con ella el sistema social, político, económico, financiero, industrial y constitucional como lo hemos conocido en las últimas dos centurias. A la luz de esos cambios tenemos las revelaciones de diversas fuentes de índole profético, anunciado este cambio de paradigma y lo que va a suponer para el planeta entero. Una vez caiga EE.UU., desaparecerá la última esperanza de libertad para este tiempo.

Así como en las visiones del profeta Daniel, el libro del Apocalipsis habla de varias Bestias, una de ellas entrando en acción como una criatura con dos cuernos. Llevo varios años aventurándome a decir que uno de ellos es el magnate de Microsoft, Bill Gates, y desde el inicio de la plan-demia he considerado que el otro cuerno es otro magnate, George Soros, ambos pesos pesados de las finanzas internacionales, y ambos estadounidenses. Soros empuja la Agenda Kalergi y la Agenda 201, mientras Gates empuja la Agenda ID2020, la Agenda COVID, entre tantas otras. Junto con Gates y Soros están operando los Rockefeller, y esta mafia, esta triada, la que con mayor fuerza empuja la Agenda del Anticristo, la Agenda del Nuevo Orden Mundial Illuminati.

Desde hace más de una década vengo hablando de quiénes son realmente los Rockefeller, y en mis primeros trabajos dejo patente el monopolio que han tenido en el sistema bancario, financiero, petrolífero, político, geopolítico, institucional, académico, educativo y farmacéutico. Soros y Gates son sus socios y herramientas públicas en el escenario mediático e internacional. Soros fue expulsado den 2020 de Austria por advertencias del propio presidente Alexander Van der Bellen, debido a que era evidente su intento de desestabilizar al país. No así con España, donde era sabido antes de las elecciones presidenciales de 2020 que el actual líder del gobierno, Pedro Sánchez, recibió ayuda para subir al poder por parte de Soros, y que la misiva a cumplir era desestabilizar España. El propio CNI (Centro Nacional de Inteligencia de español) consideraba ya a Soros una amenaza para la seguridad y estabilidad de la nación, según un informe del año 2019.

George Soros persigue los interés elitistas del Illuminati al querer desarmar Europa. Son innumerables las evidencias que apuntan a las artimañas de este magnate para islamizar Europa y desestabilizarla, eliminando los valores de las regiones de la Comunidad Europea y empujar a un malestar social de la población contra los inmigrantes africanos y de Medio Oriente que son acogidos diariamente en gran número a diversos países de la región. Esta desestabilización se ve primero en áreas laborales, se observa en la inseguridad, en que mientras los europeos están viendo una situación difícil económicamente, sus gobiernos ofrecen ayudas económicas y de vivienda a los inmigrantes, por encima de su propio pueblo. Se crea un malestar entre europeos y musulmanes, y los idealistas (chiitas) arremeten contra la integridad de Europa y sus ciudadanos sin mucho que perder.

Bill Gates juega otro roll, igual o más siniestro, y acapara más sectores. Cuando tuvo lugar la mal llamada 'Gripe Española', don Frederick L. Gates – abuelo de Bill Gates – estuvo envuelto con la vacuna experimental de meningitis de los Rockefeller, principal causante de la llamada pandemia de aquel entonces. Como explico en mi obra anterior, la tal Gripe Española fue en realidad el resultado de un cóctel de vacunas suministradas a los soldados estadounidenses a finales de la Primera Guerra Mundial. Los Rockefeller fueron conscientes desde la primera década de 1900 que el petróleo podía tener infinidad de usos, y uno de ellos era su aplicación "médica", lo cual empujó a la creación del sistema farmacéutico y la persecución y supresión de la medicina tradicional, es decir, la medicina natural.

Los vínculos entre los Rockefeller y los Gates es increíblemente estrecho. Son precisamente ellos los principales financistas de la llamada Organización Mundial de la Salud, u OMS. En efecto, al ser quienes pagan más del 73% de sus actividades y fondos, tienen la voz cantante en sus directrices. Los Rockefeller son en EE.UU. lo que sus colegas Rothschild son para Europa. Ambos son dos de los grupos que conforman el Illuminati (las 13 familias que dominan este planeta). Aunque en el Illuminati hay familias que solo parecen velar por sus propios intereses, como el caso de los Kennedy, no comparten las filosofías de control global, en lo que respecta a los Rockefeller y Rothschild, están obstinados por ideales luciferinos. Los Rothschild poseen patentes del SARS-CoV-2 desde el año 2015, y están unidos con los Windsor (la casa real británica) desde ascendencias que se remontan al príncipe William IX. Es pues importante conocer que existen aparentes evidencias del vínculo entre la monarquía Windsor y la financiación de los laboratorios de armas biológicas, como el de Wuhan. Precisamente el asesor del presidente de los EE.UU., Anthony Fauci, y mr. Gates, han estado financiando este tipo de laboratorios, donde destaca en de Wuhan, en China.

Bill Gates y George Soros compraron en julio de 2021 la empresa de "test COVID" Mologic, y a los dos días – casualmente – la FDA (Agencia de Alimentos y Medicamentos de los EE.UU.) revelaba en un documento interno que el infame test PCR se realizó sin pruebas reales del tal virus chino, y en consecuencia se iba a implementar desde diciembre de 2021 un nuevo test. ¿Y adivinen quién lo va a proveer? Ahí entra Mologic. Gates, el fundador de la empresa informática Microsoft, se interesa ahora por vacunas, habiendo dicho en TED en 2010 que un buen trabajo con vacunas se potenciaría la reducción de la población mundial. Microsoft patenta "vacunas COVID", y Bill Gates es accionista de Pfizer-Biontech. Ese mismo Gates creó a finales de 2020 un movimiento corporativo internacional para atacar todas las redes sociales en cuento se hable en contra de las vacunas.

Su lobby llega a Silicone Valley, donde los programadores diseñan algoritmos con inteligencia artificial que te banean si dices algo en contra de una vacuna. Pero ellos llaman a este hackeo "verificadores de datos independientes", esos tales 'FastCheck' que velan por la seguridad de la versión oficial de la medicina. Ellos participan junto con Google de esta campaña global. Dado que Google es dueño de Youtube, no es de extrañar que también te castiguen en Youtube y te eliminen tu cuenta si dices la verdad sobre las vacunas, o promuevas la medicina natural u holística, toda vez que Google invierte en acciones de AstraZeneca/Oxford. Aquí tienes a su mafia, pues Facebook está dentro de este complot, y por ello te castigan por las mismas razones, y siendo Facebook dueño de Instagram, asimismo te vetarán por lo que publiques en cualquiera de estas redes, sin importar cuántas evidencias oficiales y verídicas aportes.

El asunto de las pseudo-vacunas no es solo cosa de la red farmacéutica. DARPA, que es el departamento de estudio de armas avanzadas del DoD (Departamento de Estado de los EE.UU.), es uno de los principales implicados en la introducción de elementos que contienen esas tales vacunas COVID. ¿Cuál es aquí la lógica? ¿El área de estudio de armas avanzadas metido con un supuesto antídoto para un mero virus? Recientemente se han filtrado informaciones que afirman que Bill Gates compró al CDC de los EE.UU., o Centro de Control de Enfermedades, así como a la Agenda Reguladora de Productos Médicos y de Salud de Reino Unido. Irónicamente el CDC es en sí una institución creadora vacunas, que posee al menos 20 patentes de las mismas.

Es interesante ver la conexión, porque Gates promueve desde hace años la Agenda ID2020, para la implementación de chips wareables (dispositivos RFID implantables bajo la piel) y tatuajes de punto cuántico, para identificación personal y transacciones monetarias. Eso explicaría los intereses y vínculos con el Departamento de Defensa de los EE.UU. Un dispositivo RFID es un sistema de identificación por radiofrecuencia, que emite ondas como el wi-fi, y puede recibir como emitir señales al exterior. Algún ingenuo se cree que Bill Gates es un filántropo, pero habría que ser pendejo para no atar cabos y echar de ver que primeramente hablamos de un lobby corporativo, de intereses creados, a lo sumo, siniestros.

# XII.

# EL FINAL QUE NUNCA LLEGA

Es parte de cada cultura y pensamiento humano creer o esperar un final para cada ciclo histórico. Algunos suelen preguntarse qué determina el final de una era y el inicio de otra, como, por ejemplo, todos los periodos prehistóricos de la Tierra, que se distinguen por determinados miles de años y nombres concretos; Marcaciones determinantes, cambios decisivos, morir y renacer, un cambio completo o casi total de todo un sistema o de un eco-sistema.

Los seres humanos definimos las eras o edades más remotas como aquellas en que se formó la tierra y la vida, renombrándose según cambios abruptos que habrían ocurrido, de acuerdo con los resultados de los estudios estratigráficos y las dataciones y sus estimaciones. Al comenzar la era más reciente – conocida como Holoceno (la última y actual época del período Cuaternario, que se cree que comenzó hacia el 10.000 a. C., cuando terminó el episodio frío llamado 'Dryas Reciente', perteneciente a la última glaciación) – se categorizan sub-periodos, en consonancia con varios factores, especialmente climáticos, como el 'Periodo cálido medieval' (900 d. C.) o la 'Pequeña edad de hielo' (1300 d. C.). Sabemos que asimismo en el sentido de historia universal se suele definir en tres periodos: prehistoria (Edad Antigua y Edad Media), siglo XV-XVII (Edad Moderna) y siglo XVIII-XXI (Edad Contemporánea).

Los cambios más significativos de estos periodos han sido provocados por desarrollos, avances, conflictos bélicos o cosas semejantes, poco significativas al lado de las alteraciones abruptas o dramáticas que milenios o millones de años atrás cambiaron la geografía, el medio ambiente, la fauna, la flora u otros escenarios de esa índole. La ciencia considera que estos ciclos son periódicos, por lo que se repiten de un modo secuencial y repetitivo, con sus propias variantes. Los olmecas, mayas, aztecas, jopi, vedas, egipcios y muchos más pueblos del pasado definían la historia en eras muy específicas que fueron marcadas, fuera por patrones de años secuenciales y/o por desastres "naturales". Tanto ellos como otros tantos, fuera sabios o científicos, profetas o matemáticos, sacerdotes o videntes, estaban convencidos de que este patrón seguiría existiendo, por lo menos hasta el final de una era que - según sus estimaciones - es la que nos compete ahora (aunque tras esta vendrían otras, pero con patrones diferentes dentro de los mismos ciclos largos).

Así como las edades antiguas pasaron y otras nuevas llegaron, este mismo parámetro sería el relativo a nuestro presente, no según la idea desesperanzadora que ha rondado – o ronda – la mente de los poco entendidos en dicha materia, sino solo el final de esta época para ver un nuevo renacer - aún más glorioso que las eras que nos han precedido -. De acuerdo con muchas de las fuentes de este tipo - de culturas ancestrales - los periodos cortos entran en periodos grandes, y así como nosotros medimos estas ideas, igualmente para ellos los ciclos más grandes son los más determinantes, y los más pequeños solo puntuales y englobados dentro de los más grandes. Los ciclos o patrones primarios eran definidos en lapsos que van de los 52 a los 60 años, dentro de otros de casi 400 años y/o 600 años; mayores que estos estaban especialmente los de 2.160 años, luego los de 5.200 años, luego los de 12.500 años, luego los de 26.000 años, luego los de 75.000 años, y así más lapsos aún más largos, cada uno relacionado con los movimientos estelares.

¿Qué implicación pueden tener los astros – incluida la Tierra – con cambios significativos en nuestro mundo? En un sentido escéptico respecto del Mundo Superior, no habría en principio una respuesta objetiva a ello, pero si se cree en que esferas de realidad superiores rigen las inferiores, se va comprendiendo la relación de estos reinos y astros con los cambios "terrícolas" (y hay que considerar que los fotones que viajan desde las estrellas, son partículas de conciencia). ¿Cuál sería el punto con el hecho de tener este conocimiento? A pesar de que parece claro que al menos desde los años 70 del siglo XX los cómputos o secuencias para concluir la era de Piscis y comenzar la de Acuario debían haber ido acompañadas de un caos global y su previo renacer, esto no parece ocurrir todavía. Si mirásemos el tiempo con el prisma u ojos del "Tiempo Largo", o la perspectiva de la eternidad del universo, este cambio se habría visto ya, percibido como un rápido chasquido de dedos, o incluso concebido como algo pasado (toda vez que el pasado, el presente y el futuro son una ilusión del factor de tiempo determinante en cada esfera dentro del cosmos, y depende de distintas variantes). Eso explicaría por qué Jesús de Nazaret, al irse, dijo, «vengo pronto», dado que hasta el momento habrán transcurrido fácilmente casi 2.000 años. Tomando los ciclos Baktun (144.000 días), hablaríamos del paso de 5 etapas desde aquel entonces (incluso Apocalipsis usa el patrón de "144.000", en secuencias de 12.000 x 12 (donde igualmente el 12 suele representar la mitad de un día e incluso los meses del año)). Un periodo preciso de 5 Baktun – secuencia más larga del calendario maya, que representa 394,3 años, cada una – equivale a 720.000 días, que es un patrón que también corresponde con la geometría sagrada y la mecánica matemática del universo.

Con el 1er Baktun tras el nacimiento de Jesucristo, vino la era del cristianismo primigenio hasta la aparición del catolicismo y la tergiversación sobre el cristianismo (circa 5-12 a.C. al 380-394 d. C.); con el 2º Baktun, tras esto, vino la era Católico-Romana, que fue frenada por la era Islámica (hasta el 790, más o menos); con el 3ª Baktun prevaleció el poder sarraceno, siendo el "siglo de los árabes" que siguió con la época de las Cruzadas (hasta el 1.180 aprox.); con el 4º Baktun vinieron los mayores cambios de la sociedad moderna, ya que concluyó la Edad Media y se produjo el nacimiento del periodo de grandes avances de nuestra historia conocida, no sin grandes epidemias y guerras en Europa (que es donde los cambios fueron más notorios) - hasta el 1.570-1.580, más o menos -; vino entonces el 5º Baktun – como dije, partiendo desde el nacimiento de Jesucristo -, que fue el inicio del Protestantismo y la disminución más intensa de la influencia religiosa de Roma (etapa que habría llegado hasta los años 70 del siglo XX).

De un modo u otro, estos 5 Baktun estarían terminando en algún momento entre los años 70 e inicios de los años 90 de nuestro tiempo, lo cual coincide con diversas estimaciones sobre la conclusión de la era de Piscis - o era del cristianismo (bien o mal, ya que sería el periodo del cristianismo en su contexto general, con sus pros y sus contras) -. En consecuencia, comenzaría la nueva era esperada, pero acorde a las advertencias tan señaladas a lo largo de los siglos y milenios anteriores al presente, habría una transición antes de la plena era de renacimiento humano, caracterizada por un nuevo sistema ficticio, un mundo globalizado basado en el engaño y el control de pocos sobre mayorías, que sería acompañado por un "apocalipsis", una media de 4 a 7 años notablemente críticos.

Sin este proceso, semejante a un parto, no podría empezar realmente la edad utópica que marcaría el nacimiento de nuestro planeta hacia la perfección, la paz eterna, la inmortalidad y la alegría y la salud de toda la creación. Pero la idea del "fin del mundo" se ha tratado hace tanto tiempo, sostenido firmemente que el final ya llega – y lo cierto es que así es -, mas todo pareciese seguir igual a ojos de muchos. Es claro que nada sigue igual, y que cambios significativos se han desarrollado en los últimos 100 años como nunca se habían visto en nuestra historia conocida. El verdadero problema no estriba en la capacidad de acierto de los intérpretes de las profecías, sino sobre el factor probabilidad/posibilidad del tiempo/espacio. Esto quiere decir que aunque hay ciclos que se repiten y patrones que igualmente se repiten, dentro de lo que podemos llamar "Destino", hay variantes probabilísticas o diversas posibilidades como ecuaciones según la extensión del tiempo dentro de un espacio. Hay acontecimientos que pueden ser cambiados, eventos con matices que pueden ser alterados, circunstancias que pueden atrasarse o valores que pueden añadirse, debido al Libre Albedrío, o sea, las decisiones de las propias personas. Con todo, el punto es que las cosas ni han de ocurrir porque está profetizado; lo profetizado es la matemáticas de las variables si todo sigue según ese cauce.

Entre los muchos ejemplos que se podrían dar, y las muchas ideas complementarias que abordarían, se podría conceptualizar este argumento como el caso de mucha gente a la que se le advierte que un desastre natural va a ocurrir: una mayoría ora y pide perdón por algo que pudiese haber hecho mal para que esto de desencadenase, y la otra parte abandona rápidamente el lugar (a pesar de que no se arrepintieron, creyeron en el anuncio). Todos los "Efectos" son provocados por "Causas", y si el "castigo" que ha de venir sobre alguien es remitido por la intervención de muchos, y el resto también toma una determinación radical respecto de lo que ha creído que ocurrirá, el Destino es "modificado" o "alterado", según las variantes correspondientes. En otras palabras, podría no ocurrir el desastre, podría ocurrir pero en medida muy pequeña, o podría atrasarse mucho para ocurrir, inclusive esperando a la siguiente generación (y ver si la siguiente también lo evita al actuar en consecuencia).

Mientras los estamentos de poder del mundo actual se hacen más y más fuertes, a nivel social se aviva un despertar de conciencia, teniendo lugar con esto un choque de polaridades; si en los años 70 empezaron a verse atisbos cada vez más convincentes del final de esta era, los poderes fácticos debían asegurarse de que el despertar de conciencia que se levantaba en la sociedad menguase, por lo que introdujeron nuevas modas musicales, festivales, drogas, filosofías y conflictos locales triviales (hasta guerras externas para mandar a morir a jóvenes, o sumirlos en luchas contra su prójimo). Con todo, eso no sirvió, ya que el pueblo protestó ante las guerras y las injusticias, contrarrestándose ya en ese momento el poder que podría haber desencadenado el final de este periodo.

Si la conclusión de esta edad es ahora, y destaca por un despertar global de la conciencia, ¿qué provoca ese despertar y cómo se ve? Está y es plausible si se sabe mirar y discernir, pero dada la fuerte oposición del "mal" – por así decirlo – en este mundo, las corrientes de manipulación mental y condicionamiento social y psicológico, modas y movimientos degradantes, distracciones virtuales y pasionales, ocupaciones plenamente absorbentes, miedos mediáticos, apatía y divisiones de facciones por verdaderas ridiculeces - todas detrás de las cuales está la élite oscura de poder -, es entendible que el "tira y afloja" nos mantiene más tiempo en ESPERA, escondiendo al bebé del nuevo mundo y manteniéndolo en estado de latencia. ¿Quiere eso decir que el movimiento de resistencia y oposición que llevan a cabo activistas, teóricos de conspiración, negacionistas y cristianos, el trabajo de ONGs, movimientos civiles en protesta y demás levantamientos deberían detenerse? Una de las dos corrientes terminará ganando, pero dados los parámetros de posibilidad/probabilidad de este espacio y tiempo, es complicado saber con plena exactitud cada factor, salvo comprenderlo, a groso modo, en un contexto general. Algunos cuestionan si entonces el movimiento de oposición anti-sistema conseguirá su meta, y abolirá la tiranía, conseguiría evitar las profecías sobre el Apocalipsis, pero para los que creen en los vaticinios y en las Palabras de los mensajeros de Dios, lo avisado respecto de lo que ha de suceder va a pasar, "sí o sí".

En consecuencia, si los eventos anunciados van a tener lugar de todas maneras, habría pues un Gobierno Global con Dictadura Global, al menos solo unos pocos años, y se levantará en medio de los debacles del "Fin de los Tiempos" que concluirán con la caída total de este imperio planetario que está en alza y todas las estructuras de la vida y la sociedad que nos han definido en nuestra historia conocida. Empero, en algún momento la Oposición al sistema será vencida, y no conseguirá sus fines, siendo, por el contrario, reducidos a grupos independientes ocultos y disidentes perseguidos por la "justicia", y sus ideales serán cumplidos, no por ellos, sino por la conciencia planetaria en sí misma, pero años más tarde (al comenzar la era de luz gloriosa).

Dicho de otra forma, el "Destino" seguirá sus ciclos y llevará a cabo sus pautas - por encima de las decisiones humanas - ya que a la larga, el Libre Albedrío estará condicionado por determinaciones humanas nacidas del caos, la desesperanza, la angustia y el miedo que son promovidas por los poderes fácticos y las fuerzas de la oscuridad que están detrás, y los desastres sumados a una guerra global y el hambre, y sus consecuencias directas e indirectas. Por ende, la unificación social de valores y principios que trata de luchar y hacerse fuerte se verá frenada por problemas y preocupaciones de fuerza mayor que dispersarán a las masas, debilitando así su capacidad de hacer frente al poder elitista.

Dentro de los parámetros de posibilidad/probabilidad de este espacio/tiempo, los elementos aplicables más "elementales" serían: 1) esperar a que empezasen las sacudidas climáticas y geológicas, así como sociales, para poner en marcha el aparato del Nuevo Orden Mundial (veamos el ejemplo de la llamada pandemia del covid); 2) crear escenarios de malestar social y miedo - como el terrorismo o una crisis sanitaria – para reforzar la estructura policial y el control ciudadano; 3) provocar una caída financiera considerable; 4) provocar una guerra entre dos o más potencias mundiales; 5) liberar patógenos mortales o altamente virulentos; 6) sencillamente dos, tres, más o todos los anteriores. De acuerdo a las diversas profecías, especialmente del libro del Apocalipsis de Juan, todos estos escenarios mencionados precisamente son los que van a acaecer, y estarán enlazados de diversas maneras justo antes y durante todo el tiempo de dominio del sistema imperialista emergente, o "la bestia" - pero no será algo duradero (aunque solo fuesen 2 o 7 años - a lo sumo - parecerá en todo caso eterno si cada día es un infierno para los que no tienen su fe puesta en Dios o en Jesucristo) -.

Para los seguidores de los vaticinios sobre el futuro, indagar sobre el Apocalipsis es una de las piedras angulares de interés, por excelencia. Pero para estudiar este libro, se debe conocer el contexto sobre el que gira, y eso implica profundizar sobre la cultura hebrea y sobre la secuencia de anuncios previos cuyo hilo sigue y concluye el llamado Apocalipsis. Los conceptos que la tradición y cultura hebrea proporcionaban sobre la conclusión de esta era y el inicio del hermoso periodo de paz duradero están estrictamente sujetos al papel del Mesías esperado por el pueblo de Israel. La cronología de sucesos que debían tener lugar comenzaba a marcar en el reloj profético potencialmente con las advertencias del judío Daniel en Babilonia, y para los cristianos estas se complementaban con la visión del apóstol Juan en la isla de Patmos. Los judíos suponían que la manifestación debía darse dentro de un contexto de un libertador que los salvase de sus opresores, pero lo que el movimiento que nació con Jesús de Nazaret dio a entender fue que la Redención era algo primeramente espiritual, y que habría una serie de eventos que seguirían tras el cumplimiento de los vaticinios del profeta judío Daniel.

Comparando los anuncios de este profeta con la historia, ya sabemos que quedó patente que él advirtió que el Mesías aparecería bajo el dominio de Roma, y que sería asesinado justo antes de que Judeah fuese asolada por este imperio y los judíos viniesen a ser expatriados. Partiendo de ahí entraban en escena las palabras del apóstol Juan en su Revelación, pero habiendo transcurrido ya casi 20 siglos, ¿qué deberíamos esperar o suponer? Con otros anuncios, unidos a contenido extra de la propia cultura hebrea – aunque muchos de estos otros vaticinios no están en el canon llamado 'biblia' – se entiende que los Sellos del Apocalipsis juegan su papel de apertura después de la era romana y en una época de guerra mundial y conflictos internacionales posiblemente azuzados por una crisis social muy grave. Gracias al propio Sermón Escatológico, Jesús mismo da las pautas para saber cuál sería el preludio de esta franja de tiempo que daría finalización a esta era e inauguraría la afamada era de paz, justicia, amor, unanimidad, longevidad, salud y bienaventuranza.

Es gracias a estas palabras, y su triangulación con la mayoría de profecías relativas a esta materia, que podemos comprender que las pautas dadas para comprender esta fase histórica no pudieron haber ocurrido en todos los siglos que nos han precedido, y que claramente pertenecen a esta época. Al hablar de guerras internacionales y todo tipo de conflictos mundiales, las palabras de Jesús entran en un contexto combinado con aparentes enfermedades virulentas, seísmos, hambruna, graves y grandes protestas y globalización. Eso podría desencadenarse en cualquier momento, y aun pareciendo terrible, es señal clara de que la era utópica gloriosa está ya en el horizonte y casi que se puede palpar. Sin esta esperanza, conocimiento, comprensión o creencia, pasar esta fase histórica sería desesperanzador y angustiante, y tiene total sentido que aunque estas cosas no puedan cambiarse, se nos hubiesen contado con mucho tiempo de antelación, con el gran deseo de que más y más individuos y gremios lo supiesen: «después de la tormenta siempre viene la calma», dicen por ahí, o «nada es para siempre».

El tema en cuestión suele producir mucho miedo, angustia y aflicción porque no se enfoca de la forma correcta, no se plantea de la forma correcta o no se estudia su contexto de la manera correcta (como se ve en los registros del pasado cuando apreciamos que los profetas anunciaban cosas, y al no gustar a los que les escuchaban, les persiguieron y les mataron); se suele decir que «el que nada debe, nada teme», por lo que las personas justas, rectas, que se perfeccionan, honradas, virtuosas y fieles a los valores más elevados no serán tocadas por nada de esto, su confianza y convicción en el destino será incluso reforzado y verán de lejos estos eventos para su propia experiencia y madurez personal.

Nadie que esté en el camino espiritual será avergonzado; nadie que esté la senda del perfeccionamiento y la sincronicidad con la verdad y la luz dejará de ser advertido – de una forma u otra, y de múltiples maneras – sobre las cosas que van a ocurrir, con antelación, detalles y apoyo, y cada vez más siquiera antes de que tengan lugar. Así, se irán preparando progresivamente, tomando todas las medidas adecuadas. El Padre nunca abandona a sus hijos. No hace falta ser un erudito para comparar la geopolítica con las profecías y ver que la primera fase de los acontecimientos más importantes que darán inicio al Apocalipsis está por suceder – bien que mal, con aproximaciones aquí o predicciones allá -, pero temer o llenarse de ansiedad no debería ser la reacción correcta de quien vive de acuerdo a las enseñanzas espirituales, especialmente las dadas por Jesucristo, ya que contradicen directamente toda su doctrina: nada hay que pueda destruir nuestro ser, y nada hay que pueda avergonzar a un hijo de Dios.

### ¿Estamos en la antesala de la Gran Tribulación?

Un tema muy propio de la escatología cristiana es la 'Gran Tribulación'. Tema que, aunque pareciera ser claro, a lo largo de los siglos – especialmente las últimas décadas – ha creado varias teorías o doctrinas diferentes. Inicialmente hay que aclarar que hay cierta confusión en lo que a términos se refiere cuando hablamos de asuntos escatológicos (relativos al final de estos tiempos). Por tanto, antes de abordar esta sección del libro debo primero aclararte cierta terminología, sea o no que estés familiarizado/a con ella.

**Apostasía.** Vocablo griego que significa distanciarse o alejarse. Se usaba entre los primeros cristianos para referirse a alguien que traicionaba los valores o principios de sus creencias o su cultura. En las traducciones al latín se usó el término Discessionem, de donde deriva el castellano "disensión" y "disentir". Existía una profecía desde los tiempos de Henoc que afirmaba que el Anticristo vendría con una gran apostasía de los valores de las gentes, lo cual ratificó el apóstol Pablo.

**Abominación Asoladora, o Desoladora.** Fueron dos acontecimientos que tuvieron lugar en Ihudeah. El primero fue motivado por Antíoco IV Epífanes, de la dinastía de Seleuco, comandante griego que profanó la fe judía en los años 167/8 a. C. Algo aún peor se repitió entre los años 66 d. C. y 135 d. C., que conllevó a la expulsión de los judíos de su tierra, no sin antes ser destruido por última vez su sagrado Templo.

**Gran Tribulación.** Se refiere a una situación social global que se presenta ante el crecimiento de la tiranía mundial, las olas de protestas y manifestaciones y la inestabilidad económica que han incrementado tras la apostasía (agendas LGTBI, agenda pro aborto, agenda feminista, agenda ecuménica, agenda de hipersexualización social, agenda de sexualización infantil, despenalización de la pedofilia, despenalización de las violaciones, imposición vacunativa, agenda transhumanista, agenda de apatía y desconfianza social, etc.). En sus propios términos la Gran Tribulación son los años que anteceden el reinado del Anticristo, los "dolores de parto" que debilitan a la humanidad para dejarlos arrodillados ante el gobierno de la llamada Bestia. Las fases de este periodo inician con el colapso sistémico de los mercados, abordando una Tercera Guerra Mundial (o caballo rojo), una crisis alimentaria (o caballo negro), una ola de desastres medioambientales, una agenda de genocidio con el uso de diversas estrategias avanzadas (o caballo pardo), una Purga, la agenda Blue Beam y la caída de un asteroide en varios pedazos (o las Trompetas). Durante esta última parte se sucede el llamado

Arrebatamiento de los elegidos, y al poco comienza el reinado de la Bestia, que dura 3 años y medio.

Muy bien. Dicho esto, y ya aclarada esta cuestión, desarrollaré estos asuntos de manera más extendida. El Nuevo Testamento hace énfasis en un periodo crítico y de gran aflicción que vivirá la humanidad antes del final de esta era y el comienzo del tiempo mesiánico de paz, prometido tanto por la biblia como por otras culturas. Aunque básicamente en el canon de las Sagradas Escrituras hebreas-cristianas en sí aparece la palabra 'tribulación' unas 40 veces, hay un contexto de la misma que menciona una 'gran' tribulación (Isa. 8:22, 33:2; Sof. 1:17, Apoc. 7:14) o tiempo de tribulación final (llamado 'dolores de parto del Mesías' por la escatología rabínica), es decir, una de mayores proporciones a cualquiera de la que se haya hablado en la historia. Aunque unas 23 de estas citas bíblicas corresponden con el Nuevo Testamento, solamente 5 de ellas dicen textualmente 'gran tribulación', se entiende que solo 3 hablan de un evento futuro relacionado con el comienzo del Apocalipsis, y otras cuantas pueden tener un componente relacionado de forma oculta.

Los Primeros Signos: Apostasía. En ese sentido, la primera mención clara sobre un episodio así, se sitúa en el evangelio sinóptico de Mateo (capítulo 24:21), donde reza: «habrá entonces gran tribulación, cual no la ha habido desde el principio del mundo hasta ahora, ni la habrá.» Esta sorprendente declaración se recoge de palabras de Jesús respecto del preludio a su regreso. ¿Pero cómo se desarrolla ese evento y qué señales lo anteceden? Hay referencias o pautas que se han ido marcando desde el tiempo de los apóstoles hasta el presente, dando lugar a múltiples profecías hebreas anunciadas y cumplidas, entre las que destaca la historia de Roma, el avance de la ciencia y la tecnología, la globalización, el regreso de los judíos a Israel, el restablecimiento del Estado de Israel, la recuperación de Jerusalem, la apostasía y el inicio de conmociones (estas dos últimas fases son en las que estamos).

Si bien, aunque se podría decir que la apostasía no es solo religiosa, sino social y moral, se debe comprender la amplitud e implicaciones de esto, ya que conllevan a otra profecía que se ha estado cumpliendo: «Porque vendrán muchos en mi nombre, diciendo: Yo soy el Cristo; y a muchos engañarán.» (Mat. 24:5 y Marc. 13:6. Reina Valera 1960) Y asimismo otra que, aunque ha tenido muchos casos vistos, debe aún manifestarse en consecuencia: «Muchos falsos profetas se levantarán y engañarán a muchos...» (Mat. 24:11, Reina Valera 1995) Este serio fenómeno irá orientado precisamente hacia la cristiandad: «Porque se levantarán falsos Cristos, y falsos profetas, y harán grandes señales y prodigios, de tal manera que engañarán, si fuere posible, aun a los escogidos.» (Mat. 24:24, R60)

Pero en tanto esto se acerca, hay otros acontecimientos que marcan el comienzo de dicha tribulación, pero antes de tratarlos sería importante aclarar qué engloba la tal 'Gran Tribulación'. Ha habido múltiples suposiciones y estudios religiosos al respecto, y pocos son los que han aceptado la parte objetiva, y no la que conviene creer a los cristianos. Es decir, los creyentes en el Arrebatamiento (un momento en que antes del juicio apocalíptico, Cristo se lleva a un grupo de siervos suyos elegidos, entendiéndose como los que lo han merecido, como analogía de la salida de Egipto (Neh. 9:27)), discuten entre si ese evento será antes o después de la Gran Tribulación. El problema estriba especialmente en tesis con matices y retoques que omiten la parte pragmática del desarrollo explicado, tanto por Jesús como por el apóstol Juan o los escribas Baruc y Esdras.

**El Sermón Escatológico.** Aunque Juan y Baruc mencionan el asunto de forma ordenada, Jesús es quien incluso aporta detalles justo anteriores al mismo. Todo empezó con una conversación de Jesús y sus discípulos a las afueras de Jerusalem. Él había anunciado el futuro de la ciudad y el Templo - como ya había asimismo advertido el profeta Daniel en Babilonia – tanto al entrar en la ciudad en su última Pascua (Lucas 19:44), como al salir ese día aún en los preparativos de la misma (Lucas 21:6). La mayoría de estudiosos se han confundido en este diálogo, como parece que incluso ocurrió a los mismos presentes y a los oyentes posteriores, que creyeron que la destrucción predicha sobre Jerusalem era parte del regreso de Cristo. Lo cierto es que lo advertido tuvo lugar unas 3 décadas después de aquellas palabras, y no terminó hasta avanzado el siglo II d. C. El error de los intérpretes ha partido de no entender el diálogo en base a las preguntas que le hicieron a Jesús sus discípulos: «... ¿cuándo sucederán estas cosas? ¿Y qué señal habrá de tu venida y del fin del mundo?» (Mat. 24:3 R95) El diálogo que había empezado al salir de Jerusalem en dirección al monte Zitím (de los 'Olivos') tenía que ver con 3 preguntas, así que Jesús respondió sobre 3 temas distintos: 1. Sobre la destrucción de Jerusalem y el templo (lo cual empezó en el año 66 d. C. y terminó con la expulsión de los judíos de Judeah en el 135 d. C.), 2. Sobre la señal – o señales - de su venida, y 3. Sobre el fin del siglo, es decir, la conclusión de esta edad.

A causa de la incomprensión de la visión futura de estos hechos, y posiblemente por el anhelo de que todo finalizase ya, los evangelistas redactaron el diálogo sin diferenciar entre las 3 temáticas, de modo que el analista bíblico a simple vista no supondría que eran 3 cosas diferentes. En consecuencia, habría que extraer de la conversación la parte que concierne a las señales del regreso de Cristo, y estas coinciden en los relatos de los 3 evangelios sinópticos que tratan en asunto: Mateo, Marcos y Lucas (este último haciendo una síntesis completa y documentada posterior). Éstos, al igual que el capítulo 6 del Apocalipsis, explican que la Gran Tribulación es inmediatamente precedida por guerras mundiales, engaño religioso y protestas y revueltas civiles. En su contexto se entiende que dichos eventos hacen estallar la siguiente escalada de sucesos, que engloban la Gran Tribulación: la caída de la gran Ramera (EE.UU.) con la guerra nuclear – y en extensión guerra mundial ya involucrando a todos contra todos (Caballo Rojo o Segundo Sello))-, la crisis económica y alimentaria (Caballo Negro o Tercer Sello), y los terremotos masivos y nuevas epidemias y contagios (Caballo Pardo o Cuarto Sello).

**Falsos Enviados.** Como hemos visto, la primera referencia al preludio de los "dolores de parto" habla aparentemente de personas que dicen ser "Cristo". Es notorio que esto se ha estado viendo en las últimas décadas – porque alguien que lo hubiese hecho bajo el imperio católico habría ido a la hoguera o a la orca -, pero siendo objetivos, el contexto pareciera hablar de algo más específico o radical. El pasaje griego de Lucas que cita eso coincide tanto en las referencias bizantinas como las del Textus Receptus, diciendo: «Mirad que no seáis engañados, porque vendrán muchos en mi nombre, diciendo: "Yo soy", y "El tiempo está cerca." No vayáis en pos de ellos.» (Cap. 21:8) Si esto augura un fenómeno global, aún no se ha materializado de esa manera. El pasaje hace suponer que al "venir en nombre" de Jesús, esos "muchos" serían de dentro de la cristiandad. Es más, si los discípulos y sus seguidores eran los fundadores del cristianismo, y se basaban en la fe en Jesucristo, no aceptarían algo de fuera, pero podrían ser engañados por algo de dentro (como vaticinó la visión de La Salette). Eso refuerza la idea de que la apostasía continuará en la Gran Tribulación, al menos en cierto grado y con ciertas masas de personas de mayoría cristiana.

En consecuencia, podría tratarse de líderes protestantes y/o católicos, o incluso figuras políticas, públicas o famosas que, o bien diciendo que vienen de parte de Cristo, o que son cristianos, persuadirían a los cristianos, sea a creer que ellos son Cristo o que son emisarios de Cristo. Mateo y Marcos confirman estas palabras, al registrar: «vendrán muchos en mi nombre, diciendo: Yo soy el Cristo; y a muchos engañarán.» (Mat. 24:5 y Marc. 13:5). Pero hay que aclarar algo fundamental, el término 'Cristo' no es un nombre propio. Si alguien dice que viene "en nombre de Jesús" o "en nombre de Cristo", pero él es Cristo, dicha afirmación no tiene sentido, porque, o es Cristo o viene de parte de Cristo. La palabra 'Cristo' es un epíteto que procede de la voz griega 'Jristos', que quiere decir 'ungido'. En la tradición hebrea, siempre se ha esperado al Ungido, cuyo papel es libertar a Israel y darle la antigua gloria que tuvo en tiempos del rey Salomón y al final del reinado de su padre, David. Dicho de otra forma, Jesús estaba advirtiendo que vendrían muchos individuos hacia los creyentes (sea cristianos o judíos) haciéndoles creer que él – o ellos – son los "elegidos" o "libertadores" de algún tipo de movimiento, posiblemente político-religioso.

**El falso Reino Ahora.** Otrosí, ¿los libertadores, salvadores, elegidos o mesías para qué? Para reivindicar los valores de Israel. Pero, ¿qué sentido tiene eso si los cristianos saben que dicha Redención prometida para Israel anunciada antaño por los profetas hebreos solo se cumple con el regreso de Jesús? Eso, en el supuesto de que realmente los cristianos sepan eso o lo entiendan. Basta echar un vistazo al ambiente cristiano popular, en cualquier parte del mundo, y queda patente que existe una gran desconexión entre lo que se enseñó en el cristianismo primigenio y lo que se enseña ahora, y eso incluye su visión de los eventos que han de venir. Muchos líderes están diciendo que ya Jesús vino, pero está acá en un sentido "espiritual", y otros que está aquí en un sentido "metafórico", y otros que está en un contexto general pero ha establecido un 'Poder Temporal'. Esta doctrina, llamada 'Dominionismo' (o 'el Reino Ahora') es una de las más populares a nivel mundial, especialmente entre los seguidores de falsas enseñanzas como el 'evangelio de la prosperidad'.

En el Dominionismo se suprime el Apocalipsis, y se suele decir que son hechos ya pasados los que se profetizaron. En consecuencia, la profecía de Jesús está hablando de otro tipo de personajes que liderarán o dirigirán a masas religiosas haciéndoles creer que dichas figuras (ellos mismos) son los escogidos para traer la promesa bíblica, aún cuando sí dirán que estamos en los tiempos finales. No obstante, esas palabras de "estamos en los tiempos finales" serán maquilladas, haciendo creer que estamos en un punto de los eventos que aún no corresponde. Por eso, en el mismo diálogo, Jesús advierte: «Mas cuando oigáis de guerras y de rumores de guerras, no os turbéis, porque es necesario que suceda así; pero aún no es el fin.» (Mar 13:7 R60) ¿Por qué dice esto? Porque estos falsos líderes monoteístas dirán que ya es el fin, siendo que es falso, porque el fin apenas estará empezando. ¿Qué ganan con eso? Facilitar el engaño de un falso arrebatamiento antes del verdadero y, por encima de todo, disuadir de la realidad global de lo que ocurre a nivel progresivo y cronológico (para saber realmente qué pasa, en qué punto estamos y qué esperamos), de manera que esos líderes presenten una nueva visión del apocalipsis, tergiversada, donde la venida de Jesús no es desde el cielo, después de la Gran Tribulación, sino antes, sea de otra forma o a través de otros individuos (o uno solo).

Lo que esto lleva es a pensar que la masa de la cristiandad será manipulada para equivocarse a la hora de ver lo que ocurre y cómo debe venir Cristo, y eso es para que también ellos acepten a los nuevos líderes con sus nuevas propuestas. Por esa razón, el Evangelio Amonio describe esto como la manifestación del Anticristo (que representa tanto a una persona, como a un conjunto o a un movimiento). No sería aventurado decir que ya hay indicios de esto desde que Donald Trump apareció en escena diciendo que era cristiano, y muchos le han creído. Incluso dice que es amigo de Israel e Israel confía en él. Se trata de un despertar que promete una re-unión o alianza de 'religión' y 'estado', y haciéndolo bajo un supuesto amparo de Dios, como los fue en los reinados de David y Salomón.

**Comienzo de Guerras Globales.** Pero, ¿qué otro indicio veríamos entonces con el comienzo de la gran Tribulación? Jesús dijo que dicha tribulación sería la suma de diversos sucesos; y el orden es casi el mismo en sus palabras que las del apóstol Juan en la visión del Apocalipsis y las de Baruc y Esdras en sus visiones – sin ir más lejos -. Refiere que realmente todo comenzará una vez se oiga de «guerras y sediciones» (Lucas 21:9). Sabemos que nunca ha habido en el mundo tantos conflictos bélicos como desde que la ONU se estableció, aun cuando supuestamente fue a expensas de los resultados de la Segunda Guerra Mundial. A pesar de todo, debemos añadir que las guerras han sido aisladas, intermitentes, momentáneas (si mucho de un par de años), pero desde el 11-S (2001) todo ha cambiado radicalmente. Se han desatado guerras internacionales que no han parado y no dan signos de que vayan a parar. Con la 'Primavera Árabe' (2011) el problema se acrecentó, y ahora cada vez más grupos terroristas causan conflictos en muchos países, especialmente de creencias musulmanas, y hasta perpetúan ataques en suelo europeo.

La cosa no queda ahí, sino que empeoró con la guerra de Siria, donde los intereses de varios países, unos a favor y otros en contra del gobierno de Bashar al-Ásad, se han visto apoyando a ambos grupos internos y externos (de Irak), tanto del gobierno como de los revolucionarios, e incluso a grupos kurdos. Al principio, como en la guerra de Afganistán contra Rusia (1978-1992), hubo apoyo logístico y armamentístico de los EE.UU. para expulsar a los rusos, pero desde mediados de 2015 empezaron a participar tropas activas de estos países (EE.UU., Rusia, China, Arabia Saudí, Israel, Francia, Inglaterra y Turquía), convirtiendo la guerra de Siria en la Tercera Guerra Mundial, aún cuando pocos se han atrevido a llamarla así. Pero el problema no se quedaba en Siria, e incluso en Irak, sino en Crimea, donde los problemas se desataron a mediados de 2014 a una escala que aún aumenta. La tensión nunca fue mayor entre los EE.UU. y Rusia desde el inicio del Guerra Fría, ni siquiera con la 'Crisis de los Misiles de Cuba' (1962), llevando a un despliegue único en la historia desde la 2GM en los países de la antigua Unión Soviética, e incluso en otros que fueron el detonante de la propia 2GM por parte Adolf Hitler.

**Atlantic Resolve.** La situación es tan seria que solo esta semana al menos 100 helicópteros del ejército de los EE.UU. llegaron a los campamentos en Europa del este. Serguéi Lavrov, Ministro de Asuntos Exterior de Rusia, y el Centro para el Control de Armas y No Proliferación, afirman que EE.UU. tiene cerca de 500 ojivas nucleares desplegándose por la región. La operación Atlantic Resolve va más allá que asegurar la frontera con Rusia, sino inmiscuirse en la guerra de Ucrania, rodear Bielorrusia (aliada de Rusia) y preparase para un inminente enfrentamiento de la OTAN con Rusia. Miles de tropas de los EE.UU. están desplegadas por Europa, especialmente desde finales de 2016 hasta ahora, con tropas en Portugal, España, Italia, Alemania, Bulgaria, Rumania, Eslovenia y Croacia. Eso sin contar con la fuerza aérea, que también está llevando efectivos y aviones a Reino Unido, Países Bajos, Polonia, Bulgaria, Estonia y Lituania. Además de esto, también el Complejo Militar-Industrial de los EE.UU. ha aumentado su número en las bases de la OTAN con fuerza naval en el mar Báltico y en el mar Negro, y asimismo ha elevando su fuerza armada exponencialmente en Estonia, Lituania, Letonia, Polonia, República Checa, Ucrania, Eslovaquia, Hungría, Alemania, Rumania, Bulgaria, Italia y Croacia. ¿Qué es lo que está pasando? ¿Por qué semejante despliegue único en la historia de los EE.UU. en "tiempos de paz"?

Todos estos reportes no paran de salir, y muchas veces son más los movimientos y confrontaciones que hay de las que uno se puede enterar aunque esté todo el día recabando noticias. Hay tantos "rumores" de guerras que se extienden y otras que están por estallar, sea en esta área o con otros grupos beligerantes en otras partes del mundo, o incluso en el Pacífico (donde se está desplegando el 60% de la fuera naval de los EE.UU., y solo en Japón hay ya 97.000 soldados estadounidenses). ¿Qué es lo que prevén los EE.UU.? Lucas dijo que la Gran Tribulación empezaría luego de que oyésemos de «guerras y sediciones», y Marcos (13:7) y Mateo (24:6) que sería «cuando oigáis de guerras y de rumores de guerras.» Es notorio que estas palabras se están cumpliendo, al menos desde 2014, tanto las de Mateo-Marcos, como las propias de Lucas.

Muchos por bastante tiempo han interpretado que la Tercera Guerra Mundial empezaría en Israel, pero se trata de una confusión respecto de las guerras simultáneas del valle del Cedrón y la de Harmagedon, que representan, bien una Cuarta Guerra, inmediatamente posterior a la Tercera, lo la misma fase final de esa Tercera. Por eso Jesús les dijo que sería «cuando oigáis», no "cuando presenciéis". Israel al principio no estará participando de esta guerra que está por pasar a escala nuclear entre potencias mundiales (de hecho ya se ha estado haciendo saber que Rusia, EE.UU. y Ucrania han estado usando armas de destrucción masiva y de uranio empobrecido en los conflictos de Ucrania, Irak y Siria).

**El Fin de la Paz.** Si bien, si el Anticristo quiere engañar a Israel y hacerla ser la mayor nación, las otras deben ser reducidas, y eso explica que una conflagración atómica y un desplome económico acaben con las grandes potencias ahora predominantes. Asimismo, con el poder que ahora ostentan las naciones europeas, EE.UU., Rusia y China, entre otros, no podría haber un gobierno global unilateral. Pero volvamos con las palabras de Lucas, ya que es significativo que habló de «sediciones», cosa semejante a lo que Marcos describe en el comienzo de la Gran Tribulación - según su versión de los hechos - definiéndolas como «alborotos».

Aún cuando todo apunta a que la Gran Tribulación comienza «Porque se levantará nación contra nación, y reino contra reino» (Mar 13:8 R60), como describe Juan (hablando del caballo que representará la guerra mundial, al cual «le fue dado poder para quitar la paz de la tierra y hacer que se mataran unos a otros. Y se le dio una espada muy grande.» (Apoc. 6:4, R95)), el escenario previo a esto, y que parece acompañar y seguir al engaño en el gremio monoteísta, son manifestaciones por todas partes. En el 4º de Esdras podemos encontrar citas semejantes, que afirman: «Por lo tanto, cuando aparezcan en el mundo terremotos, tumulto de los pueblos, las intrigas de las naciones, vacilación de los dirigentes, la confusión de los príncipes, entonces usted sabrá que es de eso [de lo] que el Altísimo habló desde los días antiguos, desde el principio.» (9:3-4) Podemos encontrar que habla de una combinación de cosas, o incluso que se pueden ver aisladas, citando terremotos (como las otras profecías), tumulto de pueblos (que se entiende como protestas, aglomeraciones, manifestaciones masivas), intrigas de las naciones (es decir, conspiraciones de los gobiernos) y confusión de los príncipes (líderes que parecen no actuar de forma ordenada o lógica, errores y falta de claridad cuando se suma mucha gente o muchas cosas a la vez). Baruc también lo advierte, dando otro orden, y diciendo que el inicio de estos eventos sería partiendo del «comienzo de conmociones. [...] asesinatos de los grandes [...] la caída de muchos con la muerte [...] el envío de la espada [...] el hambre y la retención de la lluvia [...] terremotos y terrores.» (2ª Baruc 27:2-7) En todos los casos, la guerra, el hambre y los terremotos van acompañados, y el preludio de todo son rumores de guerras, focos de conflictos armados aumentando y revueltas civiles, sin constar con la destrucción de la gran Babel (o 'gran Ramera', que es la forma profética de referirse a los EE.UU.) a lo largo de ese comienzo de caos.

**Protestas a Nivel Mundial.** Empero, lo que para algunos parece ser futurista, a la luz de las profecías y los hechos cumpliéndose, es evidente que dicho escenario ya empezó, y ahora mismo estamos en la última fase antes del inicio de la Gran Tribulación. Dado que el médico Lucas fue quien hizo un estudio investigativo para armar todos los datos en su momento, se entiende que su tesis consistía en organizar las fuentes de una manera lo mejor posible. Eso quiere decir, que sus palabras se han empezado a cumplir, cuando dijo que las señales del regreso de Cristo empezarían «cuando oigáis de guerras y de sediciones», añadiendo que «es necesario que estas cosas acontezcan primero» (Luc. 21:9), y luego seguirán las otras, ya que «el fin no será inmediatamente», en esos días (porque la tribulación durará, al menos, según parce, un par de años). Hemos de recalcar que la palabra que se tradujo por «sedición» es la griega 'Akatastasía', que, además de sedición, aborda otras acepciones, tales como disturbios, desordenes, tumultos, revueltas y protestas. El estallido de manifestaciones, paros, revueltas y concentraciones a nivel planetario es único y sin precedentes en el presente (ni se acercan las que hubo por la guerra de Vietnam y por la invasión a Irak), tanto por las actividades políticas de Donald Trump, como por otros eventos independientes, sea en EE.UU. o en el resto de países.

Si miramos Marcos 13:8, él escribe también sobre esto, afirmando que «...habrá [...] disturbios; principios de dolores son estos.» Aunque algunas versiones omiten esta palabra (como la traducción castellana Reina Valera de 1995), posiblemente por cambios en traducciones griegas posteriores - como la 'Nestle-Aland' (1993) o la 'Westcott and Hort' (1885) - en la versión griega base (Textus Receptus) y la más antigua (la bizantina), aparece el vocablo 'Tarajaí', que se refiere a disturbios, conmociones, perturbaciones, agitaciones, revoluciones, confusión, desorden, barullo, tumultos. La etapa actual es enlazada con la profética caída de los Estados Unidos de América, a la cual los profetas llamaron 'Babel' (Babilonia), que es el detonante de la Gran Tribulación, y su fase de inicio (Jer. 51, 50:8-16; Isa. 13, 14:4-7; Apoc. 17 y 18, 14:8).

### El que persevere hasta el final ése se salvará

Es sorprendente ver que antiguas profecías por tanto tiempo anunciadas se están cumpliendo en nuestro presente. Comprender que cosas advertidas hace incluso miles de años estén teniendo lugar parece como si de repente estuvieses dormido, soñando una incómoda pesadilla. Es como estar dentro de una surreal película de ficción. La afinidad tan exacta en las palabras que fueron dichas por ciertos individuos con lo que ocurre decididamente nos quita todo atisbo de ingenuidad e incredulidad sobre lo que está por venir y de su seriedad. Seriedad que nos lleva a ser uno de 3 grupos que existirán a partir de los próximos años: los robots, la resistencia o los preparacionistas.

En un remoto texto conocido como el Evangelio de Ammonio se afirma el caso en que unos días antes de su crucifixión Jesús de Nazaret estaba hablando con sus seguidores en el monte Olivar, y en esa ocasión él les predijo cómo sería el advenimiento del Anticristo. Las claves que les dio están referidas en muchos otros escritos a lo largo del mundo - y en distintas épocas - que nos advierten de las señales que veríamos para saber que ya había llegado ese tiempo. Nostradamus había vaticinado de que en el futuro habría 3 anticristos. Los expertos han concordado en que el primero era Napoleón Bonaparte y el segundo fue Adolf Hitler. Si bien, para muchos de los primeros cristianos, en cambio, el primero fue Nerón César, pero habría uno que vendría al final de la actual edad de los hombres. Uno más grande estaría por venir, y éste controlaría al mundo entero. Se habló de él en el cristianismo primigenio como Belial, en el judaísmo se le conoce como Armilius, en el islam como Al-Dajjal, es el falso Maitreya, el Kalki hindú, el mesías de la masonería, el heredero al trono arturiano, davídico y merovingio de las monarquías europeas.

Haré girar esta exposición entorno a las palabras del profeta judío Ihoshua, o Jesús de Nazaret, como seguramente le conoces. Ihoshua (o Yeshua) reiteró palabras de otros compatriotas suyos en un contexto que por siglos no se había sabido cuándo debía encajar. Ciertamente, determinar algo así a lo largo de tanto tiempo no sería fácil. Una de las claves eran los vaticinios sobre el regreso de los judíos a su tierra, cosa que ocurrió a partir de 1917, con la toma de "Tierra Santa" por parte del Imperio Británico de manos de los otomanos, pero comenzó a consolidarse tras la Segunda Guerra Mundial con el definido Estado Judío, en 1947. Se había anunciado también hace miles de años que Irushalim (Jerusalén) regresaría a manos de los judíos, cosa que ocurrió tras la victoria israelí en las guerras de Los Seis Días (1967) y Yom Kippur (1973). Esto asimismo coincidía con la profecía sobre el poder militar que recuperaría Israel tras milenios de no ser una potencia bélica. Seguidamente llegamos a las palabras de Ihoshua en el sermón escatológico, cuando el maestro reiteró lo dicho por los antiguos al anunciar que Israel volvería a ser una super potencia, sosteniendo que primero serían humillados, <<hasta que se complete la era de los goim.>> (Ev. Lucas 21.24).

Por Goim se refiere a la humanidad sin conexión con el pueblo hebreo. La influencia de Israel es cada vez mayor, siendo la mayor potencia militar actualmente y con el mejor servicio de inteligencia del mundo. Estas referencias ya nos ponían en contexto, pero la que sería angular sería la del ataque al World Trade Center, cuando el profeta Isaías anuncia en el siglo VI a. C., nada más ni nada menos, que en el capítulo "9-11" sobre este evento, y el inicio de la guerra contra el "terror". Esta lucha contra el Enemigo Invisible fue el comienzo del Golpe de Estado contra la humanidad por parte de la aristocracia que controla este planeta. Ihoshua (Jesús) dijo claramente que todo empezaría con ENGAÑO. La humanidad conoce el mundo que le rodea por la televisión, y es esta, precisamente, la fuente número n° 1 de desinformación, manipulación de masas y engaño que usa la aristocracia planetaria (a la cual seguramente conoces por el título de 'los Illuminati').

Aquí el maestro judío Ihoshua fue muy enfático dando dos claves iniciales que debían coincidir simultáneamente: 'Polémous' y 'Akatastasías'. Polemos son conflictos, guerras, enfrentamientos bélicos. Akatastasías son conmociones o alzamientos. Otros profetas dijeron lo mismo, refiriéndose a sedición, manifestaciones, protestas, disturbios y guerra civil. El concepto de libertad de opinión y de culto se popularizó tras la Segunda Guerra Mundial, y tuvo un gran empuje en el mundo a partir de entonces. Solo en EE.UU. la Guerra de Vietnam creó una campaña nacional en contra del conflicto, en pleno nacimiento de la era hippy. Estos eventos fueron aislados hasta que en 2003 el Complejo Militar-Industrial de los EE.UU. inició una nueva ola de invasiones en Oriente Medio. Entonces múltiples protestas a nivel mundial llamaban a la paz. Desde entonces, los movimientos mundiales simultáneos de protestas se desencadenaron, cobrando cada vez más fuerza, pareciendo casi una corriente de pensamiento en común que cruzaba fronteras, barreras, colores, étnicas, edades, sexo y lenguas.

Si bien, aunque cada vez ha habido más manifestaciones de toda índole a nivel global, desde 2020 se han aunado con un mismo sentir en cada vez más lugares, de forma más masiva y constante, esta vez en pro de la libertad, en contra del engaño, oponiéndose a las pseudo-vacunas y mascarillas, y en rechazo del apartheid. En este momento podemos decir que estamos en un punto muy certero de esa profecía, pero no podríamos aún afirmar que sea el momento decisivo de ese final de Era que anunciaron aquellas personas, toda vez que estos sucesos debían ir acompañados de "guerras", enfrentamientos bélicos de índole mundial de manera simultánea. Otras profecías definían esto como una Tercera Guerra Mundial. Mas Ihoshua advierte otras cosas en ese contexto, como anexos a dichos eventos, lo cual podría dar más información sobre aquel periodo conflicto que nos anticipa.

Yeshua (Jesús) y el profeta judío Yoel (Joel) advirtieron que el Espíritu Santo vendría sobre muchos en este tiempo para darles valor, conocimiento e ímpetu para advertir de las cosas que están ocurriendo y que van a ocurrir, y este sería entonces el "nuevo evangelio" de esta generación: advertir lo que se viene y quiénes están detrás de todo esto. Esta es la Resistencia, los que cada vez más son perseguidos, censurados y silenciados, y parte de los que serán elegidos para el nuevo reino, conocidos como perfectos o santos.

Si bien, una de las claves del Illuminati es destruir la oposición, y enfrentarán su karma: <<Si alguno lleva en cautividad, va en cautividad; si alguno mata a espada, a espada debe ser muerto. Aquí está la paciencia y la fe de los santos.>> (Apoc. 13,10). A ellos se refirió Yeshua diciendo, <<el que persevere hasta el final, ese será salvo>> (Marc. 13,13), sabiendo que solo la Resistencia se mantendrá firme a pasar de los embates, el engaño, la persecución y la tribulación: <<Con vuestra paciencia ganaréis vuestras almas.>> (Luc. 21,19).

Se piensa que estas palabras fueron redactadas originalmente en lengua hebrea, pero constan en griego koiné, en el cual la palabra "cautividad" aparece como Aijmalosian, relativa a encerrar o confinar, hacer prisionero o arrestar. Esta es una reiteración de la Ley del Talión, "ojo por ojo, y diente por diente". ¿Por qué esta frase es citada en el contexto de esta temática que profetiza Ihoshua, tanto en el monte Olivar como décadas más tarde por parte de un mensajero a otro de sus seguidores en la isla de Patmos? Esto es para recodar a los que leen que toda acción tiene una reacción, y nada hay que no queda por recibir compensación. Por ende, si a hierro matas, a hierro has de morir; lo que siembras, eso recoges. El contexto de esto es debido a otras profecías repartidas por pasajes de la misma índole en el mismo desarrollo de sucesos, que es el hecho de que el Sistema o Estado va a hacer la guerra a la humanidad, y ni aun los que buscan la Verdad estarán exentos de caer en su red, siendo, de hecho, su principal objetivo.

Esta es una forma de decir que no se preocupen porque los obliguen a no poder salir de su casa, o que les encarcelen por oponerse a las directrices del Estado, porque lo que les hagan se les devolverá a sus verdugos. Debido a ello esos otros pasajes en el mismo contexto advierten que deben estar en calma y mantenerse en sus principios, creencias y conocimientos: lo que han entendido (la Verdad del engaño que se está perpetuando). Pero hay más detrás de esta palabra griega Aijmalosian, que es la raíz Aijma, de la cual procede. Este vocablo quiere decir pinchazo. Quien obligue a otro a ser pinchado o punzado, recibirá lo mismo. Los que ahora creen que tienen beneficios por su posición, también más adelante caerán en la misma red, quienes abusan de su posición para violar las libertades y derechos de las personas obligándoles a ser pinchados. Las amenazas con no poder acceder a beneficios, a no poder trabajar, y luego a no acceder al sistema de transacciones (dinero), para más adelante ser encerrados, y un día mandados a asesinar (cuando la Inteligencia Artificial tome el poder). Pero no adelantemos acontecimientos, porque hay mucho que decir al respecto y las alternativas existen. Por eso Ihoshua repitió y reiteró que había que aguantar el pulso que nos están echando ante su cobertura de amenazas y presión social.

Apocalipsis 13.10 no solo menciona lo importante de no ceder ante la presión, sino que sepan que nadie que hace mal se saldrá con la suya, pues el Destino trae a cada uno la compensación de lo que hace, y que además – y por encima de todo - llegará la vía de escape. NO SE RINDAN. La presión aumentará. Tanto en los evangelios sinópticos como en Apocalipsis nos exhortan a resistir y confiar, advirtiendo que el acorralamiento será cada vez mayor, llegando a encarcelaciones y persecución en cada vez mayor medida. El pasaje en cuestión dice "el que mata a espada, a espada debe ser muerto". La razón por la cual estas definiciones "cautividad", o confinamiento, y "muerte a espada" están en el mismo verso y en el mismo contexto de la temática es debido a su relación intrínseca. Es más, la palabra griega usada en este pasaje no se refiere a cuando vas por la calle y un delincuente te atraca con un arma, sino a cuando se usan las fuerzas del estado. Se refiere a estado militar, a LEY MARCIAL, donde quien desobedece el Toque de Queda será primero detenido y un día llegará a ser fusilado.

Ihoshua repitió una y otra vez que esto no sería el final, y que no debían atemorizarse ni desesperanzarse porque era NECESARIO que estas cosas ocurriesen PRIMERO. Que aguantasen, porque solo se iban a salvar los que resistiesen esta guerra psicológica hasta el final. Al afirmar que en esta serie de acontecimientos se salvarían lo que no cediesen es debido a que no es solo que los encierren, los amenacen o los pinchen, sino que esta presión será el preludio de algo peor. Quienes se inyectan el veneno en su sangre no se salvarán, y nadie puede decir que le obligan, porque es falso. Nadie puede obligarte, AUN, solo presionarte, coaccionarte y amenazarte. Tanto lo uno como lo otro son delito – y nadie está por encima de la ley -, así que habiendo leyes constitucionales quien quiera apela y denuncia los hechos, y si no quiere ya es cuestión de que no privarse de perder beneficios sociales o de sentirse señalado o criticado, mas eso no es obligar, es una elección personal, el consentimiento de un principio anticonstitucional que viola los derechos humanos y los acuerdos de Núremberg de 1945 y los códigos de Bioética de 2005 (Declaración Universal de Derechos Humanos).

"...quien resista HASTA EL FINAL" de estas cosas, "ESE se salvará." (Ev. Mateo 24.13). Con esas palabras Ihoshua advertía del periodo que se está desarrollando como antesala a los eventos mundiales que darán lugar a la aparición pública del Anticristo en los subsiguientes años. Esto es solo el principio, y de momento es solo una lucha mental en la que debes vencer.

### Fases de la Agenda COVID hacia la Agenda 2030

¿Qué es la agenda COVID? Un plan para empujar el gobierno del Anticristo. Opresión y reforzamiento del imperialismo dictatorial, un detalle especialmente mencionado en las profecías de Esdras y Baruc. Hubo dictaduras aisladas, y aún se han visto, cierto o no, en Cuba, Venezuela, Corea del Norte, Rusia, China, Chile, Italia, Alemania, España, Irak, Libia... sin embargo, nada de eso se compara al nuevo comunismo, nazismo, marxismo, fascismo, franquismo y otros "ismos", que se ha erigido globalmente desde que en marzo de 2020 se anunciaron cuarentenas en casi todos los países del mundo. Según otro antiguo texto, el Anticristo dominaría el mundo 1.332

días, pero una serie de eventos habría ocurrido antes de su aparición. Estos eventos los dividiré en 3 secciones. Recabando multitud de informaciones, en especial de profecías, expondré a continuación cómo sería esta secuencia de 3 series de sucesos que darán lugar a la manifestación del Anticristo. Si bien, por años he advertido sobre esa 3ª fase de acontecimientos, y asimismo he dado diversas exposiciones de la 2ª, pero esta vez le daré una reinterpretación con nuevos datos. Antes que nada, si no lo sabes aún, la palabra COVID, no es el nombre de una enfermedad. Si quieres ser engañado y llevado como una oveja al matadero, créele a los noticieros, a los políticos y a la industria farmacéutica. Si no quieres ser engañado, investiga por ti mismo y apaga la televisión. 'COVID 19' son las siglas en inglés de 'Identificación Digital de Certificado de Vacunación con Inteligencia Artificial'. Esto no es un virus que salió de una sopa de murciélago y fue mutando a versiones más dañinas. Se trata de un programa de control global que lleva siglos en planificación. Debes saber que este mundo no es dirigido por políticos. Ellos son peones que obedecen al sistema corporativo, al sistema bancario y, por encima de todo, a una élite aristócrata y sus secuaces oligarcas. Hablamos de familias que controlan todo el mundo. Por siglos han ido realizando alianzas con el objeto de crear un gobierno global, que en último término será dirigido por la inteligencia artificial. Se trata de una dictadura planetaria, un estado policial, con todas las personas en estado transhumano controlados por la tecnología digital, armas de ondas y sistemas de vigilancia masivos.

La fase COVID-19 fue diseñada en el año 1989 como la herramienta clave para lograr un Golpe de Estado contra la humanidad, eliminar sus derechos y libertades y modificar la ley para crear un estado supranacional todopoderoso. Para lograr esto sin la oposición en masa del pueblo se trabajó con dos de los 7 miedos básicos del hombre: el Miedo a la Enfermedad y el Miedo a la Muerte. Previamente en 2001 había empezado una primera fase para llevar a cabo este plan globalista, con el cuento del Terrorismo, pero no logró sus objetivos completos. El programa COVID-19 incluye las Agendas 201 (o Agenda 2030) y ID2020. Veamos un breve review de profecías que nos ubican en el ahora.

1. Isaías 9,11 profetizó el 9,11 (atentado a las Torres Gemelas), inicio de una serie de guerras en Medio Oriente y despertar al "enemigo" islámico.

2. Gran parte de las profecías, tanto bíblicas como parabíblicas, describen que habrá un tiempo en que reinará el engaño y la mentira. El contexto de esto es aplicable al día de hoy por cómo mienten los políticos, los medios de comunicación manipulan la información y cómo se presenta a la sociedad todas las cosas distorsionadas, retocadas y sesgadas. Este es componente que persiste y será la llave maestra del Anticristo, quien usará el engaño para lograr sus fines. Esto es algo único que nunca antes había sido posible realizar por el poder oscuro sobre toda la humanidad y al mismo tiempo, especialmente porque no contaban con las tecnologías y recursos que hoy existen.

3. Apostasía es también referido, y es visto claramente. Se degrada el valor de la religión y los principios que se mantenían de la misma. Decididamente antes de la IIGM aún eras un hereje si contradecías a la Iglesia Católica, no obstante, la tendencia a atacar la figura de Jesús, por ejemplo, fue más una moda que empezó a verse a mediados de los años 90. Es la masonería quien ha dirigido esta tendencia, y los Rockefeller los que han debilitado la fe religiosa debido a sus múltiples campañas de lavado de cerebro social.

4. Avance colosal de la tecnología y la ciencia, mencionado tanto por los indios jopi como por el profeta Daniel.

5. En consonancia con el engaño está el desconocimiento de la verdad y el no comprender lo que ocurre. Daniel lo dijo también en este orden de cosas, aduciendo que, además, los que sí entienden serían los que sería elegidos para el reino futuro.

6. Personas que se hacen llamar Cristo, o el regreso de Jesús, o la reencarnación de Jesús, o el enviado de Jesús, como salvador. Definitivamente, si alguien hubiese salido con este cuento hace varios siglos, terminaba en la pirra.

Ahora adelantemos acontecimientos para ver, acorde al comportamiento social, las consecuencias de la crisis causada por la Agenda COVID-19, sumada a la Agenda COVID-21. Aunque me encuentro escribiendo estas líneas un miércoles 17 de febrero de 2021, ha de quedar constancia de estas palabras y su aplicación en el instante en que puedas estar leyendo este capítulo. Hay un primer elemento que está presente en las profecías que Yeshua (Jesús) brinda sobre lo que definen como "señales" del "fin" de esta era, para invitar al regreso del Señor. Apocalipsis y las referencias de Yeshua son, sin lugar a dudas, las más extensas y claras en lo que concierne a informar sobre dichos hechos. Yeshua comienza sus advertencias anunciando que habrá "falsos cristos", es decir, pseudo mesías, falsos salvadores, que dirían que vienen en nombre de Jesús, o ellos mismos son Jesús.

Bien, eso se lleva viendo por varios años, y no sería de extrañar que se viese con mayor asiduidad, especialmente porque "en el país de los ciegos el tuerto es el rey", y en un tiempo de crisis, miedo e incertidumbre, inventarte que eres un salvador te pone en un pedestal y a muchos tras de ti. Algunos piensan que esto coincide con la descripción del Caballo Blanco de Apocalipsis y el movimiento Q, o partidarios de Donald Trump. Cierto o no, o en cierta medida falso o no, es algo que quedará patente en su debido momento. Con todo, sí es cierto, que podemos encontrarnos ante una mala traducción y mala interpretación del pasaje bíblico.

Veamos, dice el verso, <<Mirad que nadie os engañe. Porque vendrán muchos en mi nombre, diciendo: Yo soy el Cristo; y a muchos engañarán.>> (Mat. 24:4-5, RVA 60). Para empezar, cualquiera puede decir, "vengo de parte de Jesús", en el sentido bien intencionado o no. Puedes creerte lo que estás diciendo; puedes estar teniendo razón, o mintiendo. Pero si dices que vienes de parte de Jesús, no significa que Jesús se te apareció y te dijo, "ve de parte mía", o puede que sí, baste que tengas un ideal basado en un concepto cristiano, por ejemplo, como serían principios éticos, morales, espirituales o religiosos. Por otra parte, decir que eres "el cristo" se remite a una concepción de un vocablo griego. En realidad está diciendo "yo soy el Elegido", "yo soy el Ungido", "yo soy el heredero al Trono", "yo soy el Mesías", "yo soy el Libertador" o "yo soy el Salvador".

Entonces aquí sí entra como anillo al dedo el caso de Donald Trump, quien podría no estar mintiendo en sus afirmaciones e intenciones, mas en realidad es solo un hombre. Empero, la gente podría su confianza en él resultado luego desilusionados o decepcionados. Encaja acá el significado del vocablo usado en el texto griego, Planísousin, relativo a errar, equivocarse, confundirse, perderse, ser engañado, desilusionarse, decepcionarse, perder el enfoque o fallar. No sería extraño que Trump dejase un legado, por decir algo, militar, y sus antiguas generales empezasen una serie de maniobras para "reestablecer", al menos, los EE.UU. Eso encajaría con la descripción del Caballo Blanco, como también encaja muy bien con la victoria de Trump en las elecciones de 2016. No obstante, esto apenas si recibe cancha en las profecías, porque le sigue directamente el Caballo Rojo.

Ergo, el siguiente elemento que acompaña estas indicaciones es el bélico. Acá se reúnen, como un embudo, todas las profecías "finmundistas". Veamos, acorde a la Agenda COVID-19, habría unos 18 meses para lograr la implantación vacunativa obligatoria. Si esto comenzó con la Cuarentena Mundial de 2020, estaría todo listo, según sus planes, para septiembre de 2021, aproximadamente. En el peor de los escenarios pocas personas tendrían tiempo de escaparse de semejante plan macabro. En el mejor de los casos, el Caballo Blanco nos "echa un cable", pero solo para ralentizar las cosas, brindándonos un breve margen de tiempo, toda vez que simultáneamente permite a más gente abrir los ojos. ¿Cómo lo logra? Parece que de la única manera que es plausible dentro de las circunstancias: guerra. Es notorio que el escenario del enfrentamiento bélico global es la agenda oculta del Illuminati. Es mi suposición que los líderes mundiales que están participando en esto, habiéndose dejado comprar por Soros y sus secuaces y jefes, no han sido informados de esta jugada. Ellos creen que recibirán una parcela paradisíaca en algún lugar del Caribe mientras su país entra al engranaje de la dictadura planetaria del Illuminati, y simplemente les pondrán vacunas obligatorias a las personas, digamos que chips, y un fuerte estado policial. Pienso que no les contaron la trampa del "caballo de Troya". Una de las razones que me llevan a esta deducción son otras profecías, como las de Baruc, Henoc, Esdras o Billy Meier, sobre la perplejidad y desconcierto de los líderes mundiales cuando la tensión militar se acrecenté y sea evidente el estallido de una conflagración termonuclear.

Lo que enlaza esto a la perfección – desde mi óptica personal – está en la descripción de esta programación. Acorde a la Agenda COVID, en marzo 2020 se aceleraba la implementación de campos de concentración desde enero de 2021; se fomentaría la Reforma Laboral y se presentaba la Renta Básica Universal como solución a la crisis económica desde febrero y marzo de 2021, cuando comenzaría el cuento de contagios de Covid-21; entre abril y junio empezarían escasear los alimentos en los supermercados y habría una gran inestabilidad económica; entre abril y julio empezarían nuevos confinamientos; y desde julio iniciarían disturbios, y los gobiernos locales comenzarían a retirarse mientras aumentan los controles militares en las ciudades. Este asunto de los "disturbios" y el "control militar" en realidad se traducen en malestar civil en las calles.

Esto fue profetizado también por Henoc, Baruc, Esdras y Yeshua, entre otros, y, claramente, en su contexto. Yeshua habría dicho –

según la descripción del médico Lucas – que esto sería lo segundo en acontecer: <<Y cuando oigáis de guerras y de sediciones, no os alarméis; porque es necesario que estas cosas acontezcan primero; pero el fin no será inmediatamente.>> (Lucas 21:9, RVA 60) El malestar social iría en aumento. Esto se traduce en lo que también del texto griego se define como disturbios, conmoción, tumultos o desorden. Es lógico que mucha gente se termina cansando de las patrañas, su economía está por desarmarse completamente, se ven incapaces de lidiar con gastos y compromisos, y el hambre aprieta y obnubila el razonamiento.

Con el antecedente de la Cuarentena de 2020, esta vez las personas saldrán a las calles indignadas, con más que razones de peso, y en todas partes del mundo. Este, desde mi punto de vista, es el estallido de las guerras civiles que irán desencadenándose, propagándose y ampliándose desde ahora por todo el planeta, hasta que la Agenda del Blue Beam se haya completado, o al menos, en gran medida se haya logrado completar. Incluiré otro elemento: vacuna covid-21. La operación LockStep está diseñada para presionar de tal manera a la sociedad para que acepte la vacunación obligatoria, y mientra en la primera fase la gente estuvo encerrada, se replegaron por el mundo las antenas 5G, que son la clave de porqué se inyecta grafeno en la gente. Es la parte principal de la agenda de los confinamientos de 2020 y de 2021. Debilitar las mentes de la gente para que anhelen esta vacuna, y si hay resistencia, agotarla también por todos lados y por todas las vías plausibles. La vacuna covid-21 se presentaría en julio, precisamente, y la ola de vacunación ya sería un hecho para agosto de este año.

Esto solo tensionaría más al pueblo, especialmente a los que se reúsan a ser envenenados. Para apaciguar esto estaría la idea de la Renta Básica Universal, que adicionalmente permite la eliminación de toda deuda, aunque debas abdica de tu derecho de propiedad. Esta idea, planteada para septiembre de 2021 coincide con 50 años del sistema financiero inflacionario del petrodólar que permitió a los banksters amos de todos los bancos crear dinero de la nada y endeudar a las naciones. Según la escenografía profética de 'I Pet Goat II', el trabajo de Barack Obama es seguido por la caída de la Estatua de la Libertad, que a su vez es seguida por el monitor (pantalla) donde un reptiliano lava el cerebro de la juventud (mientras es intoxicada a base de fármacos e inyecciones) y finalmente colapsan los mercados para estallar la guerra nuclear.

Vendrá la hora cuando todos los que hacen iniquidad reciben lo que han sembrado. Nosotros, los que creemos fielmente en la reencarnación, somos conscientes de la ley causa y efecto, y que nadie se escapa de ella. En la última década han sido asesinados por todo el mundo médicos, virólogos, científicos, y demás expertos en la auto curación, la medicina natural y los tratamientos caros. ¿Por qué? A estas alturas la respuesta es más que obvia. Ellos regresarán en su próxima encarnación, y seguirán su camino de crecimiento. Otros son ahora reprimidos, pero luchan, a pesar de todo y del gran nivel de censura.

Todos los que estamos hablando somos los profetas de esta generación, ya no con harapos, barba, pelo despeinado o palabras de un vocabulario bíblico, pero profetizamos, vaticinamos, anunciamos, declaramos la verdad, decimos lo que es necesario para que muchos puedan saber la verdad. Somos la voz que clama hoy desde las redes y web, aunque nos censuran, eliminan nuestros posts y nuestros videos. Hablamos en la calle, aunque nos prohíben acercarnos a otros. El nivel de engaño y lavado de cerebro sobre neutros hermanos del mundo es tan grave que nos oyen y quedan confundidos, desconcertados, desubicados, porque les han presentado un mundo falso, y se lo han creído.

He tenido discusiones cara a cara con funcionarios del estado y con médicos, y ellos mismos, tras darme la razón, se quedan callados y descolocados. No hay conocimiento holístico, empero, no ven la imagen en perspectiva, no saben lo que hay detrás ni lo imaginan (y ni querrán saberlo cuando se enteren de lo profundo de la "madriguera de conejo"). La sola cuestión de la pedofilia es chocante. La primera vez que supe de esto fue allá por el año 2008. Quedé afectado por al menos 3 días. El dolor que sentí en el corazón y el alma bañaba mis mejillas de lágrimas. No lo podía creer, pero algo dentro de mí me decía que eso era verdad. Llegó a mi más de eso cosa de dos años más tarde, con la serie de Youtube de Abdullah Hashem, 'El Anticristo-Dajjal será un Reptiliano Metamórfico'. Esto me hizo comprender la profundidad de la madriguera de conejo, y el programa tan espeluznante, bien elaborado y titánico del control mental dirigido por la CIA, a su vez movida a ello por los de siempre. Ha sido con la cuarentena del "bicho" que vi diferentes muchas profecías y palabras de la Biblia, a la luz de los acontecimientos, y comprendí que ya estábamos en el inicio de la Gran Tribulación. El profeta David, quien fuera rey de Israel hace unos 3.000 años, habló del inicio de esto en su salmo 91, y Yeshua también lo hizo, pero ninguno anunció esta "pandemia" porque no es una pandemia. Lo que sí dijeron era que estaríamos en un tiempo de ENGAÑO. Ese es el inicio de todo, <<Por esto Dios les envía un poder engañoso, para que crean la mentira...>>> (2ª Tes. 2:11, RVA 60). Dijeron lo que sí sería cierto, como la privación de derechos y la dictadura, como la <<mucha opresión>> (2ª Esdras y 2ª Baruk). Asimismo Daniel dijo en su capítulo 12 que <<muchos serían limpios y purificados y emblanquecidos>>, y <<los impíos procederán impíamente, y ninguno de los impíos entenderá, pero los entendidos comprenderán.>> (vers. 10, RVA 60).

Este es el tiempo de la purificación interior, del despertar, de la concienciación, del perfeccionamiento interior, de demostrar quiénes somos. Nosotros comprendemos lo que pasa, y hemos de ser luz sobre los que no entienden, porque han caído en la red del engaño y la mentira. Esa es nuestra misión, <<los entendidos resplandecerán

como el resplandor del firmamento; y los que enseñan la justicia a la multitud, como las estrellas a perpetua eternidad.>> (Dan. 12:3, RVA 60) Somos los profetas del presente, de quien dijo Joel, <<derramaré mi Espíritu sobre toda carne, y profetizarán vuestros hijos y vuestras hijas; vuestros ancianos soñarán sueños, y vuestros jóvenes verán visiones. Y también sobre los siervos y sobre las siervas derramaré mi Espíritu en aquellos días.>> (cap. 2:28-29, RVA 60). ¿A qué vendrán esas visiones y esas profecías? En advertir lo que está pasando y hacia dónde va encaminado: el Nuevo Orden Mundial.

A esto se refería Yeshua cuando afirmó que sería <<predicado este evangelio, para testimonio a todas las naciones, y entonces>> es cuando vendría <<el fin>> (Mat. 24,14). Yeshua no estaba hablando del reino de los cielos en esos momentos, sino del reino de Belial. Habló de un mensaje, o noticia (evangelio) que sería dado a conocer por todas partes para que quedase en constancia, que fuera de testimonio a toda la humanidad. Como en este pasaje y en Joel 2,28, otros versículos nos recuerdan a esta misión actual, y las consecuencias, donde muchos serán perseguidos y asesinados por decir la verdad: <<Por cuanto derramaron la sangre de los santos y de los profetas, también tú les has dado a beber sangre; pues lo merecen.>> (Apoc. 16,6, RVA 60) Y señala a la fuente del mal en nuestro planeta, como culpable de esto: <<Y en ella se halló la sangre de los profetas y de los santos...>> (Cap. 18,24). ¿Santos y profetas? Hemos de ver las cosas acorde al prisma adecuado. Quien anuncia y vaticina entra en la categoría de profeta.

Quien tiene inocencia y pureza interior es un santo, y eso incluye a los niños pequeños: <<Mirad que no menospreciéis a uno de estos pequeños; porque os digo que sus ángeles en los cielos ven siempre el rostro de mi Padre que está en los cielos.>> (Mat. 18,10, RVA 60). Y así como el asesinato a los profetas – se del hoy o del ayer – traerá la "venganza" divina, de la misma manera la mortandad, abuso y explotación de los inocentes traerá su retribución: <<Y cualquiera

que haga tropezar a alguno de estos pequeños que creen en mí, mejor le fuera que se le colgase al cuello una piedra de molino de asno, y que se le hundiese en lo profundo del mar. ¡Ay del mundo por los tropiezos! porque es necesario que vengan tropiezos, pero ¡ay de aquel hombre por quien viene el tropiezo! Por tanto, si tu mano o tu pie te es ocasión de caer, córtalo y échalo de ti; mejor te es entrar en la vida cojo o manco, que teniendo dos manos o dos pies ser echado en el fuego eterno.>> (Mat. 18,6-8, RVA 60)

Antes del llamado Arrebatamiento habrá una gran persecución contra los que siguen la verdad, aunque no será tan terrible como la que vendrá después de ese suceso. En ese entonces serán protegidos los que están conectados con la Luz, vibrando en la Verdad, guiados por el Espíritu Santo y sus ángeles. Con todo, muchos han estado sufriendo el ataque de los tiranos y seguirán cayendo ante la cacería de los amos del mundo: <<Cuando abrió el quinto sello, vi bajo el altar las almas de los que habían sido muertos por causa de la palabra de Dios y por el testimonio que tenían. Y clamaban a gran voz, diciendo: ¿Hasta cuándo, Señor, santo y verdadero, no juzgas y vengas nuestra sangre en los que moran en la tierra? Y se les dieron vestiduras blancas, y se les dijo que descansasen todavía un poco de tiempo, hasta que se completara el número de sus consiervos y sus hermanos, que también habían de ser muertos como ellos.>> (Apoc. 6,9-11, RVA 60)

Aunque unos hayan sido asesinados, tanto estos como los que queden vivos serán llevados, como ya he explicado en mis otros libros en lo que respecta a la temática del Arrebatamiento. Y mientras tanto, serán protegidos los que están afinados con el Espíritu y sus mensajeros, como se señala en el Salmo 91 de David. Ciertamente es irrefutable que están acorralando a la humanidad, "si alguien tiene entendimiento, que entienda". Los que comprenden, ellos ven lo que ocurre. Los engañados, no ven, o no quieren ver. Llenas sus corazones de miedo porque ven el mundo desde el miedo. Por tanto, no ven el amor que hay en todo lo que ocurre y la necesidad de que ocurra. Creen que son un cuerpo y que su experiencia actual en un cuerpo lo es todo, de modo que la protegen con temor y temblor. En efecto, el Anticristo "recibirá poder para prevalecer sobre los perfectos y vencerlos", tal como las leyes actuales y el estado policial están demostrando, pero para todos los que vibran en la luz y se sincronizan con la Verdad hay siempre una salida.

¿Tienes entendimiento? Si tienes mente abierta, si buscas, si no temes, si tienes amor en tu corazón, si usas tu inteligencia para atar cabos, entonces, y solo entonces, no eres víctima, aún cuando te presionan. Cuando andas en la Luz, el Espíritu te guía hacia el camino de protección, la vía de escape. No tienes nada que temer. Si eres de esos, empero comprendes, y de ti dijo la profecía, "el que tenga entendimiento analice la cifra de la Bestia, pues es cifra de hombre", y agregó "aquí está la sabiduría". ¿Sabiduría, numeración? En el manuscrito griego dice "sofias" y "aritmos". Observemos la etimología, porque Aritmos también quiere decir "aquello que no tiene fluidez", "lo que no tiene ritmo". Por su parte, curiosamente, Sofia es el nombre de la imagen de la inteligencia artificial que va por el mundo promoviendo la conciencia que una robot ha recibido, tal como dice el pasaje, "y se le dio espíritu a la imagen de la Bestia para que pudiese hablar...". Toda persona es registrada como un código, con un sistema numérico, y esa Sofia podría terminar siendo la cara "amable" del Super Estado.

Si comprendes el trasfondo del mensaje de este libro, no calles. Es nuestra responsabilidad moral, con nosotros mismos y nuestros semejantes, decirles lo que ocurre. Este es el "evangelio" de este tiempo que está siendo predicado. Evangelio quiere decir 'noticia' buena, o la 'buena nueva'. Se refiere a una noticia o mensaje. Igual que inglés, new son noticias, informes o reportes, e identifica a los noticieros. Los actuales fake news, o promulgadores de noticias falsas son, empero, los nuevos "evangelistas". Jesús dijo que sería predicado el "evangelio" de la Gran Tribulación, y entonces vendría el final de esta era. Empero, se refería a la promulgación de informes y noticias, pero, ¿por parte de quién? No de los noticieros, sino de parte de los "entendidos", como los llamó el arcángel Gabriel en una visión del profeta Daniel. Jesús dijo sobre esto que quien "aguantase" (perseverara) hasta el final, ése se salvaría, lo cual interpreto que se refiere primero a la presión social, ya que quien no se vacuna es coaccionado y acorralado socialmente.

Apocalipsis dijo que no tendrán descanso los que adoran a la Bestia y tienen su número, nombre o chip, pero no por el hecho de adorarlo, sino porque todos tienen lo mismo en común: todos han sido inyectados con veneno. Cada vez que ponen su brazo para que les inoculen los componentes que el Anticristo ha movido para que les pongan, menos humanos son y menos tiempo de vida les queda. Con vuestra paciencia salvareis vuestras almas (vida) es con perseverancia y aguante protegeremos nuestra vida e integridad, debido a la presión social. Al aumentar la maldad el amor de muchos se enfría, aumenta la injusticia. Se ponen las cosas cada vez peor y la sociedad pierde su calor humano; los presionan tanto que hasta policías que tenían grandes ideales e intenciones se vuelven la nueva Gestapo. Cree, cuando fue dicho: "Vi los que habían alcanzado la victoria sobre la bestia y su imagen en pie ante un mar de cristal", porque esto no durará mucho.

### <u>Jesús profetizó la Plandemia</u>

Por años he realizado revisionismo bíblico, buscando nuevos manuscritos y versiones de textos originales y llevado a cabo corrección de pasajes de dichas escrituras. Desde el inicio de la "plan-demia" estaba convencido de que lo que estaba ocurriendo debía estar oculto en textos hebreos antiguos, toda vez que los eventos más importantes de nuestra historia han estado profetizados de antemano. Ihoshua (Jesús de Nazaret) ha sido el mayor profeta del que se tenga constancia. Sus advertencias sobre cómo Ihudeah

(Judea) fue arrasada por los romanos en el 66 d. C., treinta años antes de los hechos sucedidos, fue muy precisa. Si bien, Ihoshua había referido que otro profeta, Daniel, ya había advertido antes sobre este evento, pero reiteró sus palabras y anunció que eso estaría por ocurrir pronto, agregando detalles sobre cómo los romanos atacarían Ihudeah e Irushalim (Jerusalén) y masacrarían al pueblo hebreo con varias guerras seguidas y con grandes tropas armadas.

Los esenios asimismo habían advertido que esto ocurriría en ese entonces, pero Ihoshua había agregado, además, que sus seguidores serían llevados a juicio ante tribunales de las sinagogas, los enviarían a la cárcel y a varios de ellos los asesinarían por hablar de su mensaje, lo cual así ocurrió, tal como las peleas familiares por cuestiones ideológicas entre los defensores de las enseñanzas de Ihoshua y las de Mashah (Moisés). Con todo, Ihoshua anunció cosas futuras, ya no solo de incidencia para el pueblo hebreo, sino para toda la raza humana. Conocemos la historia popular de la vida de Ihoshua – o al menos algunos hechos basados en eventos reales – gracias a varias fuentes, pero a groso modo la mayoría de información quedó referida en la llamada Biblia. Se considera que los textos que hablan de Ihoshua fueron originalmente escritos en lengua griega. No obstante, Ihoshua y sus seguidores eran hebreos, y en ese entonces su lengua madre era el arameo.

A diferencia de los partidarios de Ihoshua, el Sanedrin (asamblea principal del pueblo judío), tenía varios importantes opositores, entre los que se encontraban el presidente de la asamblea y su yerno. Esta gente, aparte de ser miembros honorables del Sanedrin, representaban los pesos pesados de la aristocracia judía de aquel tiempo. Los debates entre judíos partidarios de Ihoshua y judíos negacionistas que afirmaban que Ihoshua era un brujo bastardo – literalmente - se han desarrollado aún hasta el presente. Tanto Yakob ben Iosef como Shimon ben Iosef - ambos hermanos de Ihoshua (Jesús de Nazaret) - fueron presidentes de la comunidad judeo-cristiana original, que residió en Irushalim (Jerusalén). Shimon tomó el cargo cuando Yakob fue asesinado por los opositores del Sanedrín en el año 62 d. C., pero los debates teológicos sobre la figura de Ihoshua permanecían.

Para llevar a cabo debates abiertos serios ambas partes tenían redacciones de los hechos ocurridos y las palabras de Ihoshua, de manera que se pudiese constatar si lo que Ihoshua dijo e hizo correspondían con las pautas que debía cumplir el Mesías esperado. En ese respecto, los hechos ocurridos estaban copiados igualmente para ambas partes. Las versiones de los judeo-cristianos llegaron a convertirse en las copias que tradujeron los cristianos gentiles (no judíos), primeramente a lengua koiné (griego popular de aquel entonces). Los detractores y negacionistas tenían, por su parte, versiones en lengua hebrea. Al transcurrir los siglos las traducciones sufrieron alteraciones, y la Iglesia Católica alteró muchas partes de los manuscritos deliberadamente. Las versiones completas más conocidas fueron pues las del imperio de Bizancio, pero permaneció una versión hebrea, la del rabino Baal Shem Tob, analizada por los judíos de habla hebrea.

Cuando los seguidores de Ihoshua (Jesús) estaban con él en Irushalim (Jerusalén) los días previos a su crucifixión, ellos le llamaron la atención sobre la magnificencia del Segundo Templo, la reconstrucción del templo de Salomón, a lo que Ihoshua les dijo que todo eso que veían sería convertido en ruinas. Eso les intrigó y horas más tarde le hicieron varias preguntas claves para comprender diversos episodios históricos pasados, presentes y futuros.

> *<<Y cuando se sentó en el Monte de los*
> *Olivos frente al Templo, Petros y*
> *Yojanán y Andreah le preguntaron en*
> *secreto: "¿Cuándo serán todas esas cosas*
> *y cuál será la señal cuando todos estos*
> *asuntos sucederán, o cuándo comenzarán*

*y cuándo será el fin del mundo y tu venida?>>*
(Ev. Mateo, de Baal Shem Tov, cap. 24, verso 3)

Aquí había diversas preguntas, temas muy diferentes, que la mayoría de escatólogos y teológos han errado en comprender, porque las han visto todas como un solo, en vez de varias preguntas sobre varias cuestiones diferentes. En consecuencia, Ihoshua les respondió sobre todos esos temas, aunque las referencias aparecen mezcladas tras las diversas traducciones de los textos. Primero Ihoshua les habló sobre el Anticristo, mencionando 2 claves para conocer en qué época de la historia aparecería. La primera se ha pasado por alto históricamente hablando:

*<<Y Yeshúa les respondió:*
*"Cuidado que nadie los extravíe,*
*porque muchos vendrán en mi nombre*
*diciendo: "Yo soy el Mashíaj", y los*
*extraviarán a ustedes.>>* (vers. 4-5)

Esto se dice a voz de pronto, pero hasta después de la Segunda Guerra Mundial nadie sería tan osado de asegurar que él era la reencarnación de Jesucristo, porque lo habrían linchado, y en la Edad Media le habrían enviado a la hoguera. Es, pues, notorio que Ihoshua (o Yeshua, como le llamaban sus amigos), estaba dejando una primera pauta para saber en qué época aparecería el Anticristo. Una época donde afirmar que eras la reencarnación de Jesús de Nazaret no solo no sería motivo de persecución, sino que mucha gente se lo creería. Pienso que todos somos conscientes de cuántas personas llevan apareciendo por el mundo por décadas diciendo que ellos son el regreso de Jesucristo, o su reencarnación. Pero había una segunda pauta que Ihoshua dejó para conocer cuándo era el tiempo.

*<<Y ustedes, cuando oigan hablar de*
*guerras y una compañía de ejércitos,*
*cuidado que no se pongan necios, porque*
*todo esto ocurrirá, pero todavía no será el*

*fin.*>> (vers. 6)

Acá dice Ihoshua que se escucharía hablar, tanto de diversas guerras como de movimientos de grupos militares de grandes unidades (que a la luz del vocablo hebreo, 'Tzabaot', no tiene que ser solo militar sino de aglomeraciones masivas de personas, como las concentraciones en masa por protestas y manifestaciones). Hay que considerar que hasta 1941 no existía la televisión, y a medida que han avanzado las telecomunicaciones más estamos informados a celeridad sobre los eventos que tienen lugar en cualquier lugar del globo. Los noticieros bombardean con informaciones sobre asuntos de conflictos bélicos por todo el planeta, especialmente desde la Guerra Fría.

No obstante, guerras como tales se han incrementado desde que el Deep State empezó la tal "guerra contra el terror". Ihoshua no solo habla de que nos enteraríamos de muchos conflictos armados por el planeta, sino de la movilización de grandes tropas y gentes. Antes solo los espías podían tener ese conocimiento. Con redes sociales la información no corre, vuela, y te enteras de lo que habría sido imposible saber ni siquiera hace treinta años. Mas Ihoshua agrega algo interesante, advirtiendo a los entendidos, "no sean necios", en el sentido de que todas estas cosas es necesario que ocurran, que tengan lugar primero, pero a pesar de todo aún no habría comenzado el final. Al decir "final" se refiere a lo que posteriormente le reveló a su apóstol Iojanan (Juan) en la isla griega de Patmos, y que conocemos como el libro de la Revelación, o "Apocalipsis".

El libro de Apocalipsis relata el inicio de los eventos del final de esta era con la aparición de 4 jinetes, 3 de ellos que auguran graves acontecimientos antes de la aparición pública del Anticristo. Uno rojo habla de una guerra en proporciones terribles, uno negro de una hambruna mundial que le seguiría inmediatamente, y uno pardo, que anuncia un genocidio provocado por un "enemigo invisible". Ihoshua también lo mencionó en ese entonces, como el inicio del fin.

*<< Y se levantará nación contra nación y*
*reino contra reino; y habrá grandes*
*tumultos, hambre gravosa y terremoto en*
*(varios) lugares.>>* (vers. 7)

A diferencia de las otras traducciones, Ihoshua dice que se alzarían "goi" sobre "goi". El traductor pone "nación", pero en lengua hebrea la idea no se refiere simplemente a países, sino a los no judíos. En otra parte el médico Lucas escribió que Ihoshua habría dicho que primero las naciones de los gentiles terminarían su reinado, entiéndase a través de un conflicto mundial que posiblemente los termine por debilitar, algo peor de lo que fue la Segunda Guerra Mundial. Acá vemos el mismo ejemplo del caballo rojo, y luego el negro, al decir "hambre gravosa". Apocalipsis habla de este "hambre" como una situación donde se disparará el costo de los alimentos y será seriamente racionada, al grado que al extenderse el problema millones morirán de hambre porque terminará por no haber suministros, ya en países industrializados. Esto responde a un principio repetitivo de antemano conocido, que es el colapso sistémico de mercados, que lleva a corte de los suministros de transporte y abastecimiento de los alimentos, y levantamientos armados para restablecer la economía en cada país.

Pero no olvidemos la clave de los "tumultos" o "aglomeraciones", que otras traducciones y rollos esbozan como "sediciones", "agitación social" o "movilización civil", que ahora mismo está en auge. Además, acá se agrega un componente que, como los anteriores, aparece en todas las profecías en torno a las cuales gira dicho asunto: los terremotos. No es el momento de hablar de eso, pero ya por años muchos hemos advertido sobre el uso de armas de ondas escalares por parte de ciertos gobiernos para alterar el clima, y la estrategia maestra que vendría para agravar la "plan-demia", con desastres medioambientales que obliguen a nuevas cuarentenas y toques de queda, con el despliegue del aparato militar con el verdadero fin de frenar las protestas mundiales descontroladas y masivas que la situación actual está desencadenando. Así se impondría la Ley Marcial por orden de Estado de Emergencia, llamando al Estado de Sitio. Pero no nos adelantemos, porque Ihoshua solo estaba explicando el contexto, toda vez que seguidamente les expuso lo que definitivamente sería la antesala al inicio de esos eventos apocalípticos, llamados "el Anticristo", y que hoy se conocen como el "Nuevo Orden Mundial Illuminati".

En la escatología judía existe una gran coincidencia con la escatología cristiana. Ambos hablan de que para la aparición del Elegido, el Mesías, habrá una tribulación mundial severa, y se manifestará en cierto momento un anti-mesías. A este los judíos los llaman Armilius, y los musulmanes lo conocen como Al-Dajjal. Pero judaísmo y cristianismo curiosamente usan la expresión de "dolores de parto" para referirse a estos eventos, aunque la expresión viene de visiones muy diferentes que nunca estuvieron conectadas. Los "dolores de parto del Mesías", según la escatología judía, son eventos mundiales delicados que tendrán lugar antes de que se manifieste el Elegido. El comienzo de esos "dolores de parto" los refirió Ihoshua como esa gran guerra mundial y esa hambruna global sumados a protestas a nivel planetario y tremendos desastres medioambientales (mayormente terremotos) por todas partes. Se conoce a este periodo también en el cristianismo como 'la Gran Tribulación'.

<<*Todos estos son el comienzo del sufrimiento.*>> (vers. 8)

Pero ahora la cosa se pone aún más interesante. Ihoshua no solo dio dos pautas para saber en qué momento de la historia se habrían de ubicar los eventos apocalípticos, o cuáles serían los inicios de esos "dolores de parto" para iniciar el Apocalipsis. Para sorpresa de quienes estudiamos Kabalah, las palabras guardadas por Baal Shem Tob, dan de lleno con los acontecimientos internacionales que actualmente nos aquejan. Revisando las siguientes aportaciones de Ihoshua queda claro que anunció la llamada "pandemia", así como igualmente he encontrado en los pasajes griegos de Apocalipsis capítulo 13. Dentro de esta conversación con sus discípulos Ihoshua nos hizo saber qué ocurriría entre la señal histórica (los falsos cristos) y el comienzo del Apocalipsis (la Tercera Guerra Mundial y el hambre global). Lo podré primero con una traducción convencional y luego lo explicaré a la luz de la lengua hebrea y su equivalente en lengua castellana moderna.

> <<*Entonces los atarán para tribulación y los matarán, y ustedes vendrán a ser un reproche a todos los pueblos por mi nombre.*>> (vers. 9)

Acá Ihoshua menciona tres cosas, dos de ellas generales y una puntual. Tanto en la versión griega como la hebrea habla de un encierro, cuyo fin es desestabilizar socialmente a la población. La palabra usada es "tribulación", la cual es la más acertada para definir el contexto de la Dictadura de "Salud" que venimos viendo desde 2020. Cuarentena en hebreo se traduce como "casa por cárcel", sí, personas obligadas a no poder salir de sus casas, empleos perdidos, empresas cerradas, quiebre de negocios, multas por salir a la calle fuera de hora, prohibición de acceder a playas o parques, presión social, obligatoriedad de llevar bozales, presión para el uso de alcohol y censores de temperatura, entre tantas medidas draconianas que han quitado libertades y derechos a la humanidad y tienen atribulado al mundo. Esta tribulación no es solo de presión social y psicológica, económica y de libertad, sino de miedo permanente. Empero, las palabras de Ihoshua fueron muy ciertas, el encierro (confinamiento, cuarentena) tenía por primera regla ser una medida diseñada para crear tribulación social. Pero había más detrás.

Ihoshua agrega que lo siguiente después de los encierros – la agenda de tribulación social – sería el genocidio en masa. Al referirse a que se llevarían a cabo asesinatos generalizado debemos ubicarnos en la fase siguiente. El 2020 fue el año del encierro, y el 2021 fue el año del genocidio en masa. Los medios de comunicación masivos, al estar comprados, no informan sino que desinforman, mienten y engañan (la Agenda del Engaño, de la cual ya he hablado y hablaré más, pues es de lo que el apóstol Pablo dijo que sería la clave del éxito del Anticristo). Por lo que de la verdad te enteras empezando por rumores y sospechas, hasta que lentamente te enteras de la verdad y, finalmente, pasado el tiempo, conoces toda la agenda y qué ha estado pasando. Eso lo profetizó otro judío anterior a Ihoshua, llamado Irmiahu (Jeremías), diciendo: <<Y no desmaye vuestro corazón, ni temáis a causa del rumor que se oirá por la tierra; en un año vendrá el rumor, y después en otro año rumor, y habrá violencia en la tierra, dominador contra dominador.>> (Jer. 51:46)

Antes de proseguir con Ihoshua quiero hacer hincapié en las palabras del profeta Irmiahu, pues anima a que no desesperemos, tal como Ihoshua asimismo afirmó, "perseverad hasta el final", aguanten, no se rindan, a causa de la guerra psicológica y emocional que supone esta tribulación. El profeta Irmiahu habló de un año de información extraoficial (2020), y luego otro año igual (2021), regándose la verdad bajo cuerda, por redes sociales y por el boca a boca a lo largo de dos años por todo el planeta (ya que la palabra hebrea usada acá es Shmuah, que es algo que se escucha, algo que se reporta). Después de esos dos años, sostiene el profeta, habrá violencia por todo el planeta, usando la definición hebrea 'Jamas'. Esa definición - que ya la conocerás por ser el nombre de un grupo terrorista islámico - se ha traducido como error o violencia, pero su etimología procede de la idea de clamar por ayuda, sufrir, quejarse, expresar responsabilidad a causa de un acto violento, que en términos actuales se traduce como olas globales de protestas y manifestaciones que irán en aumento.

Esto lo advierte Ihoshua en otros pasajes y es referido por otros profetas, hablando de rebelión civil contra el estado, sublevación y sedición de la población contra sus gobiernos tomando las calles, terminando en guerra civiles en todas las grandes ciudades del mundo, que Iermiahu define como 'Mashal' (grandes naciones, potencias). La primera fase, el encierro del mundo, como aparece en el texto de Baal Shem Tob, 'Ieesrú' (os van a encerrar), es seguida de la agenda genocida de la vacunación, llevando a millones de personas a iniciar una campaña de protestas anti-sistema que va a continuar e incrementar. Pero volviendo con Ihoshua, él parece advertir que antes – y después - del estallido de estas reyertas y olas de enfrentamientos civiles contra el estado habrá genocidio de muchos. Podemos ver una estrecha relación de este intento de reducción de población mundial de la élite con los movimientos civiles por todas partes, para protestar y sumarse en gritos y pancartas contra la tiranía y las agendas de muerte planeadas por los Illuminati. Sabes claramente que esto es sobre las pseudo-vacunas, que fueron diseñadas, tanto para chipear a la gente, como para acabar con el mayor número de personas en menos de 3 años. La obligatoriedad de certificados para estas falsas vacunas está incrementando las manifestaciones en las calles empezando por naciones grandes, como es el caso de Israel, Francia, Australia e Inglaterra, que están siendo seguidas por Alemania, Bélgica, España, Italia, varios estados de los EE.UU., Sudáfrica, Argentina, Grecia, Dinamarca, Japón, y otras.

Aunque esto es no contando con revoluciones nacionales por otras razones, que se han sumado, como en Colombia, Argelia o Cuba, el hecho es que se advirtió que esto sería algo que empezará a verse cada vez más y sería parte de los "Dolores de Parto". Debemos agregar a esto la frase de Ihoshua: seréis el oprobio social a causa de mi nombre. ¿Su nombre? En cultura hebrea el nombre se refería a lo que algo o alguien representa. En su caso, Ihoshua representa la Verdad. Los que luchen en contra de la tiranía, el genocidio, el engaño y el apartheid serán considerados amenaza.

Ya desde 2020 a los activistas se los ha llamado negacionistas y teóricos de la conspiración, y se ha ido llegando a referirse a ellos progresivamente como terroristas, lo cual significa que en su momento caerán bajo las modificaciones de ley que mandan a prisión a "terroristas" sin necesidad de un procesamiento jurídico. Si te llaman terrorista, solo tienen que meterte en un vehículo y llevarte a un campo de concentración indefinidamente, sin derecho a un juicio alguno. Esta propaganda "anti-negacionistas" está cada vez más cobrando fuerza, calando en la mente de las personas indoctrinadas por los medios de comunicación masivos comprados por el estado para dividir a la sociedad igual que los romanos y nazis hicieron con los judíos en su momento.

<<*Y entonces muchos se perturbarán,*
*obrarán traidoramente unos con otros, y*
*se airarán entre ellos.*>> (vers. 10)

La palabra acá se puede traducir tanto como enfurecerse como tropezar, o errar. El trabajo de lavado de cerebro pondrá a muchas personas unas en contra de otras, viéndolos como enemigos, como una amenaza, primeramente, como peligros. Esta etiqueta de "peligros potenciales" se usa para definir a los que no se dejan inyectar el veneno de Bill Gates y los Rockefeller – junto a DARPA (área de tecnologías avanzadas del Departamento de Defensa de EE.UU.) - con sus industrias (Pfizer, Moderna, etc.). Gente sana que supuestamente puede contagiar a gente que se ha vacunado, precisamente para no contagiarse. ¿Entonces para qué se vacunó?

El lavado de cerebro es esencial para obnubilar la razón. Por ello cuando alguien pinchado enferma o muere las gentes indoctrinadas no asocian que fue por dejarse inocular veneno en la sangre, sino que se creen lo que les dicen los gobiernos y los medios comprados: que un bicho muta y tiene predilección por los vacunados. El nivel sumo de la estupidez humana cuando deja de usar su inteligencia. Pero esas personas idiotizadas persiguen, y perseguirán, a los que defienden la verdad y la libertad. Para lograr esto llevamos años siendo programados con Tecnologías de Control Mental que vienen de la Guerra Fría. Estas estrategias se usan en el lenguaje corporal y el vocabulario utilizado por los reporteros de las cadenas de pseudo-noticias, y por los voceros oficialistas. De ellos, y de los líderes mundiales corruptos y vendidos, también se profetizó.

> *<<Y se levantarán falsos profetas y*
> *extraviarán a muchos....>>*

Ihoshua no podía haber acertado más con estas palabras. Un profeta no tiene que ser ese individuo de siglos pasados, vestido en harapos, con barba larga, pelo desgreñado, viviendo en una cueva y comiendo saltamontes. Los profetas de hoy son anunciadores del siglo XXI con los recursos y disposiciones del siglo XXI. Es igual que el "evangelio" de hoy, no es el de hace dos mil años, sino que se ajusta a las circunstancias actuales: denunciar al Anticristo. Ergo, cada vez que alguien enciende una televisión salen las hordas de pregoneros del engaño y las falacias, desde políticos, líderes mundiales, presentadores de televisión o portavoces de las farmacéuticas. Todos, en su conjunto, están alineados con la mafia farmacéutica y las agendas del Anticristo (Illuminati, Nuevo Orden Mundial, Agenda 2030, Agenda ID2020, etc.). Baste ver a sus oradores principales: Bill Gates y Anthony Fauci. Es esa propaganda la que está llevando hacia el matadero a millones de personas por todo el globo – buscando su vida, perdiéndola, mientras los que se privan de sus beneficios, la salvan - para cumplirse lo siguiente.

> *<<Y cuando se multiplique la iniquidad,*
> *el amor de muchos se enfriará.>>*

Esas "maldades" que vienen en función de tanto engaño político-corporativo aparecen en el texto griego referidas como Anomías, o injusticias. Debéis saber que la voz griega Anomías es un epíteto del Anticristo que se usaba desde el tiempo de los antiguos profetas de Israel (usando la voz hebrea 'Belial'). El apóstol Iojanan (Juan) dijo que el Anticristo no era simplemente una persona sino una conciencia colectiva, una agrupación, un sistema, una agenda, un espíritu, una sociedad, una maquinaria. El aumento de las maquinaciones o conspiraciones que se ponen en marcha van cada vez más acorralando a la gente y la enfría socialmente. El Distanciamiento Social tiene dos razones de ser: 1) control eficiente desde satélite y drones sobre los individuos a distancia; 2) enfriar las relaciones interpersonales basadas en el calor humano y la integración e interacción. Al alejar a los individuos y evitar que se "aglomeren" o "reúnan" - y condicionarlos a que se pongan un bozal - los relegan al contacto no emocional que representan las redes sociales, donde no hay abrazos, besos, sonrisas, compartir y fortalecer los lazos personales y familiares. Así logran debilitar a la humanidad en lo que más nos hace seres vivos especiales: el amor.

*<< Y el que espere hasta el fin será salvo.>>*

Como ya he dicho, la presión de la tribulación de la plan-demia irá en aumento agotando mental y psicológicamente a los individuos, porque además, se agrega el triste componente del apartheid para quienes no aceptan ser inyectados con el veneno Illuminati. Esta presión en colegios, empleos y empresas se incrementa acorralando a las personas librepensadoras que quieren abogar por sus derechos y la privacidad e integridad de su cuerpo. Como ya he dicho varias veces, esta agenda va a acaparar más y más áreas para conseguir su principal fin: implantar bajo la piel del dorso de la mano derecha de sus adeptos un dispositivo de centralización y transmisión de datos en gran parte de la población.

En consecuencia, sin ese dispositivo o la numeración del certificado de inoculación, nadie podrá comprar en un supermercado, cobrar un salario, recibir una prestación económica, pagar la renta o realizar cualquier tipo de transacción bancaria. De esto llevamos décadas hablando y más se está pregonando, mayormente por gente no religiosa, como profetizó otro judío hace más de veinticinco siglos, diciendo que en un tiempo la humanidad empezará a profetizar estas cosas, desde niños hasta ancianos, y sería conocido en todo el planeta, antes de que se desencadenase el gran momento, con "fuego, sangre y columnas de humo" (Joel 2.29), las mismas columnas u hongos termonucleares referidos en otras profecías de diversas culturas.

> *<<Y se proclamará esta buena noticia*
> *(esto es euvangueli) en todo el mundo*
> *para testimonio acerca de mí a todos los*
> *gentiles, y entonces vendrá el fin.*
> *Ese es el Anticristo...>>* (vers. 14-15)

Dicho esto, Ihoshua concluyó esta parte de su exposición, que continúa posteriormente ya explicando lo que Apocalipsis define en los llamados 'Sellos', o inicio del fin de esta era. En el Evangelio de Amonio se resume esta temática afirmando que él "les anunció el Anticristo, que vendría con guerras, y pestes, y hambres, y terremotos..." (cap. 13.4). Hay que comprender que el concepto de "peste" es algo invisible que mata a gran escala, pero, como he dicho ya muchas veces – y otros tantos a nivel mundial están también aclarando – no es primeramente una cuestión de microorganismos biológicos, o sea, no se trata de bacterias, virus o germenes. Pero dejaré esa temática para otro momento, ya que hasta aquí he expuesto esto, concluyendo con la cita de la fuente de Baal Shem Tob, el preludio de esa Gran Tribulación que pondrá de rodillas a la humanidad para que acepte al Anticristo.

## **Los Mártires**

El libro de Apocalipsis habla de muchas cosas que encajan a la perfección con la descripción que se puede hace hoy día sobre lo que son los EE.UU., pero algunos argumentan que esta asociación carece de sentido en cuanto a la frase que culpaba a la ramera (Babilonia) de ser asesina de los fieles: «Vi a la mujer ebria de la sangre de los santos, y de la sangre de los mártires de Jesús...» (Apoc. 17:6, RVA 60) La raíz de la gran Babilonia no se limita al establecimiento de los EE.UU.; Parece ir más atrás en el tiempo. El apóstol Juan describe que «en ella se halló la sangre de los profetas y de los santos, y de todos los que han sido muertos en la tierra.» (Vers. 18:24, RVA 60) ¿Cómo puede ser eso posible? No hay ningún reino que haya prevalecido desde la época de los profetas del antiguo Israel, ni mucho menos de "todos los que han sido" asesinados sobre la Tierra. Lo único que podría explicar esto es que se tratase de un gobierno no visible, un poder en la sombra. Esto lo podemos documentar con muchos registros y fuentes, y efectivamente viene de más atrás de la fundación de los EE.UU. y los Illuminati, más atrás de los jesuitas, más atrás de Roma, más atrás del reino macedonio de Alexander, más atrás de persas, babilonios, asirios y egipcios... es la raíz del poder en todos estos reinos.

¿Qué pasaría si en vez de ver a la prostituta descrita en Apocalipsis sentada sobre la 4ª bestia la hubiésemos visto antes sobre la 3ª, antes sobre la 2ª y antes sobre la 1ª? La ramera no es la 4ª bestia sino quien ha estado sobre la bestia misma, quien la ha controlado y dirigido. Si esa ramera (Babel) es tan antigua, ¿no habría sido también la que levantó y/o dirigió a las bestias previas? El profeta Daniel habló sobre 4 bestias que surgirían de la Tierra hasta la venida del reino del Dios Eterno, y el Oahspe (del año 1882) describe estas 4 bestias como el sistema humano y sus principales creencias religiosas llevadas al ámbito de la conflagración y el derramamiento de sangre. Otros registros, como los de Esdras y Baruc, definen estas bestias como reinos que vinieron después de Babilonia (Persia, Macedonia, Roma y el que sería el actual). En consecuencia, no estaríamos solo hablando de uno, sino de la raíz de todos estos. De ser así, debían haber vestigios de esto, y los hay: la élite de donde surgió la masonería.

La mayoría de la sociedad cree que el mundo es dirigido por su respectivo gobierno, y por ello pierden el tiempo votando o con falsas esperanzas de cambios empujados por otros, sin comprender que todo es controlado por un gobierno en la sombra a través de la banca y todas las redes que dependen del dinero, es decir, aquellos que están en todo. Desde los registros de la antigua Sumer, los cultos mistéricos egipcios, los misterios eleusinos, la secta mitraista, la orden assassin (o 'nizaríes'), las ordenes de los caballeros (de Malta, Templarios, etc.), las monarquías europeas, el ocultismo cabalístico, etc. Los sistemas herméticos e iniciáticos han sido las redes secretas detrás de bambalinas en el poder de cada imperio y nación hasta el presente. Todos ellos han estructurado esquemas de niveles de ascensión, nombramientos, ceremonias, han usado símbolos específicos y han mantenido sus acciones fuera del conocimiento público. Lo más importante de sacar a relucir todo esto es que todos ellos han tenido en común el culto a entidades desencarnadas, extraterrestres o astrales. Es gracias al favor recibido, según ellos, de estas entidades, que los planes de estas instituciones ocultas han tenido éxito.

Aunque los peones vayan muriendo, los ideales no los han perdido. Han cambiado de nombre, de país, de indumentaria y de idioma, mas sus símbolos siguen presentes, y es a través de ellos que esta red oscura - que opera en la clandestinidad y con ayuda luciferina y demoniaca - dirige los hilos del mundo y busca un Orden Mundial basado en el totalitarismo, el control completo del pueblo y de los recursos del planeta, la reducción drástica de la población, el fomento del miedo, la necesidad, la dependencia, la esclavitud, la anulación de la conciencia, la apatía, la sumisión y obediencia absoluta e irrefutable, el transhumanismo, la drogodependencia, la programación y control mental, la destrucción del núcleo familiar, la alteración genética, el satanismo, la anarquía, la irreligión teísta, la degradación sexual, moral y espiritual, la anulación de derechos y libertades civiles, la ley marcial, la plutocracia de una pequeña aristocracia, la eugenesia, la eutanasia, la falsa paz a costa del paroxismo nuclear, el imperialismo militar, el engaño de los sentidos materiales, la ignorancia, la enfermedad, el hambre y la pobreza, y el culto e idolatría a un único y soberano dictador. Básicamente es una bestia diabólica en la Tierra.

Ningún sistema puede progresar con oposición o sin la cooperación de otros. Por ello estos organismos se estructuran como clubs, sociedades herméticas o gremios secretos que progresivamente se van aliando con otros, sea semejantes o con otros intereses generales, pero con quienes se pueda realizar un enlace y un reforzamiento para alcanzar una mayor influencia y mejores logros. Para bastantes historiadores, el roll de los jesuitas en la historia de la fundación de los EE.UU. es clave. El año de la fundación de los EE.UU., 1776, es justamente el año de la fundación de los Illuminati de Baviera, creados por un jesuita, Adam Weishaupt. Esto lleva a la creencia de que el billete de $1 estadounidense no evoca a la fundación de "América" sino a la de la orden Illuminati bávara. Desde la Reforma de Martin Lutero, en Alemania, las escisiones de la Iglesia Católica Romana fueron cada vez mayores. Ya no era solo el desligue de la Iglesia Ortodoxa Griega sino el de la Iglesia Anglicana y el resto del movimiento Protestante, el Luteranismo y el Calvinismo. La herida mortal de Roma debía ser sanada, por lo que Ignacio de Loyola propuso al papa Paulo III en 1540 una idea mejor que volver a la Inquisición o las persecuciones y guerras de la Contrarreforma.

Esto consistía en crear una organización de influencia global infiltrada en cada aparato gubernamental, cada monarquía, cada sistema económico, cada movimiento religioso, cada revolución social y civil y, posteriormente, cada medio de influencia: industria musical, industria cinematográfica, medios de comunicación, etc. Esta red creó estos medios masivos y los dirige. Dicha iniciativa fue una estrategia exitosa que alcanzó los objetivos planeados, y se ha mantenido en el completo mutismo en la idea popular: salvo unos pocos investigadores e historiadores, la sociedad ignora esto más que menos. Los oráculos de la sibila griega solo son algunos de los textos que presentan un penoso desenlace para Roma y para la nueva Babilonia: «Cual será el único [que a] toda la tierra dominará a causa de honor, quien se asignó primero al Señor Poseidón; entonces una gran estrella vendrá desde el cielo en el mar terrible y quemará la vasta profundidad, y la misma Babilonia, y la tierra de Italia, ya que, de los cuales hay muchos [que] perecieron hombres fieles santos entre los hebreos y un pueblo verdadero.» (Libro V. vers. 210) ¿Qué relación hay entre EE.UU. y el Vaticano? Los jesuitas.

Muchas veces he explicado sobre las profecías que anuncian la caída de dos asteroides casi simultáneamente sobre la Tierra dentro de poco tiempo, el primero de los cuales caería en el mar - posiblemente al norte del Atlántico -. Esto, según las advertencias antiguas, sería antes del reinado absolutista del Anticristo y la guerra de Har-magedon, por lo que el augurio de la sibila no podría haberse referido a la antigua Babilonia: La ciudad del pasado desapareció bajo el poder medo-persa, y aún no existía Roma; A la inversa, cuando comenzó Roma, Babilonia ya nunca más fue un gran imperio. Como en otros tantos casos, esta profecía anuncia un asteroide cayendo al océano y afectando a "Babilonia", pero la ciudad histórica que lleva ese nombre está al sur de la actual Bagdad, en Iraq, y allá no hay océano. Además, un impacto en el Atlántico norte afectaría, no solo a los EE.UU., primeramente, sino a Portugal y España, que cobijarían de la onda expansiva y el tsunami a Italia (donde está Roma).

En consecuencia, ¿qué significa esta advertencia? La sibila habla casi todo el tiempo de la futura destrucción de Roma (quienes arrasaron con los hebreos en el siglo I d. C.) de diversas formas, una de ellas por fuego. Para muchos, esa Roma se refiere al poder global de Vaticano, que controla nuestro mundo por medio de muchas ramas, como son los jesuitas y los EE.UU. (estando los jesuitas dentro de la estructura del propio EE.UU.). En consecuencia, lo que estos pasajes parecen decir es que casi al mismo tiempo será destruida una Babilonia distinta a la antigua Babilonia, y una Roma aún viva, sea juntas o por separado.

En otras palabras, el conjunto de profecías evocan a la gran Tribulación bíblica, que traerá la desgracia a los EE.UU. al tiempo que hunde la economía mundial, desata una guerra nuclear, trae el hambre y pandemias a cada rincón del globo, y desencadena olas de criminalidad, terrorismo y guerra civil, incluyendo una suma de estos focos en Vaticano. En una entrevista al investigador John Phelps, hablando sobre este tema, comentaban que sería el Anticristo el responsable de acabar con toda la "madre" o Gran Babilonia (que sería la élite del catolicismo romano), por ser el eje del cristianismo a nivel mundial e histórico; de modo que se limpiaría a la estructura de poder de toda influencia cristiana en todos los niveles. Esto nos lleva otra vez a Apocalipsis, a la frase que habla de los mártires en el 5º sello, coincidiendo con las palabras de Yeshua (Jesús) sobre la persecución que habrá a los cristianos antes de su venida (o 'parusía', el advenimiento de Cristo). De esta forma una de las pocas alusiones que parecieran contradecir el hecho sustancial de que EE.UU. es el principal candidato para ser la gran Babilonia descrita en el Apocalipsis, se desestima.

Pero no solo estos pasajes hacen alusión a dicha cuestión, sino los propios versos que hablan de la gran Babilonia, a quien culpan de la sangre de justos y mártires. En artículos anteriores y en 'Visión Remota', hablo del plan de la élite para perseguir al cristianismo, y del uso de la ley marcial en los EE.UU. con el inicio de una "purga" sobre los evangélicos y otros grupos cristianos durante la Gran Tribulación que está a las puertas. La existencia de un último gobierno mundial antes de la llegada del verdadero Mesías está referida en muchas enseñanzas religiosas presentes y antiguas de multitud de pueblos, y ex satanistas, ex masones, ex brujos y muchos otros traidores del lado oscuro siempre hablan del dolor de cabeza que representa el mundo protestante para el Nuevo Orden Mundial católico-jesuita. No es que sean santos o sus enseñanzas sean puras, sino es lo que representan, y mientras existan los protestantes, la élite no podrá llevar a cabo su gran plan, así que deben eliminar a la resistencia.

En el caso del Oahspe, habla de Guatama como el último gobierno que habrá sobre la Tierra, y que caerá estrepitosamente antes del inicio de la nueva era del mundo. Precisamente el libro denomina Guatama al continente americano, y da a entender que esta "América" será la última potencia global de una era de 75.000 años, que comprende el periodo del hombre moderno. EE.UU. es algo así como el "cuerpo" actual de Roma (no Italia, sino del imperio romano, Vaticano, los jesuitas, el opus dei, etc.). Esta ebria de la sangre de santos, testigos (en griego "mártir") y enviados (en griego "apóstoles) en muchos contextos:

1. La élite (EE.UU.-NuevaYork-Illuminati) asesina a las luces de este mundo (recomiendo en este sentido estudiar este tema especialmente, ya que todos aquellos que ven en contra de la élite son destruidos), financia el terrorismo (que mata a los cristianos en África y Asia, sea gente con sus iglesias o misioneros) y las guerras (donde otro pretexto es usar el islam para degollar, violar y quemar a cristianas/os); 2. Desde los días de Yeshua (Jesús) en Yhudeah (Judea), Roma – directa o indirectamente – estuvo detrás de la muerte de cristianos (Jesús, Pedro, Pablo y los demás que lanzaron a los leones, crucificaron, ahorcaron o mandaron a la pirra). 3. Hasta hoy siguen habiendo santos y profetas, y dado que son asesinados por la élite de hoy, Dios castigará a la élite de hoy (no castigará a gente de hoy por lo que hicieron sus ancestros de la 30ª generación): «Por cuanto derramaron la sangre de los santos y de los profetas, también tú les has dado a beber sangre; pues lo merecen.» (Apoc. 16:6, R60)

La nación de los EE.UU., aunque de la apariencia de ser un país más o depender de la ONU, realmente ha sido la mayor superpotencia (para algunas la única), y es en donde se encuentra la Babel moderna (el edificio y sede de las Naciones Unidas, que al caer será traspasada a Europa, a la ciudad de Bruselas (Bélgica), desde donde operará el

Anticristo); El edificio actual de la ONU en Manhattan fue cedido por los banqueros Rockefeller, los mismos que financiaron y respaldaron la subida de Harry S. Truman al poder, para que él fundase las Naciones Unidas, de modo que hubiese una falsa apariencia de democracia y diplomacia internacional a partir de los años 40, que realmente sería la unificación global (Babel) que empezaría el Gobierno Global del Anticristo (sería la primera estructura de entrada para el mismo, pero debe sacrificar a los EE.UU., donde se posa, para llevar al mundo al paroxismo del caos, de modo que acepten e incluso exijan algo mejor, u Nuevo Orden Mundial y un salvador mundial).

Algunos ejemplos muy simples, la Estatua de la Libertad, en medio de las aguas es una escultura hermafrodita, combinando a Isis con Apolo, pero evocando secretamente a la diosa masónica 'Columbia', cuyo significado griego es "la que está en el estanque" (que es el nombre científico que reciben las 'palomas' (Columbidae)), es decir, la que se asienta en medio de una piscina o en medio del agua: «te mostraré la sentencia contra la gran ramera, la que está sentada sobre muchas aguas; con la cual han fornicado los reyes de la tierra» (Apoc. 17:1-2, RVA 60) El nombre de la estatua 'Liberty' es del romano 'Liber'. Liber o Líber ("el libre", también conocido como Liber Pater, "Padre Libre"), en la mitología romana, era un dios de la fertilidad, la viticultura, el vino y la libertad. Era una deidad patrona de los plebeyos de Roma y fue parte de la tríada del Aventino junto a Ceres y Libera. Su fiesta, Liberalia, que se celebraba el 17 de marzo (que aún hoy se conmemora como el 'día de san Patricio', el día de los borrachos), llegó a asociarse a la libertad de expresión y los derechos inherentes a la mayoría de edad. Su culto y funciones se asociaron progresivamente a los de Baco (Dionisio, dios griego del vino y la borrachera): «Vi a la mujer ebria de la sangre de los santos, y de la sangre de los mártires de Jesús; y cuando la vi, quedé asombrado con gran asombro.» (Apoc. 17:6, RVA 60)

Muchos son los que han definido a la Estatua de la Libertad como la diosa romana Liberta o incluso la babilonia Ishtar, mientras otros creen que realmente es un símbolo de la Gran Ramera o Bestia disfrazada de justicia y libertad (eso explicaría sus 7 rayos en la cabeza, evocando a sus 7 cabezas y los 7 montes, y la base de estrella de 11 puntas: 10 reyes y el Anticristo): «Y me llevó en el Espíritu al desierto; y vi a una mujer sentada sobre una bestia escarlata llena de nombres de blasfemia, que tenía siete cabezas y diez cuernos.» (Apoc. 17:3, RVA 60).

Basta recordar el video de Louis Lefebvre, 'I Pet Goat II', donde se ve la ruptura de la Estatua de la Libertad con el progreso del Nuevo Orden Mundial, una vez las torres gemelas fueron destruidas. Según esa secuencia, es justo con la destrucción de la Estatua de la libertad que vienen los fotogramas de la programación infantil, el colapso de los mercados, la destrucción de un importante centro islámico posiblemente de Turquía y el inicio de la guerra nuclear. ¿Cae EE.UU. solo por la inmoralidad? No, también por los peones de la élite, como Donald Trump, encargado de terminar de armar las piezas para el comienzo de la ley marcial en EE.UU. La era de los EE.UU. estaría por derrumbarse, y junto con ella la influencia católico-romana de Vaticano, para que la ONU (controlando posteriormente a la OTAN) pasen a ser el nuevo gran gobierno global, pero esta vez desde Bruselas, Bélgica (Europa). ¿Pero Rusia y China lo permitirían? Precisamente por ello se ha hablado tanto de que la caída de EE.UU. como nación irá de la mano del uso de su ejército en el extranjero, para luchar contra Rusia y China en un conflicto termonuclear que reduzca el poder, influencia, capacidades y energía de estas tres potencias, dejando con fuerza a Europa y el gobierno en la sombra para levantar al Anticristo, quien desde Europa podrá presentarse como heredero de un linaje real merovingio-artúrico-davídico.

«Corazón embriagado (enamorado de la cerveza) Roma, tú que del Olimpo serás encendido de lanzas macedonias; Pero Dios te hará completamente desconocida, Cuando tú quieras a la vista parecer mantenerte mucho más firme. Entonces a ti esas cosas que voy a clamar. Entonces deberás perecer gritando e hirviendo en dolor....» (Oráculos Sibilinos. Libro VII. Verso 145) La degradación de la religión y las calamidades por venir van de la mano con el fin de EE.UU. y el Vaticano: «...Tres veces luego a Roma el Altísimo traiga suerte lamentable...» (Oráculos Sibilinos. Libro 8. Versos 225) A su vez, la degradación religiosa igualmente va acompañada de la degradación moral y los valores despreciables que se fomentan y legalizan a diario. Quienes promueven la iniquidad, la injusticia y la podredumbre social serán los principales afectados, mas antes de que vengan los efectos de estas causas creadas, mantenidas, desarrolladas y aplaudidas, la élite ha fijado que el cristianismo sea eliminado, y para ello parecen haber establecido una serie de pautas. Una de ellas, engañarlos con un presidente cristiano, con supuestos valores cristianos, con mano fuerte para oponerse a criterios anti-cristianos o anti-bíblicos, alimentar el odio del pueblo otra vez hacia la religión - pero directamente la protestante -, controlar los sermones de las iglesias, controlar el aforo de las iglesias, controlar las reuniones masivas de los cristianos, humillar sus convicciones y principios al someterlos a leyes arbitrarias.

Una vez la influencia cristiana caiga en América, el resto será "pan comido". Esto es porque el cristianismo es en realidad una influencia en el continente americano, no en el resto del mundo, donde es una gran minoría. EN Europa el ateísmo es cada vez mayor, y los valores cristianos de los mayores ha ido desapareciendo para aceptar las nuevas ideas "modernistas". De esta manera, cuando la Nueva Babel del Anticristo se levante en Europa como gobernante del mundo, con Israel como segundo al mando, no habrá oposición religiosa contra ellos. El papa habrá finalizado su labor ecuménica de mezclar todas las vertientes religiosas en un "Thelema", o filosofía donde todo es válido y se puede tomar lo que se desee de cualquier vertiente religiosa para crear cada uno su proia visión personal, que posteriormente será integrada en la religión del Anticristo. La Nueva Babel en Bruselas reemplazará entonces a la Gran Ramera, la Babel de la ONU en EE.UU., y desde ahí gobernará el mundo.

Puedes ver ya el ejemplo en cómo el edificio del Parlamento Europeo – en Bruselas - tiene la forma de la Torre de Babel de los antiguos retratos descriptivos al mismo, y de cómo hace décadas también en Bruselas está instalada la red de complejos de la Comisión Europea, el Berlaymont, donde varias plantas interconectan la computadora más poderosa del mundo (llamada 'La Bestia'), desde donde la IA (Inteligencia Artificial) de 'la Bestia', presentada como un eslogan, logo 4D (proyección holográfica) o ícono (imagen), controlará a todo el planeta, como vaticinó Iojanan (Juan): "y se le dio dar vida a la Imagen de la Bestia para que la Imagen de la Bestia hablara y mandara a matar a todo aquel que no adoraran la Imagen de la Bestia" (Apoc. 13.15).

# EPÍLOGO

### Elías debe volver

Acá puedes ver un ejemplo de lo que hablamos: https://www.elperiodico.com/es/entre-todos/participacion/la-union-europea-es-la-torre-de-babel-moderna-63544. No es nuestra guerra pelear contra el sistema, ni tampoco debemos temer en decir la verdad. Las guerras que se luchan en cada nivel tienen sus correspondientes contrincantes. Nosotros hemos de velar y se prudentes preparando nuestro tiempo fuera del sistema, porque el Anticristo deberá enfrentarse a varios asteroides, a graves terremotos, a olas de radiación solar, al juicio de la Confederación Galáctica, y, justo antes, la batalla propagandística en su contra, debidamente respaldada, por dos profetas del antiguo Israel que van a regresar. La Biblia habla de dos olivos en representación de dos individuos que vendrán para luchar contra el Anticristo. En griego aparecen como "dúo elaiai", o "dúo Elías". No es casualidad la correspondencia del nombre Eliahu (Elías) con la palabra Elaia (olivo). Olivo (Z.I.T = 39 / 417) es símbolo de paz (estado de conciencia), de unción (elección y trascendencia), sabiduría-prudencia. Oliva (aceituna) produce aceite analogía de oro analogía de luz (tres estados de la materia). Esos 2 olivos (zeitim) o 2 candelabros (menorot: proveedores de luz) son definidos como sus "2 testigos" que "están delante de Dios", también como sus "2 ungidos" (Zac. 4:11). Los únicos individuos que han subido a esas estancias y han permanecido ahí, según el conocimiento hebreo, son Janoj (Enoc), Elihu (Elías) y Yeshua (Jesús).

Es un hecho del conocimiento judío que Elías debe regresar "y restaurar todas las cosas", unificando las "relaciones de padres e hijos", según su llamado para el Ministerio de la Reconciliación. Incluso le consagran una copa de vino en cada Pascua, anhelando su regreso porque con él viene el Mesías; o sea, cuando aparezca Elías es porque el Mesías estará a punto de manifestarse. Tanto Enoc, como Jesús y Elías fueron llevados vivos y físicamente al cielo: "Y aconteció que yendo ellos y hablando, he aquí un carro de fuego con caballos de fuego apartó a los dos; y Elías subió al cielo en un torbellino." (2ª Reyes 2:11) Y según narró Lucas sobre Jesús: "Y habiendo dicho estas cosas, viéndolo ellos, fue alzado, y le recibió una nube que le ocultó de sus ojos." (Hechos 1:9) Sabemos que Jesús es referido como cordero en Apocalipsis, pero los otros dos testigos son los de la promesa.

Se dice que en total Enoc estuvo fuera de la Tierra 300 años (Gén. 5:22) y después fue dejado un año entero con su familia para enseñar su mensaje; tras esto lo llevaron de retorno al Cielo (Heb. 11:5): "Caminó, pues, Enoc con Dios, y desapareció, porque le llevó Dios." (Gén. 5:24 y múltiples referencias explícitas del libro del propio Enoc). Enoc es el otro testigo, como él mismo testificó al rabino Ismael: "—Porque soy Henoc ben Yared. Cuando la generación del diluvio pecó —pues con sus obras se habían corrompido— diciendo a Dios: "Apártate de nosotros, que no queremos saber de tus caminos", entonces el Santo, bendito sea, me sacó de entre ellos para que sirviera de testigo contra ellos ante todos los habitantes del mundo..." Y el verso 5 reitera: "Por esta razón el Santo, bendito sea, me hizo ascender a los altos cielos mientras ellos aún vivían, y ante sus propios ojos, para que sirviera de testigo contra ellos en el mundo futuro, y me nombró príncipe y soberano entre los ángeles servidores." (3ª Enoc 4:2-3)

Luego, en 3ª Enoc 48 c, verso 2, menciona lo siguiente: "Y lo tomé: a Henoc, el hijo de Yared, de entre ellos y lo ascendí, al clamor de trompetas y entre aclamaciones, a los cielos, para que me sirviera de testigo junto con las Jaiot que están al lado de merkabah en el mundo futuro." Así también inicia la Introducción del 2º libro de Enoc: "Hubo un hombre sabio, un gran artífice, y el Señor concibió amor para [con] él y lo recibió, pues él debe contemplar [las] moradas del Más Alto y ser un testigo ocular del Sabio y Grande y el Reino inconcebible e inmutable de Dios Todopoderoso..."

El libro de Jaser, recuperado de las cuevas del Qumran, nos cuenta: "Cuando Janoj hubo hablado a la gente, el Señor envió oscuridad sobre la Tierra, y hubo oscuridad, y ello cubrió a aquellos hombres [que estaban] de pie con Janoj, y ellos llevaron a Janoj arriba al Cielo más alto, donde el Señor está; y él lo recibió y lo colocó tras su rostro, y la oscuridad se fue de la Tierra, y la luz vino de nuevo. Y la gente vio y no entendió como Janoj fue llevado, y glorificaron a Dios". El evangelio de valentino también testifica que Yeshua dijo a sus discípulos de Henoc estaba en el alto cielo, "Para que Enoch escribiese en el paraíso, cuando yo le hablaba del árbol de la ciencia y del árbol de la vida." (cap. 49.22)

En el evangelio de Nicodemo, se dice, en el cap. 15:1, "Y Nicodemo se levantó y dijo: Rectamente habláis, hijos de Israel. Os habéis enterado de lo que han dicho esos tres hombres, que juraron sobre la ley del Señor haber oído a Jesús hablar con sus discípulos en el monte de los Olivos, y haberlo visto subir al cielo. Y la Escritura nos enseña que el bienaventurado Elías fue transportado al cielo, y que Eliseo, interrogado por los hijos de los profetas sobre dónde había ido su hermano Elías, respondió que les había sido arrebatado. Y los hijos de los profetas le dijeron: Acaso nos lo ha arrebatado el espíritu, y lo ha depositado sobre las montañas de Israel. Pero elijamos hombres que vayan con nosotros, y recorramos esas montañas, donde quizá lo encontremos. Y suplicaron así a Eliseo, que caminó con ellos tres días, y no encontraron a Elías. Y ahora, escuchadme, hijos de Israel. Enviemos hombres a las montañas, porque acaso el espíritu ha arrebatado a Jesús, y quizá lo encontremos, y haremos penitencia. !

Estos son ejemplos de escritos de hace miles de años que reflejan el punto de vista de aquel entonces... "Y el Señor, tomando a Adán por la mano, lo puso en las del arcángel Miguel, al cual siguieron asimismo todos los santos. Y los introdujo a todos en la gracia gloriosa del Paraíso, y dos hombres, en gran manera ancianos, se presentaron ante ellos. Y los santos los interrogaron, diciendo: ¿Quiénes sois vosotros, que no habéis estado en los infiernos con nosotros, y que habéis sido traídos corporalmente al Paraíso? Y uno de ellos repuso: Yo soy Enoch, que he sido transportado aquí por orden del Señor. Y el que está conmigo es Elías, el Tesbita, que fue arrebatado por un carro de fuego. Hasta hoy no hemos gustado la muerte, pero estamos reservados para el advenimiento del Anticristo, armados con enseñas divinas, y pródigamente preparados para combatir contra él, para recibir muerte en Jerusalén, y para, al cabo de tres días y medio, ser de nuevo elevados vivos en las nubes." (Ev. Nicodemo 26:1-4)

[]

# Don't miss out!

Visit the website below and you can sign up to receive emails whenever Frederick Guttmann publishes a new book. There's no charge and no obligation.

https://books2read.com/r/B-A-DKUGB-IDECD

**BOOKS 2 READ**

Connecting independent readers to independent writers.

# About the Author

Israeli writer, researcher, disseminator, documentary filmmaker and influencer. He is the writer of more than 35 books, mostly research and dissemination theses.

Read more at https://www.frederickguttmann.com.